Doppelmord auf der Gruobialp

Ein Wildererfall zwischen Obwalden und Nidwalden

Wir danken für die finanzielle Unterstützung:

Kulturpflege Kanton Obwalden
Kanton Nidwalden, Kommission für Kultur- und Denkmalpflege
Leonard von Matt-Stiftung
Schindler Kulturstiftung
Kulturkommission Engelberg
Winterthur Versicherungen, Generalagentur Obwalden/Nidwalden

Herzlichen Dank für die Mitarbeit:

Staatsarchiv Nidwalden
Staatsarchiv Obwalden
Kantonsbibliothek Nidwalden
Kantonsbibliothek Obwalden
Werner Bissig, Engelberg
August Christen, Wolfenschiessen
Hans Hug, Stans
August Huwyler, Kerns
Edwin Huwyler, Wilen
Otto Huwyler, Melchtal
Heinz Odermatt, Stans
Foto Reinhard, Sachseln
Otto Reinhard, Zürich
Ueli Reinhard, Melchtal
Josef Scheuber, Buochs
Emil Weber, Buochs

Michael Blatter

Doppelmord auf der Gruobialp

Ein Wildererfall zwischen Obwalden und Nidwalden

mit Beiträgen von Maya Brändli, Angela Hauser
und Christof Hirtler

edition magma Brunner Verlag

Inhaltsverzeichnis

Jagdfieber oder: eine wilde Geschichte

CD der Radiosendung vom 16. Mai 2002 auf DRS 1, von Maya Brändli

Vorwort

Am 14. Oktober 1899 erschoss der Nidwaldner Adolf Scheuber, unterwegs als Wilderer im Obwaldner Jagdbannbezirk, den Obwaldner Wildhüter Werner Durrer und dessen Sohn Josef mit mehreren gezielten Schüssen.

Warum? Der Mörder war bald geflohen und gab keine Antworten auf die Frage. Nicht nur die Untersuchungsbehörden und Gerichte, sondern auch die Einwohner in Obwalden und Nidwalden beschäftigten sich mit dieser Frage. Noch bis heute wird über den Mord, die Flucht und über den Verbleib des Mörders gewerweisst und gestritten, erzählt und geschrieben. Über all die Jahre und Jahrzehnte des Erzählens und Wiedererwägens hat sich die Geschichte mehr und mehr verändert. Die damaligen Zeitumstände verblichen oder verschwanden gar ganz aus der Geschichte. Neue Themen und neue Deutungen schlichen sich ein, und die Erzählungen verdichteten sich zu einfachen und erklärenden Bildern.

In den Archiven von Obwalden und Nidwalden liegen noch heute die Unterlagen der Untersuchungsbehörden und der Jagdverwaltung in dicken Aktenbündeln. Die Unterlagen zum «Doppelmord auf der Gruobialp» beziehungsweise zum «Fall Scheuber», wie das Ereignis von den Behörden bezeichnet wurde, zeugen entgegen der vielen vereinfachenden Nacherzählungen von einer überraschend vielfältigen und widersprüchlichen Geschichte voller Feinheiten und Nuancen. In den Akten taucht eine fremde, vergangene Zeit auf: die Lebenswelten, Weltanschauungen und Selbstverständlichkeiten der Innerschweizer Bevölkerung um 1900. Ziel des vorliegenden Buches ist, diese komplizierte, vielschichtige und spannende Welt jenseits der mythologisierenden Nacherzählungen nachzuzeichnen.

Das Buch beginnt mit der heutigen Bedeutung des «Doppelmords auf der Gruobialp». In Romanen und Theaterstücken, an Gedenkveranstaltungen, und vor allem in vielen Erzählungen und Geschichten lebt bis heute die Erinnerung an den «Fall Scheuber» weiter. Insbesondere wird in einer eigenen Untersuchung von Angela Hauser das literarische Weiterleben des Doppelmords dargestellt.

Der Hauptteil des Buches erzählt die Geschichte des «Doppelmords auf der Gruobialp» anhand der Akten, die sich heute noch in den Staatsarchiven von Obwalden und Nidwalden befinden. Doch ehe der Mord zur Sprache kommt, wird in einer «Vorgeschichte» ausführlich auf die Jagdgesetze und die Wildhut in Obwalden und Nidwalden eingegangen. Die Ermordeten und der Mörder hatten sich bereits vor dem Mord gekannt. Sie waren tief verstrickt in einen langjährigen, erbittert geführten Streit um die Umsetzung der eidgenössischen Jagdgesetze. Während sich die Bundesbehörden und die Jagdverwaltungen von Obwalden und Nidwalden mit gegenseitigen Vorwürfen zu Leibe rückten, drohten sich Wildhüter und Wilderer gegenseitig mit ihren Gewehren. Sie setzten sich während Jahren unter Druck und versuchten ihre Vorstellung von der richtigen Wildhut durchzusetzen.

Inmitten dieser Auseinandersetzungen geschah der Mord. Damit verschärfte sich der Konflikt jedoch nicht, im Gegenteil: Obwohl Wilderer und Wildhüter sich gegenseitig immer wieder mit Gewalt gedroht hatten, war allen Beteiligten klar, dass ein Mord zu weit ging. Eine Grenze war überschritten worden. Die Bedeutung des Wilderns hatte sich verändert. Das bis dahin in weiten Kreisen der Bevölkerung tolerierte Kavaliersdelikt Wildern war in die Nähe des Verbrechens

Mord gerückt. Noch heute kann man in Obwalden und Nidwalden nicht über das Wildern sprechen, ohne dass über kurz oder lang das Gespräch auf den «Fall Scheuber» kommt.

Da die Akten der kantonalen Behörden die Grundlage dieses Buches bilden, erhält die amtliche und strafrechtliche Seite der Wildhut und des Mordes einiges an Gewicht. Doch finden sich in den Akten immer wieder Hinweise und Indizien, die es erlauben, auf gesellschaftliche, moralische und religiöse Aspekte einzugehen. So wird die eigentümliche Situation, das spezifische Umfeld, in dem sich dieser Mord ereignete, sichtbar, so zeigen sich die Folgen dieses Mordes, wie mit diesem Ereignis umgegangen wurde und welche Bedeutung damals ein Mord hatte.

Die Unterlagen – Akten, Briefe, gedruckte Gesetzestexte, Bücher und Zeitungsartikel – wurden vor der Zeit der modernen Rechtschreibung geschrieben. Bei Zitaten aus diesen Dokumenten wurde die ursprüngliche Schreibweise beibehalten.

Eingerahmt wird das Buch einerseits durch Fotografien von Christof Hirtler, welche die heutige Gruobialp zeigen, andererseits durch eine CD, auf der eine Radiosendung von Maya Brändli über den Doppelmord wie auch über die heutige Jagd und Wildhut zu hören ist.

Michael Blatter

Aus Anlass des 100-jährigen Gedenkens an den Doppelmord erschienen 1999 zahlreiche Zeitungsartikel, so auch der Beitrag in der «Weltwoche»: «Der Fluch des ungesühnten Doppelmords». von Burg, Fluch, 1999.

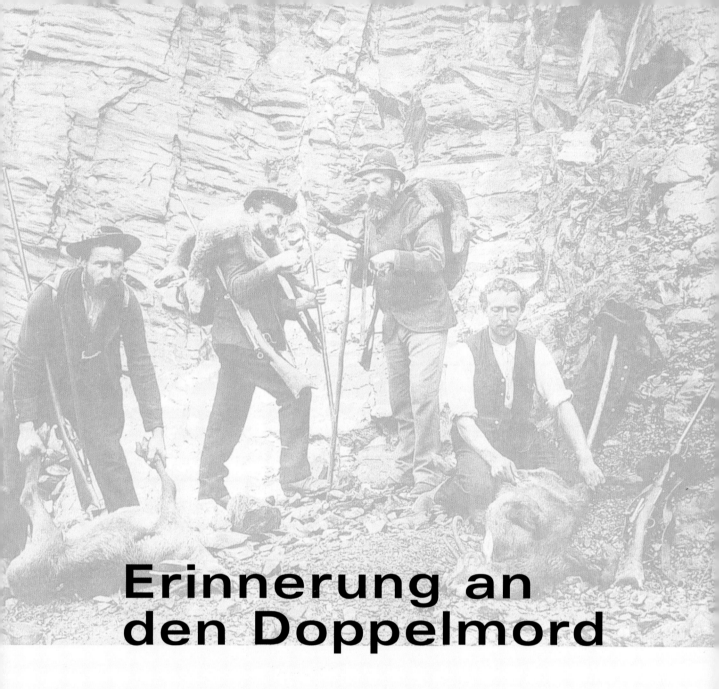

Erinnerung an den Doppelmord

...es ungesühnten Doppelmords

...r hundert Jahren erschoss ein Nidwaldner zwei Wildhüter aus Obwalden.
...ö die Meinungsverschiedenheiten in den beiden Halbkantonen

...ende? Es treffen sich: ehemalige und ...ntierende Regierungsräte, der Land-...hreiber, Jagdkommissionsmitglie-..., Jagdverwalter und Wildhüter – ...e Crème de la crème der Obwaldner ...gdszene. Einen Tag lang wollen sie ...usammen im Freien verbringen, um ...r beiden Wildhüter zu gedenken, ...e «in treuer Pflichterfüllung beim

auf dem kurzen Weg zurück von der Kapelle zur Alp tauchen erste Mutmassungen auf.

Es war zwei Tage nach der Bluttat, als Adolf Scheuber vom Wolfenschiessener Dorfpolizisten verhaftet und im Gepäckwagen der Eisenbahn nach Stans abgeführt wurde. Doch mit einem Sprung aus dem fahrenden Zug

ab. Auftrieb erhielten sie du... Bericht eines Baslers, der 1... Auftrag der Uno in Rwan... Burundi unterwegs war: Nac... Autopanne traf er einen alten, ... Mann, der an einer Strassenkr... zung verschiedene Dinge z... Verkauf anbot. Im Verlauf ... Gesprächs stellte sich heraus, ...

Gedenkfeiern und Gerüchte

Auf der Gruobialp ist seit den 1930er Jahren auf einem Stein ein Kreuz angebracht und die folgende Inschrift eingemeisselt:

> Hier an dieser Stelle wurden die beiden Wildhüter
> Vater WERNER DURRER
> Sohn JOSEF DURRER
> am 14. Oct. 1899 in treuer Erfüllung ihres Berufes meuchlings erschossen
> Betet für uns und gedenket des eigenen Todes! +

Die Gruobialp liegt im Kanton Obwalden oberhalb des Bergdorfes Melchtal auf 2040 Meter über Meer. Der baumlose, kleine Talkessel der Gruobialp grenzt gegen Osten über den selten begangenen Pass Bocki-Rotisand an den Kanton Nidwalden. Hier, mitten im Jagdbannbezirk, trafen der Obwaldner Wildhüter Werner Durrer und sein Sohn Josef auf Adolf Scheuber aus Nidwalden, der mit seinem Begleiter gerade drei Gämsen erlegt hatte. Adolf Scheuber erschoss Vater und Sohn Durrer. Der «Fall Scheuber» oder der «Doppelmord auf der Gruobialp», wie das tödliche Zusammentreffen von Wildhütern und Wilderern später von offizieller Seite genannt wurde, war und ist heute noch in Obwalden und Nidwalden präsent.

Gedenkveranstaltungen

Bereits 1949, fünfzig Jahre nach dem Mord, hatte beim Tatort eine Gedenkveranstaltung stattgefunden. Noch einmal fünfzig Jahre später, am Sonntag, dem 25. Juli 1999, hielt der Obwaldner Jagdschutzverein erneut eine Gedenkveranstaltung auf der Gruobialp ab. Die Präsidentin des Jagdschutzvereins erachtete es als wichtig, das «Gedenken an diese Geschichte» am Leben zu erhalten. Mit dieser Ansicht war sie nicht alleine. An die zweihundert Wanderer aus Obwalden und Nidwalden waren über den recht steilen Weg zur Gruobialp aufgestiegen. Der Sachsler Bruderklausenkaplan zelebrierte eine versöhnliche Gedenkmesse für die Opfer wie auch für den Täter. Der Gottesdienst wurde gemeinsam von den Obwaldner und den Nidwaldner Jagdhornbläsern begleitet. Ein symbolisch bedeutsames Zeichen der Versöhnung zwischen den beiden Kantonen, wie man meinen könnte, doch der gemeinsame Auftritt kam aus praktischen Gründen zustande: Da mehrere der Obwaldner Bläser in den Ferien weilten, sprangen die Nidwaldner Bläser ein. Überhaupt herrschte bei diesem Anlass eine gelassene, gelöste Stimmung. Ein Journalist stellte in seinem Artikel über den Anlass entsprechend fest:

> Von der verbissenen Stimmung von 1899, die auch die Beziehungen zwischen Obwalden und Nidwalden heftig vergiftete, war nun glücklicherweise nichts mehr zu verspüren.[1]

Auf den Donnerstag, den 14. Oktober 1999, genau 100 Jahre nach dem Mord, lud die Obwaldner Jagdverwaltung die amtierenden und ehemaligen kantonalen Wildhüter und Jagdkommissionsmitglieder ein. Man traf sich auf der Alp Fomatt, gleich neben der Alp Gruobi, um der damals im Amte verstorbenen Wildhüter zu gedenken und sich bei den amtierenden und ehemaligen Wildhütern für ihren Einsatz zu bedanken. Anwesend waren etwa 30 Personen, darunter ein

Mitglied des Regierungsrates und der Obwaldner Landschreiber. An diesem offiziellen Anlass las der Melchtaler Pfarrer eine versöhnliche Gedenkmesse, in welcher er feststellte:

> Wir können Scheuber wohl verachten, ein Urteil fällen hingegen kann nur der Herrgott.[2]

Gleichentags hatten sich einige Nidwaldner aufgemacht, um 100 Jahre nach dem Mord die Gruobialp aufzusuchen. Zufällig trafen sie auf einige Obwaldner, welche mit der gleichen Absicht zum Tatort aufgestiegen waren. Anhand des Buches «Die eine, wilde Jagd…», welches den Mord literarisch verarbeitet, vergegenwärtigte sich die kleine Gruppe die damaligen Ereignisse und kam zum Schluss, geheimnisvoll sei die Geschichte noch immer.[3]

An einem weiteren Anlass wurde im Herbst 1999 der Ereignisse rund um den Mord gedacht: Die Theatergesellschaft von Dallenwil im Kanton Nidwalden führte das Theaterstück «Die eine, wilde Jagd – Wilderergeschichte in vier Akten» auf, welches der Regisseur Klaus Odermatt anhand des Buches «Die eine, wilde Jagd…» von Ernst Rengger verfasst hatte. Das Interesse an den Theateraufführungen war immens. Die angekündigten Vorstellungen waren sogleich ausverkauft. Auch nachdem die Anzahl Sitzplätze erhöht worden war, konnte der Ansturm nicht bewältigt werden. Zusatzvorstellungen wurden aufgeführt, die ebenfalls schnell restlos ausverkauft waren. Unzählige Carreisegruppen aus Obwalden, Uri und Luzern reisten nach Dallenwil. Insgesamt sahen fast 6000 Personen «Die eine, wilde Jagd».[4]

Reden über den Mord

An all diesen Veranstaltungen wurde viel darüber diskutiert, was denn damals genau geschehen war, warum Adolf Scheuber diesen Mord begangen hatte und wo sich Adolf Scheuber nach seiner Flucht aufgehalten hatte. Doch nicht nur an offiziellen und öffentlichen Anlässen, sondern auch privat wurde und wird die Geschichte immer wieder erzählt. Ich selbst bekam die Geschichte vor Jahren nach einem Nachtessen in der Gastwirtschaft auf einer Alp zu hören, lange bevor ich darüber in Romanen las oder ehe ich in die Archive ging, um Genaueres darüber zu erfahren. Seit jenem Abend begegnete mir die Geschichte immer wieder, in Engelberg, in Obwalden, in Nidwalden. Bald schon konnte ich feststellen: Je nachdem, wer die Geschichte erzählt, wem sie erzählt wird oder bei welcher Gelegenheit sie zur Sprache kommt, handelt es sich um eine leicht andere Geschichte. Einmal wird die Geschichte als traurige und tragische Geschichte aus früherer Zeit erzählt, das andere Mal als spannende und packende Wildwestgeschichte in den Innerschweizer Bergen. Oft wird die Geschichte aus heutiger Sicht und vor dem Hintergrund aktueller politischer Themen interpretiert. So kommen bisweilen überraschende Verknüpfungen zustande. Einmal fiel sogar die Bemerkung, Adolf Scheuber hätte sich bestimmt gegen die UNO-Blauhelme zur Wehr gesetzt. Mit jeder Verknüpfung wird einerseits eine Erklärung für den Mord gegeben und anderseits der Geschichte eine Bedeutung verliehen. So entstanden im Laufe der letzten hundert Jahre die unterschiedlichsten Versionen.

Obwohl die Erzählungen so verschieden sind, beschäftigen sich alle mit der Frage: Warum hat Adolf Scheuber das getan? Die meisten Erzählungen versuchen Antworten darauf zu geben. Doch letztlich können die Erklärungsversuche nicht befriedigen. Es ist schon schwierig, einen zeitgenössischen Mord zu begreifen. Selten geschieht ein Mord aus den simplen, vermeintlich psychologisch nachvollziehbaren Gründen, die in den bekannten Krimiserien angegeben werden. Noch viel schwieriger, wenn nicht gar unmöglich ist es, einen Mord, der vor hundert Jahren geschah, zu verstehen. Es ist wohl das Fehlen einer letzten, einleuchtenden Antwort auf die Frage «Warum?», das die Menschen antreibt, die Geschichte des Doppelmords immer wieder neu zu erzählen, mich und dieses Buch eingeschlossen.

In Nidwalden hat man sich die Geschichte des Doppelmords, zumindest bis vor einigen Jahren, anders erzählt als in Obwalden. Mir fiel in vielen Gesprächen auf, dass das eine oder andere Detail der Ermordung in Nidwalden selten, in Obwalden dagegen fast immer erzählt wurde – und umgekehrt. In vier Romanen und in zwei Theaterstücken wurde der Stoff des Doppelmords literarisch verarbeitet. Alle sechs wurden von Nidwaldnern beziehungsweise einer Nidwaldnerin geschrieben. In Nidwalden war, und ist vielleicht bis heute, der Eifer grösser, den Mord verstehen zu wollen. Wenn ein Nidwaldner zwei Obwaldner umgebracht hat, so rief dies in Nidwalden offenbar eher nach Erklärungsversuchen als in Obwalden.

Eine Variante der Geschichte, welche diesen Mord zu erklären versucht, war bis vor einigen Jahren vor allem in Nidwalden verbreitet. In ihr wird der Mord mit dem Franzosenüberfall 1798 in Nidwalden verknüpft. Damals, zur Zeit der Französischen Revolution, griffen französische Truppen im Auftrag der helvetischen Regierung den dissidenten Kanton Nidwalden an. Von Obwalden her, durch den Kernwald, fielen die französischen Truppen in Nidwalden ein, trotz erbittertem Widerstand seitens der Nidwaldner. Weit mehr als hundert Männer und Frauen aus Nidwalden liessen dabei ihr Leben. Schon bald kursierte in Nidwalden die Legende, die Obwaldner hätten den Franzosen den Weg nach Nidwalden gezeigt und dadurch ihre Nachbarn verraten. Mit dem Verrat von 1798 versuchte man die Tat Adolf Scheubers zu erklären oder gar als Vergeltung zu rechtfertigen. Wie verbreitet diese Rechtfertigung noch 1976 war, zeigt die Ortsgeschichte des Obwaldner Dorfes Kerns von Pater Rupert Amschwand. Der Autor fühlte sich verpflichtet, bei der Beschreibung des Franzosenüberfalls einer Verknüpfung mit dem Doppelmord entgegenzutreten:

> Noch mehr in Helldunkel gemalt ist das Bild, das die Ereignisse in den Septembertagen des Jahres 1798 zeigt. Damals suchten und fanden die französischen Truppen, vom Brünig her kommend, über Siebeneich und Wisserlen, durch den Kernwald und über das Ächerli den Weg nach Nidwalden. Von Obwalden bekam Kerns am meisten die Not der Einquartierungen und Räubereien und Brandschatzungen (in den Heimwesen Acheri, Kernwald und Stöck) zu spüren. Aber das war ja alles nichts im Vergleich zur Tragödie, die sich am «schröcklichen Tag» des 9. Septembers in Nidwalden abspielte. Es gab in Kerns Gegner und Befürworter des Widerstandes. Bei diesen befand sich der Arzt und spätere Pfarrer Johann Georg von Flüe und der Pfarrhelfer Niklaus Josef Obersteg, ein Nidwaldner. Aber es gab keine freiwilligen Wegweiser. Vom Kriegsrat gezwungen begleiteten sechs Kernser die verschiedenen Abteilungen ein Stückweit des Weges in Richtung Nidwalden und flohen zum Teil wieder. Einige büssten den Widerstand mit dem Leben. Furcht und Heldentum oder Klugheit und Fanatismus, wie es die anderen nannten, waren hier nahe beieinander. In den Augen vieler Nidwaldner Patrioten galten die Kernser noch lange als die Exponenten der Obwaldner, die sie im Stich gelassen hatten. Als 1899 die beiden Wildhüter im Melchtal, Vater und Sohn, von einem Nidwaldner Wilderer erschossen wurden, da mochten weniger differenzierte Geister glauben, das sei jetzt die Vergeltung für 1798. Die besten Geister aber haben weder im Kernwald noch in den Ereignissen von 1798 ein Hindernis der Freundschaft gesehen. (…)[5]

Das Reden und Schreiben über den «Fall Scheuber» ist stark geprägt durch die persönliche Nähe oder Distanz zum Mörder. Als Ernst Rengger sein Buch «Die eine, wilde Jagd…», die wohl verbreitetste und bekannteste literarische Verarbeitung des Doppelmords, 1933 auf den Markt brachte, wurde die Verbreitung und Publikation des Buches verboten. Die Angehörigen des Mörders – und nicht die Angehörigen der Ermordeten – hatten das Verbot erwirkt. Da sie eine Ehrverletzungsklage gegen den Autor und den Verlag anheben wollten, erliess der Nidwaldner Kantonsgerichtspräsident vorsorglich ein Verbot. Der Fall wurde bis vor Bundesgericht weitergezogen. Als die Angehörigen schliesslich doch keine Ehrverletzungsklage einreichten, wurde das Verfahren und damit das Verbot hinfällig. Renggers Buch «Die eine, wilde Jagd…» konnte denn auch 1968 und 1988 ein zweites und ein drittes Mal aufgelegt werden.[6]

Wie unangenehm es für die Angehörigen war, dass diese «grausige Geschichte» in Obwalden und Nidwalden so lange ein Thema war, zeigt die Feststellung eines Angehörigen Adolf Scheubers rund hundert Jahre nach dem Mord:

> Immer wieder wurde ich gefragt: «Was für ein Scheuber seid ihr? Stammt ihr etwa vom Wilderer ab?» Erst dann begann ich mich mit dem leidigen Thema zu befassen. Die Erfahrung zeigt, dass die Nidwaldner, namentlich die ältere Generation, die «Scheuber» heute noch in solche vom Wilderer und in solche vom nicht Wilderer einteilen.[7]

Anfang der 1980er Jahre beabsichtigte der Obwaldner Schriftsteller Julian Dillier, ein Hörspiel über den «Doppelmord auf der Gruobialp» zu schreiben. Er kontaktierte den Wolfenschiesser Gemeinderat, um die Einwilligung der Gemeinde und der Angehörigen für dieses Vorhaben einzuholen. Gemeinderat August Christen suchte die beiden noch lebenden Neffen von Adolf Scheuber auf. Diese äusserten den Wunsch, eine Neubearbeitung der Geschichte zu unterlassen, solange sie noch lebten, worauf Julian Dillier auf das Hörspiel verzichtete.

Das Weiterleben der Geschichte und das ungebrochene Interesse am «Fall Scheuber» zeigt, wie wenig verarbeitet beziehungsweise «verdaut» dieser Mord in der Innerschweiz bis heute ist. Diese Feststellung hat etwas sehr Beruhigendes, geradezu Tröstliches. Sowohl damals wie heute ist es erklärungsbedürftig, alles andere als selbstverständlich, dass ein Mann zwei andere Männer umbringt. Ein Mord in den beiden Kantonen ist nichts Normales oder gar Alltägliches, sondern etwas Unerhörtes, geradezu Unerklärliches.

Wohin flüchtete Adolf Scheuber?

Der «Doppelmord auf der Gruobialp», so viel Aufsehen er damals auch erregte, war nicht der einzige Mordfall in der Innerschweiz der letzten 100 Jahre. Warum gerade dieser Mord in Erzählungen und Geschichten bis heute weiterlebt, hat nicht zuletzt mit der spektakulären Flucht des Mörders zu tun. Dadurch konnte der Fall nicht vollständig abgeschlossen werden, und das Interesse an einer Antwort auf die Frage «Warum?» blieb lebendig.

Bereits zwei Tage nach dem Mord war der Hauptverdächtige, Adolf Scheuber, den Nidwaldner Untersuchungsbehörden entwischt. Seit diesem Tag blieb Scheuber verschwunden, obwohl die Obwaldner und Nidwaldner Untersuchungsbehörden mit vereinten Kräften angestrengt nach ihm fahndeten. Gerüchte über den Aufenthaltsort Adolf Scheubers gab es zuhauf: In Ägeri wollte man ihn gesehen haben, in Stansstad, im Isenthal mit einer Pistole bewaffnet und in Nizza. Sogar nach Südafrika in den Burenkrieg soll er unterwegs gewesen sein. Wo überall man Adolf Scheuber gesehen haben wollte, zeigt beispielhaft eine Postkarte, welche der deutsche Gesandte in Rom mehr als ein Jahr nach dem Mord dem Nidwaldner Untersuchungsrichter sandte:

Titl. Soeben lese im Corriere di Bari dass das Bandit M..ussolino nach 2 monatl Jagden gefangen genommen worden. Bei ihm sei deutscher aufgehoben worden, das geflucht (parla male tedesco), gut deutsch spreche, etwas…(pottern?) ballenttare, mittlerer Structur (Natura media) sei u. braun gelbe Haare und jetzt soll bart tragen (Barba e Paffi biondi-neri), wie es im Corriere heisst. Ob wohl Scheuber?? Erwarte ihre Dispositionen.[8]

Diesem Hinweis gingen die Untersuchungsbehörden nicht nach – die Angaben waren zu dürftig –, aber ansonsten verfolgten sie jede mögliche Spur, die sich ihnen bot. Insbesondere untersuchten sie geduldig jedes einzelne der vielen Gerüchte über den Aufenthaltsort des Flüchtigen, die noch jahrelang in Obwalden und Nidwalden kursierten. Schliesslich eröffnete Obwalden das Gerichtsverfahren gegen den flüchtigen Adolf Scheuber, dies in der Absicht, die Fahndung zu erleichtern. Man rechnete sich bei der Fahndung nach einem verurteilten Mörder grössere Chancen aus als bloss bei einem des Mordes Verdächtigten. Zwei Jahre nach dem Mord stellte das Obwaldner Kriminalgericht die Schuld Adolf Scheubers fest und verurteilte ihn in Abwesenheit als Mörder zum Tode. Tatsächlich zeigte sich kurz darauf eine verlässliche Spur, welche nach Südamerika führte. Adolf Scheuber hatte sich für kurze Zeit unter falschem Namen in Montevideo aufgehalten. Er war aber unterdessen bereits weitergeflüchtet. Damit verliert sich jeder gesicherte Hinweis über den Verbleib Adolf Scheubers.

Doch das Gerede, wo denn Adolf Scheuber geblieben sei, hielt an. Weiterhin kursierten Gerüchte, er sei hier oder dort gesehen worden: Jener wisse, der habe gesagt, dieser habe ihn gesehen usw. Die Akte zum «Fall Scheuber» wurde entsprechend nicht offiziell geschlossen. Brauchbare Hinweise

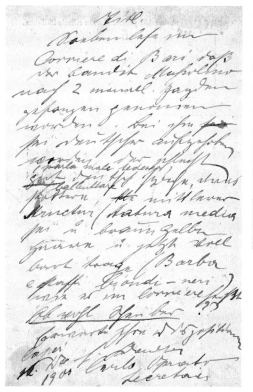

Postkarte des deutschen Gesandten in Rom, Carlo Oprato, an die Polizeidirektion Nidwalden Dez. 1900. StANW D 1245, Sch. 1282.

fanden sich aber keine mehr. Der Mörder war und blieb verschwunden. Bis heute werden in den vielen Erzählungen rund um den Mord auch immer wieder die unterschiedlichsten Fluchtwege und Fluchtorte des Mörders erwähnt. Mit dem Schiff sei er über den Vierwaldstättersee oder mit einem Viehtransport zum nächsten Bahnhof gereist. Sein jüngerer Bruder, der damals in der Klosterschule Engelberg war, habe ihn über Engelberg, über den Surenenpass und schliesslich bis nach Genua begleitet. Zu Fuss sei er übers Isenthal in den Kanton Uri und von dort weiter nach Italien gelangt. Oder er habe sich nach dem Mord zunächst jahrelang noch in Nidwalden aufgehalten, habe versteckt in den Wäldern und Bergen gelebt oder sogar als Zimmermann auf abgelegenen Bauernhöfen gearbeitet. Einige erzählen, er sei in die USA geflüchtet und habe dort gelebt, oder nach Südamerika oder nach Afrika, wo er bei einer Grosswildjagd ums Leben gekommen sei. Andere wissen zu berichten, er sei in den 1930er Jahren wieder nach Nidwalden zurückgekommen und habe sich einige Zeit bei Verwandten aufgehalten.

... nach Afrika?

Eine der vielen Überlieferungen über den Verbleib Adolf Scheubers scheint auf den ersten Blick wahrscheinlicher als die anderen. 1982 meldete sich ein Dr. Stockmann bei der Gemeinde Wolfenschiessen. Es handelte sich um den Sohn von Dr. Julian Stockmann, dem Obwaldner Arzt, der nach dem Mord die Leichenschau der beiden Opfer vorgenommen hatte. Heinrich Stockmann arbeitete als Jurist für eine Grossbank in Basel. Bei einem Nachtessen Anfang 1982 in Basel begegnete er einem Herrn Dr. Viktor Umbricht, der ihm von einem beinahe unglaublichen Ereignis in den 1950er Jahren erzählte. Heinrich Stockmann fragte schriftlich bei der Gemeinde Wolfenschiessen an, ob Genaueres über das Schicksal von Adolf Scheuber bekannt sei. In diesem Brief schildert er die Begegnung des Viktor Umbricht mit einem alten Mann namens Hans Scheuber in Afrika. Im Auftrag der Weltbank war Viktor Umbricht 1955 mit einer Equipe im Gebiet von Ruanda oder Burundi unterwegs:

> Umbrichts Equipe hatte auf schlechter Pisten-Strasse noch eine lange Strecke zu absolvieren, als das Fahrzeug einen Defekt erlitt und die Reisegesellschaft in der Wüste stecken blieb. Wie üblich in diesen Ländern fiel die Nacht rasch herein. Da sah Umbrichts Equipe in der Ferne ein Licht, auf das sie nun in der Nacht zuging. Sie kam an eine Kreuzung von Pisten-Strassen, wo auch eine Austauschstelle von Produkten und Waren aller Art für die Einheimischen vorhanden war. Leiter dieser Austauschstelle war ein alter verwitterter Mann, der nach Meinung von Dr. Umbricht sicher seine achtzig Jahre hatte. Im Laufe des Gesprächs zeigte es sich, dass es ein Europäer, d.h. ein Schweizer war, der sich als Hans Scheuber zu erkennen gab. Er sagte noch, dass sein Bruder Professor im Kollegium Schwyz sei, was Herrn Dr. Umbricht, der selber Schüler in Schwyz war, besonders interessierte. Er hat diesen Bruder in Schwyz gekannt. – Hans Scheuber, mit dem Umbricht nun die Nacht im Gespräch verbrachte, erzählte, dass er einen Mord begangen habe und deshalb hier in Afrika sei und die Tochter eines Stammeshäuptlings geheiratet habe.[9]

Der Gemeinderat von Wolfenschiessen hatte noch nie von dieser Version über den Verbleib Adolf Scheubers gehört. Gemeinderat August Christen traf sich kurz darauf mit Heinrich Stockmann. Ein Treffen mit Viktor Umbricht kam leider nicht zustande. So ist über einen möglichen Aufenthalt Adolf Scheubers in Afrika nichts Weiteres bekannt, als was Heinrich Stockmann bereits in seinem Brief an die Gemeinde Wolfenschiessen festgehalten hatte.

Einiges an der Geschichte über die Begegnung in Afrika scheint zu stimmen: 1955 wäre Adolf Scheuber 85 Jahre alt gewesen. Zudem hatte Adolf Scheuber tatsächlich einen Bruder, der Priester und Lehrer am Kollegium in Schwyz war. Doch anderes macht skeptisch. So erinnert sich Viktor Umbricht an einen «Hans» und nicht an einen Adolf Scheuber. Gemäss Heinrich Stockmann hatte Viktor Umbricht vor 1982 noch niemandem gegenüber diese Begegnung erwähnt. Zudem wissen wir nicht, aus welchem Anlass Viktor Umbricht an jenem Nachtessen zum ersten Mal nach 27 Jahren von dieser Begegnung in Afrika zu erzählen begann. Wir wissen auch nicht, wie viel Heinrich Stockmann bereits vom Doppelmord auf der Gruobialp mitgeteilt hatte, ehe Viktor Umbricht sich an sein Treffen mit einem Hans Scheuber in Ruanda oder Burundi erinnerte.

Viktor Umbricht war ein weit gereister Mann. In den 1950er Jahren war er Direktor der Finanzverwaltung der «Internationalen Wiederaufbaubank» in Washington, darauf arbeitete er für die CIBA und vermittelte Lizenzen in der Sowjetunion. Er stand in Briefkontakt mit Bundesräten, war mit Henry Kissinger bekannt und bereiste den Kongo, Guatemala, Vietnam, Djakarta, China, Hongkong, Delhi und Peru. Zur Vermittlung in Konflikten wurde er nach Ostafrika und Südostasien gerufen. Nach 27 Jahren kann sich in der Erinnerung einiges verändern, nicht nur ein Vorname.

Die Suche nach weiteren Spuren, die einen Aufenthalt Adolf Scheubers in Ruanda oder Burundi belegen würde, blieb ohne Ergebnis. Im Nachlass von Viktor Umbricht fand sich keine Notiz, welche eine derartige Begegnung – oder auch nur eine Panne – im afrikanischen Busch im Jahr 1955 erwähnen würde. Auch im Bundesarchiv, in den Akten des Departementes für Entwicklungszusammenarbeit oder des Departements für auswärtige Angelegenheiten, findet sich kein Hinweis auf einen älteren, Handel treibenden Schweizer in Ruanda oder Burundi.

Es ist gut möglich, dass Adolf Scheuber tatsächlich im hohen Alter in Ruanda oder Burundi eine Versorgungsstation für Einheimische unterhielt. Ebenso gut ist es möglich, dass die Begegnung zwischen Viktor Umbricht und Adolf Scheuber so nie stattgefunden hat und dass Adolf Scheuber sich nie in Ruanda oder Burundi aufgehalten hat. Anhand der vorliegenden Informationen lässt sich die Frage nach dem Verbleib Adolf Scheubers nicht klären. Wir wissen nicht, wo Adolf Scheuber nach seiner Flucht gelebt hat oder wo er gestorben ist. Wer weiss, ob sich früher oder später nicht doch noch ein Hinweis finden lässt, der verlässlich Auskunft darüber geben wird? Angesichts dieser offenen Fragen wird das Interesse am «Fall Scheuber» wohl nicht abbrechen. Das Reden über den Doppelmord geht weiter.

Literarisches Weiterleben

Der «Fall Scheuber» wurde nicht nur mündlich immer wieder neu erzählt, sondern fand auch in vielfältiger Bearbeitung Eingang in die Literatur. Nidwaldner Autorinnen und Autoren betteten die konfliktreiche Wilderergeschichte in ganz unterschiedliche Zusammenhänge ein. Sie variierten die Personen und Ereignisse, verlegten sie an andere Orte oder in andere Zeiten. Vor diesen wechselnden Hintergründen erhielten die Hauptpersonen – Wilderer und Wildhüter – und vor allem deren folgenschwere Begegnung immer wieder eine neue Deutung und Bewertung.

Wer wildert und warum? Ist die Wilderei ein tolerierbares Vergehen oder ein Verbrechen? Sind Wilderer volksverbundene, freiheitsliebende Jäger oder kriminelle Aussenseiter? Wie manifestieren sich die Konflikte zwischen Wilderer und Wildhüter? Tötet der Wilderer seinen Gegenspieler vorsätzlich, fahrlässig oder in Notwehr? Wie reagiert die Bevölkerung auf den Mord? Was geschieht mit dem Täter?

Die literarischen Erzählungen geben auf diese Fragen ganz unterschiedliche Antworten. Und doch: Alle erzählen von einem prekären persönlichen Verhältnis zwischen dem Wilderer und dem Wildhüter, von versteckten Konflikten und offener Feindschaft. Und alle erzählen Varianten der alten Geschichte von Mord und Sühne.

Der wandernde See – 1910

Der «Roman aus den Unterwaldner Bergen» der Nidwaldner Schriftstellerin Isabelle Kaiser spielt im Bergdorf Espan, das dem Dorf Lungern in Obwalden entspricht. Den Rahmen der Geschichte bildet das verwegene Projekt der Dorfbevölkerung, den See im Tal tiefer zu legen, um bewirtschaftbares Land zu gewinnen. Vor diesem Hintergrund erzählt Kaiser den Konflikt zwischen Wilderer und Wildhüter, der im Mord gipfelt. Das Seeprojekt gibt dem Mörder die Gelegenheit zur Sühne.

Matte Mathys ist ein leidenschaftlicher Jäger, der sich der Natur und den gesellschaftlichen Regeln gegenüber gleichermassen gleichgültig und abschätzig verhält:

> Er kümmerte sich keinen Pfifferling um die Satzungen der Menschen und ihr Jagdrecht. Schon bei dem blossen Gedanken, dass irgendwo ein Rudel Grattiere unbehelligt äsend weilte, (…) überkam ihn eine unbezähmbare Lust: die Lust am Zerstören, die Lust an seiner Treffsicherheit. Sie lag ihm im Blute, sie packte ihn wie ein Fieber und trieb ihn von der Hobelbank und von Amilis Seite hinaus, wie es andere zum Wirtshaus oder zum Politisieren am Gemeindetisch trieb, mit unheimlicher Gewalt.[10]

Die Jagd befreit ihn von den Verpflichtungen des gesellschaftlichen Lebens und lässt ihn den archaischen Trieb ausleben, «sich mit seinesgleichen zu messen und gegen alles, was da kreucht und fleucht, den Kampf aufzunehmen, um seine selbstherrliche Gewalt zu behaupten».[11]

Weder eine Verhaftung noch die Verweigerung des Patents durch die Gemeinde können Matte Mathys vom Wildern abhalten. Er will jagen, wo und wann er will und nicht, wie es die Gesetze vorschreiben. Seit Jahren ist ihm der Wildhüter Andacher auf der Spur. Mathys hasst diesen «Ehrschänder», er wird zu seinem persönlichen Feind. Als der Wildhüter ihm wieder einmal gefährlich nahe auf den Fersen ist, ist Mathys bereit für die endgültige Abrechnung.

«Dui, dort unten kommen zwei!»

Der Mathys sprang auf und spähte mit den weitsichtigen Raubvogelaugen talab, wo zwei Gestalten durch das vom Steingeschiebe des Baches verschüttete Land aufwärts strebten.

«Sakrement! Sakrement!» fluchte er zwischen den Zähnen. Er rieb sich die blutigen Hände an der blauen Bluse ab, rückte die entstellende Wildererbinde enger um das Gesicht und machte seine Waffe schussbereit.

«Jetzt wollen wir noch nicht ver…», knurrte er. Er hatte die Nahenden erkannt. Er hätte vielleicht noch den Dossen hinanfliehen und sich in einer Rinne verbergen können, aber er erwog nicht einmal den Gedanken an eine Flucht. Der grimme Hass bannte jede Vorsicht um der Lust willen, den Feind endlich zu stellen und an ihm Rache zu nehmen. Denn einfangen liess er sich von ihnen nicht. Einmal und nie wieder. Lieber würde er sich gerade auf der Stelle eine Kugel durch den Schädel jagen! Aber diesmal war die Reihe nicht an ihm, diesmal sollte es den andern gelten.

Er hatte einen guten Stand. Er konnte angreifen, ehe die andern nur die Notwendigkeit der Verteidigung inne wurden.

Das sollte benutzt werden. Ein Narr, wer sich solche Jagd und solches Wild entgehen liess! (…)

Mit wilder Entschlossenheit zielte er nach ihnen. Als sie innerhalb Schussweite waren, feuerte er.

Die Wildhüter, Andacher Vater und Sohn, stutzten. Die Kugel war dem alten Manne ins rechte Schulterblatt gedrungen. Er hob wie abwehrend die Hand gegen den unsichtbaren Schützen.

So rasch, dass der Pulvergeruch ihm in die Nase stieg und er in seiner Hast die abgeschossenen Hülsen mit dem Mund herausriss, feuerte der Mathys neue Schüsse ab. Einer durchbohrte die erhobene Hand des Gegners. Da rief der Getroffene: «Ho! Matte Mathys, jetzt tut's es. Gib ab!»

Der Wilderer antwortete mit einem neuen Schuss, der den alten über dem linken Ohr in den Kopf traf. Taumelnd drehte sich der Wildhüter und glitt wie eine leblose Masse auf den Rasen.

Als der Sohn den Vater fallen sah, schoss er in der Richtung gegen den Felsblock, an dem die Kugel abprallte. Als er wiederum zielt, krachte ein neuer Schuss, der seine rechte Hand traf und ihn kampfunfähig machte.

Wehrlos ergab er sich in sein Schicksal. Er legte Flinte und Bergstock auf einen nahen Stein quer übereinander, so dass sie ein Kreuz bildeten, als stummes Zeichen der Gnade, die er sich vom Gegner erbat. Aber Gnade hatte keinen Raum in der von unerbittlichem Hass durchwühlten Brust des Wüterichs. Er sah in dem wehrlosen Jüngling, der ihm gegenüberstand, nichts als den einzigen Zeugen seiner Bluttat, und der musste unschädlich gemacht werden.

Was lag ihm daran, den Mord zu verdoppeln, zwei Menschenleben statt des einen zu zerstören, wenn nur kein menschliches Auge die Tat erspähte und kein Mund ihn mehr anklagen konnte.

Sprungbereit schlich der Wilderer aus seinem Versteck. Die leichenblassen Züge und die durstig geöffneten Lippen verzerrte eine solche Blutgier, dass der junge Andacher den Todeshauch verspürte, noch bevor er mit durchbohrtem Schädel rücklings niederstürzte. Aus nächster Nähe gab Mathys den Feinden den Rest, indem er den einen durch den Leib, den andern durch die Brust schoss. Dann warf er die Waffe über die Joppe und ging bergauf, dem Fahrlilukas nach.[12]

Nach der Tat flieht der Mörder nach Südamerika und wird in Abwesenheit zum Tod verurteilt. Fünfzehn heimwehgeplagte Jahre später kehrt er in sein Dorf zurück. Er versteckt sich in den Wäldern und streift in der Nacht in Dorfnähe herum – zur Heimlichkeit verflucht, denn seine Tat ist keineswegs vergessen.

Erst als die Gemeinde für eine gefährliche Sprengung zur Tieferlegung des Sees einen Freiwilligen sucht und diesem im Gegenzug Amnestie bietet, erhält Matte Mathys eine Gelegenheit, sein Verbrechen zu sühnen. Wieder geht es um die menschliche Herrschaft über die Natur. Deren Zweck ist aber nicht die Selbstbehauptung eines Einzelnen, sondern das Gemeinwohl, die Zukunft des Dorfes. Mit diesem Dienst an der Gemeinschaft befreit sich der Mörder von Schuld und Verfolgung. Doch die Rückkehr in die dörfliche Gesellschaft als anerkanntes Mitglied ist ihm nicht möglich, zu schwer wiegt sein Vergehen und zu sehr hat ihn die lange Einsamkeit in den Bergen und Wäldern verwildert. Er lebt weiterhin allein, hoch oben in den Alpen, bis er bei der Adlerjagd den «Wilderertod» findet.

Der Wildhüter von Beckenried – 1918

F. H. Achermann lässt seinen Roman «Der Wildhüter von Beckenried» in Nidwalden von 1798 spielen, mitten in den heftigen Auseinandersetzungen um die helvetische Verfassung. Der Sohn des Wildhüters Murer wird bei der Verfolgung eines Wilderers erschossen. Die überraschende Identität des Mörders wird erst im Gefecht gegen die französische Armee entdeckt, als sich im Kampf auf Leben und Tod die wahren Gesichter der Menschen zeigen. Der Wilderer Franz Wyrsch zeichnet sich als besonders leidenschaftlicher Kämpfer gegen die französische Besatzung aus. Doch mindestens so sehr wie die Freiheit Nidwaldens liegt ihm seine persönliche Freiheit als Jäger am Herzen. In seiner grundsätzlichen Wut auf jegliche Art der Freiheitsbeschränkung setzt er die französische Herrschaft der Nidwaldner Obrigkeit gleich:

> Wenn dr Staat eppis will stähle, so macht är äifach es Gsetz! Wänn d'Franzose d'Chilche wänd uis stähle, so machet si äifach es Gsetz ---. Herr Pfarer, wemmer mit eme Gsetz alles cha mache, so macht dr Wyrsch Franz halt oi äis, und dert häissts denn: Artikel äins: Das Wild isch fräi![13]

Auf seinen Jagdzügen wird er von den Älplern gedeckt. Wildhüter Murer fühlt sich bei seiner Aufgabe allein gelassen. Dass er Wyrsch bereits einmal verhaften konnte, erhöht seine Autorität nicht – im Gegenteil, der Wilderer schwört Rache. Doch nicht Murer selbst, sondern sein Sohn wird bei der Verfolgung eines Jägers getötet.

> Da krachte ein Schuss! Jäh zuckte er zusammen!
> Wo?
> Gerade über ihm, an der Schwalmiswand! Ja, dort, dort an der Kante des obersten Felsbandes hebt sich eine Gestalt vom blauen Himmel ab. Er kann ihn nicht erkennen; die Entfernung ist auch für das schärfste Auge zu gross, und wahrscheinlich hat der Mann dort oben sein Gesicht geschwärzt.
> «Der Wyrsch! S'cha käi andre sy!»
> Der Alte greift zum Stutzen, legt ihn an, setzt ihn wieder ab:
> «Vil z'heech!»
> Er beisst die Zähne zusammen:
> «I bi z'spoot!»
> Der Wilderer turnt um eine halsbrecherische Kante nach einer Felsennische. Dort muss die erlegte Gemse liegen. – Doch was ist das? – Dort, dort oben steigt ein zweiter auf die Felsenkante zu.
> «Der Hans!»
> Das Herz droht dem Alten stille zu stehen; mit allen Vieren greift der Junge dort oben weiter; er kann sein Gewehr nicht gebrauchen. – Herrgott! Wenn der Wilderer ihn gewahrt, so schiesst er ihn wie eine Fliege von der Wand.
> Zuschauen müssen und nicht helfen können!
> Da hebt der Alte noch einmal mit zitternder Hand sein Gewehr; er will die Aufmerksamkeit des Wilddiebes vom Hans ab und auf sich lenken.
> Der Schuss kracht; ein hundertfaches Echo, und dann wieder Totenstille!
> Inzwischen ist sein Hans der Felsennische nahe gekommen, Schritt für Schritt, Griff für Griff, den Körper an die Wand gedrückt, in schwindelnder Höhe.
> Da hebt sich der Wilderer jäh, mit vorgebeugtem Oberkörper; er scheint zu lauschen; hat vielleicht ein rollendes Steinchen den nahen Feind verraten? Er hat wohl nicht wieder geladen; denn er stellt sich mit dem Rücken an die Wand und schaut um die Kante; in seiner Hand glänzt etwas.
> Jetzt ist der Hans an der Kante. – Jesus Maria! – Er tut einen Sprung. – Er steht in der Felsennische seinem Todfeinde gegenüber. – Nur eine Sekunde. – Da packen sie sich wie zwei Tiger. – Kein Schuss war gefallen. – Aber jetzt? – Der Platz war dort kaum zwei Fuss breit! – Der furchtlose Alte zitterte wie ein Espenlaub. «Heilige Maria Mutter Gottes, bitt für uns arme Sünder…»
> Wie ein Schrei kam es von seinen Lippen, abgebrochen, in Todesangst.
> Die beiden Ringer bilden eine fast bewegungslose Gruppe; denn jede Bewegung bedeutet Tod –

in schwindelnder Tiefe! Die Füsse nach aussen gestemmt, die Schultern an die Felswand gedrückt, halten sie sich umarmt. Einer oder beide!

Dem Alten klappern die Zähne; er hält sich die Augen zu und muss doch immer wieder schauen.

Wie lange dauert's noch? Eine Minute? Eine Stunde?

Da blitzt wieder etwas auf – Der Alte wimmert – Jetzt…hebt einer…den andern empor…

«Bitt für uns arme Sünder, jetzt und in der Stunde unseres Ablebens! Amen.» – Ein entsetzlicher Schrei! Die Felswände schreien mit!

Hoch oben schlägt ein Körper auf, dann noch einmal…noch einmal, dann fällt er keine hundert Schritte vom Alten zu Boden, rollt noch eine Strecke in der Schutthalde weiter und bleibt dann liegen. Und da ist's wieder still, ganz still! Nur hoch oben im blauen Aether krächzt ein hungriger Alpenrabe…

(…)

Eben verschwand der Mörder oben auf dem Schwalmisbödeli; wenn der Alte nicht sicher überzeugt gewesen wäre, dass es der Wyrsch war, so hätte er ihn nicht erkannt; denn die Sonne blendete, und schliesslich gleicht jedes abgetragene Kleid dem andern.

Wie der Wildhüter ihm nachsah, lange und gierig, da gewahrte er an der Felswand zwei blutige Flecken. Das warf ihn wieder in die nackte Wirklichkeit zurück: dort lag ja der Hans!

Langsam geht er auf den Leichnam zu, scheu und ängstlich, als ob er ihn beschleichen wollte: mehrmals geht er um ihn herum, bis er endlich davor niederkniet. Wie sieht er aus! Nicht einmal des Toten Antlitz kann er noch einmal schauen; denn – es ist nicht mehr. An der linken Seite zeigte die Joppe einen deutlichen Messerstich.

«Er het ne gstoche! Sescht hätt er en sicher nid mege!» brummte der Alte nicht ohne Genugtuung. Dann nahm er seinen Rosenkranz aus der Tasche, wickelte ihn dem Toten um die Hände, legte ihn in Schlafstellung und bedeckte den Oberkörper mit seinem Wams; dann liess er sich auf beide Knie nieder und betete fünf Vaterunser und den Glauben zu den heiligen fünf Wunden.

«Herr, gib ihm die ewige Ruhe, und mir, mir zeige den Mörder!»[14]

Murer ist, wie die gesamte Dorfbevölkerung, von Wyrschs Schuld überzeugt. Der Wilderer gesteht, auf Rache am Wildhüter gesinnt zu haben, verurteilt aber den Mord an dessen Sohn scharf. Der wahre Mörder wird erst im Gefecht gegen die Franzosen entdeckt. Im heroischen Kampf grausam verletzt und verstümmelt, gesteht er kurz vor seinem Tod dem Wildhüter seine Schuld. Imbühl, der absolut unbemerkt gewildert hat und selbst seine ausserordentlichen Schiesskünste vor allen geheim hielt, gibt sich als den Täter zu erkennen. Nach heftigem Ringen mit Hass- und Rachegefühlen vergibt Murer dem Mörder seines Sohnes und verschafft diesem und sich selbst Erlösung. Imbühl ist für Nidwalden gestorben; das Opfer seiner selbstsüchtigen Leidenschaft sühnt er mit dem Heldentod für sein Volk.

Der Wilderer – 1931

Josef von Matt verfasste in Nidwaldner Mundart das Heimatspiel «Der Wilderer», das in einem ungenannten Bergdorf in der Innerschweiz spielt. Die Auseinandersetzung zwischen Wilderer und Wildhüter, bei von Matt als Förster bezeichnet, dreht sich in erster Linie um die Zuneigung einer Frau und endet nur beinahe mit einem Mord.

Der Wilderer Wiisi ist ein einfacher Bergler, der überzeugt ist von seinem persönlichen, uralten Recht, in den eigenen Alpen zu jagen:

> Das (Wildern, A.H.) isch niid beeses, Vreneli. D'Bärg gheerid i iis und s'Gwild gheerd i allne. Vor as d'Stedter und d'Derfler die Gsetz erfunde hend, sind iisi Vorvordere uf d'Jagd ggange. Das trickt mi nie bi mim Abedgebätt.[15]

Vreneli, um dessen Gunst sich Wilderer und Wildhüter streiten, ist Wiisis urwüchsigem Charme erlegen. Sein Nebenbuhler Imboden kann diese amouröse Niederlage nicht ertragen. So ist es mehr die Eifersucht als die Sorge ums Wild, die den Wildhüter bei seiner Arbeit antreibt. Die Verfolgung des Wilderers verkommt mehr und mehr zur obsessiven Jagd auf den persönlichen Feind.

Wiisi ist dem Förster nicht ausdrücklich feindlich gesinnt, solange er sich Vrenelis Liebe sicher wähnt. Erst, als er sich von ihr hintergangen fühlt, empfindet auch er Eifersucht und Wut. Und die Wilderei, die er Vreneli zuliebe aufgegeben hat, nimmt er wieder auf und betreibt sie massloser als je zuvor. Als er einmal von der Jagd zurückkommt und im Walde einen befreundeten Knecht antrifft, wiegelt dieser den verzweifelten Wiisi mit Alkohol und aggressiven Worten derart auf, dass er zum Gewehr greift, bereit, Imboden zu töten.

Chasp *(stehend und sich aus Wiisis Griff befreiend)*: Stille, Wiisi, da obe chund epper *(beide horchen gespannt. Chasp zeigt rechts an den Hintergrund hinauf).*
Los, dä Schritt! Dui, dä Schritt kennini. Das isch dr Ferster. Etz gräch di!
Wiisi *(greift nach dem Stutzer)*: So, dä chummer grad rächt. Etz, Ferster! *(Kniet, schlägt an.)*
(Auf der linken Seite der Bühne erscheint ein Lichtlein. Wiisi will darauf zielen.)
Chasp: Ziilsch ja as lätz Ort. Da obe chunder. Ghersche nid?
Wiisi: Jää was isch das?

5. Auftritt
Vorige und Geist von Wiisis Vater, der als kleines, unruhiges Lichtlein sichtbar ist.
Arme Seele *(mit hohler Stimme)*: Wiisi! – Bueb! Dänk – und – bätt!
Chasp *(der die Stimme der Armen Seele nicht hört)*: Pass etz uif. Da grad obe am Tessli gader dure. Etz mues er de glii cho.
Wiisi: Wer?
Chasp: Dr Ferster!
Wiisi: Gsech dui de nid das Liechtli?
Chasp: Wo?
Wiisi: Da – da – grad vor mier!
Chasp: Wo? – Nei. *(Zieht sich langsam zurück. Ab)*
Arme Seele: Soo hanich gfääld, idr Teibi, Bueb! Und willt dui fir mich bhätted hesch, chan ich dich warne. Wiisi – mii Bueb – dänk a dii Seel! Ich mues liide und wandle, wil ich nid dra tänkt ha.
Wiisi: Vatter, – dui – was chanich fir diich tue?
Arme Seele: Brav sii! – Und wenn's Dorf i Gfahr isch, dänk nid a diis Heime! *(Das Licht erlischt)*
Wiisi: *(lässt das Gewehr sinken, kniet unbeweglich da, mit weit aufgerissenen Augen).*
(Der Förster geht mit Rucksack und Stutzer von rechts oben kommend ohne sich umzuschauen über die Bühne und tritt im Vordergrunde links ab.)
Wiisi *(Starrt dem Förster lange nach. Nachdem dieser längst abgetreten ist.)*: Hergott, hilf doch i miim Vatter --- und i mier!
(Vorhang)[16]

Es kommt nicht zur Tat. Die arme Seele seines Vaters hält den gläubigen Wiisi vom Verbrechen ab und verhindert den Mord. Zur gleichen Zeit bricht – wie von Wiisis verstorbenem Vater vorausgesehen – eine gewaltige Naturkatastrophe in das dörfliche Leben ein; eine Schlammlawine droht das Dorf zu zerstören. Die ganze Bevölkerung kämpft gegen die Naturgewalten an – nur Imboden ist oben in den Bergen und jagt wie besessen seinen Intimfeind. Wiisi rettet schliesslich das Dorf, indem er die Ribi von der Siedlung weg und über sein eigenes Heim leitet. Mit dieser selbstlosen, heroischen Tat sühnt er nicht nur seine Frevel, sondern verdient sich zusätzlich den sozialen Aufstieg vom Aussenseiter zum hochgeachteten Gemeinschaftsmitglied, ein glückliches Leben mit Vreneli und ein neues Haus, spendiert von der Gemeinde.

Die eine, wilde Jagd… – 1933, 1968, 1988

Die bekannteste Bearbeitung des «Falls Scheuber» verfasste Ernst Rengger 1933 unter dem Titel «Die eine, wilde Jagd…». Seit dieser Publikation ist der «Doppelmord auf der Gruobialp», wie der Fall in den zeitgenössischen Akten und Zeitungen bezeichnet wurde, als «die eine, wilde Jagd…» bekannt. Die Überzeugung, es handle sich um den Bericht, der die «wahre Geschichte» wiedergebe, war und ist noch immer weit verbreitet. Dass Rengger die Personen namentlich aufführte und dass er Ausschnitte aus den Akten sowie Fotos der (vermeintlichen) Orte des Geschehens einflocht, trägt massgeblich zu dieser irrigen Annahme bei. Der Autor stützte sich zwar auch auf Gespräche mit noch lebenden Zeitgenossen und auf Gerichtsakten aus dem Staatsarchiv Nidwalden, doch der entstandene Text ist eine freie, literarische Nacherzählung der Ereignisse. Das Buch wurde 1968 und 1988 mit wenigen Ergänzungen wiederaufgelegt.

In dieser Geschichte wird der Wilderer und Mörder zum tragischen Helden. Der Nidwaldner Adolf Scheuber wächst in einer mittellosen Familie auf. Seine von Hunger und Armut geprägte Kindheit lehrt ihn nicht nur, materielle Not zu ertragen, sondern auch, selbstständig sein Leben und Überleben zu sichern. Mit 13 Jahren schiesst er seine erste Gämse:

> Dies war der erste Tag in meinem Leben, der meinen Hunger stillte. (…) Ich zog mein Sackmesser hervor und mit wilder Gier stach ich dem Tier, dessen Muskeln noch zuckten, die verrostete Klinge ins Herz. In den Latschen der Alpenrose, im Bereich des roten Enzian, trank ich das warmfliessende Herzblut meiner ersten Gemse. Ich spürte wie mein Blut wallte, ich empfand Kraft und Mut und die ganzen Berge hätte ich in meine Arme schliessen mögen. Wer will mirs verbieten, dass ich meine Grattiere hole? selbst meine christliche Erziehung hat mir nie davon gesagt, du darfst keine Gemsen schiessen und der Staat, darauf pfeif ich; was ist Staat, wer ist Staat, ich bin der Sohn der Berge, uns fressen sie das Wildheu, uns gehören sie. Wer gibt uns Brot, wer gibt uns zu essen? kaum diese vollgestopften Herren des Tales; mit Gesetzen und Steuern schnüren sie unsere Kehlen. Hol' sie der Teufel und komme mir keiner je in die Quere. – Der Wilderer war fertig…[17]

Renggers Scheuber wildert aus Armut, aus urtümlicher Leidenschaft und in wütender Auflehnung gegen die Obrigkeit und ihre selbstgerechten Gesetze. Mit seiner ersten erlegten Gämse, dem Trank ihres Blutes, besiegelt er nicht nur seine eigene Laufbahn als Wilderer, sondern auch das Schicksal jedes Wildhüters, der ihn am gesetzeswidrigen Jagen hindern sollte. Rengger beschreibt den Wilderer nicht als kriminellen Aussenseiter, sondern als einen im ganzen Kanton beliebten und geachteten Mann, der sich – verständlicherweise – gegen die ungerechten Jagdgesetze auflehnt:

> (…) Scheuber war ein Nidwaldner, ein Mann aus dem Volke und so ehrlich und treu, wie sich die stolzen Berge vertragen, so eng, wie die Täler mit ihnen verbunden, so hart der Kampf ums Dasein, so tief und fest umrahmte ein Grossteil der Bevölkerung ihren Mitmenschen.[18]

Sein Gegenspieler ist der Obwaldner Wildhüter Werner Durrer, ein gewissenhafter Mann im Dienst des Wilds und der Berge. Dass Rengger die Geschichte aus der Perspektive Scheubers erzählt, führt dazu, dass der Wilderer einen lebendigen, ganz eigenen Charakter erhält, während Durrer gesichtslos und anonym bleibt wie die Gesetze, deren Übertretung er ahndet. So zeichnet ihn vor allem sein Pflichtbewusstsein aus, seine Unerschrockenheit und Bestimmtheit in der Ausübung seines Berufs – was ihm schliesslich zum Verhängnis wird.

Die Sonne strahlte ihre Lichter nur noch spärlich durch den immer dichter werdenden, grauen Herbstnebel. Scheuber und Schüpfenhans fühlten sich in ihrer Sicherheit geborgen und hatten keine besondere Eile, diesen Platz zu verlassen. Vor Eintreten der Dunkelheit durften sie ohnehin nicht daran denken, ins Tal hinunterzusteigen. Der früh morgens so schön und klar begonnene Oktobertag begann langsam seinen Kurs zu ändern; die Sonne hatte Mühe, sich durchzuzwingen. Leiser Herbstwind setzte ein und gewaltige Nebelschwaden jagte er vor sich hin. Es schien ein Vorspiel der Natur zu sein in dieser wildromantischen Bergheimat der Gemsen zu jenen kurzen Augenblicken, die bald darauf folgten. «Hebe die Gemsen auf und fliehe!» und in einem Sprung hatte sich Scheuber erhoben. Sich gegen Schüpfenhans wendend, zeigte er nervös und doch gefasst gegen das Melchtal hin, wo in kaum 300 Metern Entfernung die beiden Obwaldner Wildhüter auf ihrer Spur heranrückten. «Oben auf dem Grätli gegen das Widderfeld zu kannst Du mir warten; heute wird abgerechnet und nie sollen diese Halunken je unsere Pfade wieder kreuzen.» Währenddem der kühle Herbstwind grau und kalt die dichten Nebelschwaden vor sich hinpeitschte, suchte Schüpfenhans eiligst hinaufzukommen auf den Grat des Widderfeld. Die Sicht zwischen ihm und den Wildhütern war in diesem Momente auf natürliche Weise verhüllt. Eben hatte er seine Last abgelegt, schon im ziemlichen Bereich der Sicherheit, vernahm er den Knall von zwei Schüssen. Die beiden Wildhüter hatten ihnen dadurch zu verstehen gegeben, dass es zwecklos ist, zu fliehen. Zu oberst an der Geröllhalde war Scheuber zurückgeblieben. Für ihn schien die Stunde gekommen, wo er endgültig abrechnen wollte; ihr oder ich, eine Partei musste daran glauben und im sicheren Schutze des dichten Nebels wählte er seinen Standort zum Empfang der beiden Verfolger hinter jenem grossen Stein, der heue noch kühn die Geröllhalde beherrscht und als stummer Zeuge dem stillen Wanderer ewig von der grössten Wilderer-Tragödie seiner Zeit auf der abgelegenen, wildromantischen Bergwiese Gruobialp erzählt.

Der immer stärker werdende Herbstwind hatte die Luft von den grauen Schleiern wieder reingefegt. Für Augenblicke leuchtete das tiefe Blau des Himmels; rabenschwarze Schatten strichen an den stolzen Felsen empor, als wollten sie sich drücken vor dem unheimlichen Glanze des hereinbrechenden Lichtes. Die beiden Wildhüter, Vater und Sohn Durrer, hatten sich inzwischen bis auf eine Entfernung von zirka 30 Metern an den Standort des Wilderer vorgeschoben. «Ergebt euch! Waffen ab…» und ehe das letzte Wort halb ausgesprochen, sandte Scheuber den ersten Volltreffer auf die beiden Hüter der Berge. Sicher sass der Schuss und Vater Durrer, mit einer klaffenden Wunde am Kopfe, fiel rücklings ins harte Gestein. Sein Sohn, den Ernst der Lage erkennend, wollte eiligst Deckung suchen hinter einem grossen Steine, um seinerseits den Mord an seinem Vater zu rächen. Doch ehe sein Finger den Hahnen an seiner Flinte berührte und ehe der Widerhall Scheubers ersten Schusses im wilden Gestein des Nünalphorn verklungen, zerschmetterte auch sein Schädel ob des Mörders ruchlosen Hand. Unmerklich sanft legte sich sein Körper zur Seite, den Kopf auf dem Steine aufgebettet, als wäre es das für ihn bestimmte, natürliche Totengemach. Unter den Beiden aber floss pflichtgetreues Blut und es schien, als erblühten an diesem späten Herbsttage die Alpenrosen wieder; ihre Kleider glichen den Latschen, ihr Blut den Rosen.

Scheuber näherte sich nun seinen beiden Opfern. Seine Rache war noch nicht vollends gesättigt. Währenddem Vater Durrer, in seinem Blute sich wiegend, mit halberstarrten Augen seinem Mörder entgegenschaute und ein letzter Wunsch röchelnd seine erblassenden Lippen bewegte, entlud sich die Büchse des Mörders zum dritten, vierten Male; an die zehn Schüsse widerhallten an den Felsen der herrlichen Berge. Die Nacht sank unter im Westen; purpurn schimmerte der vom Nebel freigegebene Himmel; kalt und starr grüssten die nahen Gletscher herüber; sie übernahmen die Totenwache der beiden pflichtgetreuen Mannen im einsamen Bergparadies der Gruobialp. Die Nacht sank herein; Gemsen zogen an der Bahre ihrer Schützer vorbei und auf der blutgetränkten Erde schwenkte im leisen Abendwind letzter Gruss, der rote Enzian.[19]

Nach dem Mord flieht der Täter nach Südamerika, wo er sich erfolgreich eine neue Existenz aufbaut. Er sichert nicht nur sein eigenes Überleben, sondern auch das der Stadt, indem er die Wasserversorgung sicherstellt. Diese Tat bringt ihm die Anerkennung und Achtung der Gemeinde ein, die ihm das Ehrenbürgerrecht verleiht. Rengger betont, dass der Wilderer trotz seines wirtschaftlich und gesellschaftlich erfolgreichen neuen Lebens nicht ganz glücklich geworden sei. Er ist von Heimweh geplagt, vermisst seine (inzwischen verstorbene) Frau, die er zurückgelassen hat, und die Gedanken an sein Verbrechen lassen ihn nicht in Ruhe. Wie es den Leuten in Nidwalden und Obwalden nach dem Mord ergeht, steht in diesem Buch nicht geschrieben. Es ist vor allem eine Erfolgsgeschichte eines Wilderers und Mörders, der es trotz seiner massiven Grenzüberschreitung offenbar nicht verdient hat, bestraft zu werden, sei es nun vom Gesetz oder vom Leben selbst.

Bärädi – 1939

Hintergrund des Konflikts zwischen Wilderer und Polizist bildet in diesem Roman von Fritz Flueler die Auseinandersetzung um die Einführung der Revierjagd. Die vorgesehene Änderung der Jagdgesetze entzweit die Gesellschaft. Flueler stilisiert den Wilderer Bärädi zum archetypischen freiheitsliebenden Urschweizer hoch und macht ihn zum Rebellionsführer des unterdrückten (Jäger-)Volks. Innerhalb dieser Logik wird der Mord am Polizisten und seinem Sohn zum Ausdruck des berechtigten Widerstands gegen die Ausbeuter.

Die Geschichte folgt der Biographie des Bergbauern Bärädi. Dieser wächst in einer mittellosen Familie auf, wird aber von seinem «Götti», dem reichen Gemeindepräsidenten, unterstützt. Dieser Förderung zum Trotz bleibt er ein einfacher, volksverbundener Mensch. Schon früh bringt ihm sein Vater bei, dass die Jagdgesetze von reichen Herren gemacht werden, die die harte bäuerliche Realität ignorieren:

> Schon wieder ein neues Gesetz. Das Gebiet am Mittenhorn wird zum Bannbiet erklärt. Die Herren im Tal machen so ein Gesetzlein unter dem Bein hindurch. Müssten sie auch täglich Suppe und Suffi, Suffi und Suppe essen, ich glaube, es käme ihnen Wichtigeres in die Grütze. Wer will mich daran hindern, meinen Lebensunterhalt da zu holen, wo ich niemandem etwas stehle? [20]

In Bärädis Augen sind die Jagdgesetze ein Unterdrückungsinstrument der Oberschicht. Folglich ist die Wilderei nicht nur ein notwendiges Mittel im Kampf ums Überleben, sondern auch ein rebellischer Akt. Als Bärädi wieder einmal vom hasserfüllten, obsessiv getriebenen Polizisten Ruedi Wachter und seinem Sohn verfolgt wird, macht er vom Widerstandsrecht des Unterdrückten Gebrauch.

> Es war am Tage vor der Landsgemeinde, als zwei Männer in der Karrenalp auf Anstand lagen. Sie sahen aus, als wären sie der Fasnacht davongelaufen: Sie trugen verhudeltes Gewand, verkrempelte Hüte, und überdies hatten sie das Gesicht geschwärzt. «Bärädi», sagte der eine, «es tät's für heute. Zwei Gemsen haben wir im Rucksack. Wir sollten sie noch besser versorgen, falls man die Schüsse gehört hat.»
> Der Angesprochene erwiderte: «Wart noch ein wenig. Wenn die Abstimmung morgen anders herauskommt, als wir wollen, so haben wir doch unsern Teil geholt. Oder hast Du Angst, Karipeter?»
> Karipeter antwortete nicht, sondern deutete mit dem Gewehrlauf auf eine Geröllhalde. Dort bewegten sich zwei Menschen. Bärädi hob sein Fernglas, aber ein Nebelschwaden verschluckte die beiden.
> «Sie suchen uns», sagte Karipeter, der diesmal der Weidgenosse des Wilderers war. «Es ist besser, den Rückzug zu ergreifen.»
> «Geh, wenn du Angst hast, Hasenfuss!»
> «Es ist nur wegen der Gemsen. Ich mag sie keinem andern gönnen.» Damit verschwand Karipeter. Der Nebel hatte nun auch ihren Standort erreicht.
> Bärädi duckte sich in eine Felsspalte. Er konnte nicht wissen, von welcher Seite die Verfolger nahen würden.
> Auf einmal nimmt ein Windstoss den nächsten Nebel fort. Bärädi kennt nun die Verfolger an den Uniformen: Es sind die beiden Wachter, Vater und Sohn. Diesmal sollten sie ihn nicht fangen. Er springt aus der Spalte, um weiter unten im Schutz einer langgestreckten Felsbank zu entfliehen. Da kracht ein Schuss über seinen Kopf hinweg. Gilt's ernst? Bärädi wird sein Fell keinem Polizisten verkaufen. Er duckt sich, wieder verdeckt ein Nebelschwaden die Sicht.
> Auch Karipeter hat den Schuss gehört. Er ist nicht weitergegangen. Er hat die Beute unter Zweigen und Steinen begraben und horcht nun angestrengt in den Nebel hinein. Noch ein Schuss, und noch einer, und jetzt mehrere, tätsch, tätsch, grad hintereinander.
> Er selber wird nun grau wie ein Stein. Er bewegt sich nicht, auch als er hört, dass jemand sich nähert. Die Gestalt, die sich aus dem milchigen Brei löst, ist Bärädi.
> Ruhig sagt er: «Die beiden tun uns nichts mehr zu Leide. Sie sind abgegangen.»
> Karipeter holt stumm den Rucksack aus dem Versteck. Gleichmässigen Schrittes trotten sie zu Tal. Beim Känzeli-Wirt kehren sie ein: Er hat ein abgelegenes Gasthaus, dreiviertel Stunden ob Nobiswil. Die Woche über hat er selten Gastig, aber am Sonntag kommen die Ausflügler, die gerne die Aussicht und ein Zabigplättli geniessen. Er kauft ihnen die Gemsen ab; der Wirt fragt nicht, woher die Beute kommt, und die Jäger fragen nicht, wohin sie geht. [21]

Am Tag nach dem Mord, als an der Landsgemeinde über die Einführung der Revierjagd abgestimmt wird, hält Bärädi als Anführer der Gegner eine leidenschaftliche Rede gegen die neuen Bestimmungen und für die freie Jagd:

(…) Aber eins müsst ihr uns lassen, die Freiheit! Die Freiheit, zu jagen, wann wir wollen und wo wir wollen, so wie unsere Altvordern die Vögte jagten, wann sie wollten und wo sie wollten – auf eigenem Grund und Boden.[22]

Die Rede überzeugt, die Gegner der Revierjagd setzen sich durch. Bärädi wird schliesslich verhaftet. Doch es gelingt ihm zu entkommen, und er flieht über die Berge. Unterwegs befreit er heldenhaft sechs Leute aus einem Schneebrett. Kaum, dass er sie gerettet hat, wird er selbst Opfer einer Lawine. Der Kaplan und der Gemeindepräsident bringen Bärädis Frau die Nachricht von seinem Tod: Er habe für seine Tat gesühnt und sei nun endgültig frei.

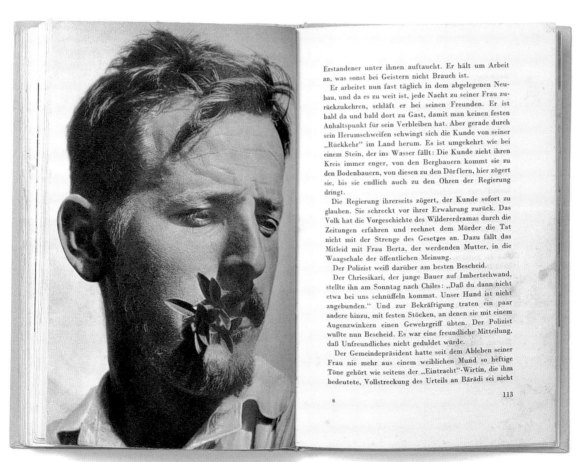

Doppelseite aus dem 1939 erschienen Buch «Bärädi» von Fritz Flueler.

Die eine, wilde Jagd – 1999

100 Jahre nach dem Mordfall wird in Dallenwil das Mundartstück «Die eine, wilde Jagd» von Klaus Odermatt uraufgeführt – eine dramatische Fassung des Romans von Ernst Rengger. Das Stück setzt ein mit dem Mord.

Schüpfenhans:	Scheysdräck! Scheysdräck!…Scheysdräck! Delf dui spinnsch komplett!
	(Er ist rastlos, schaut zurück, wartet auf Scheuber, weiss nicht, was er soll, versucht den Rucksack und die Gämse zu verstecken, spricht irr, für sich)
	Ich ha mit dem neyd z'tuà. Ich ga durab. Ich weis neyd. Delf dui Tubel!
Scheuber:	*(erscheint, hat auch eine Gämse im Rucksack und Gewehr in der Hand, ist extrem ruhig, kalt)* Werum secklisch di äso durab?
Schüpfenhans:	*(packt ihn und schreit)* Was hesch gmacht Delf! Was hesch gmacht! Dui spinnsch! Dui bisch wahnsinnig!
Scheuber:	*(reisst sich los, stösst Schüpfenhans derb von sich. Eiskalt)* Lach mich los. Bis ruewig, oder ich…
Schüpfenhans:	*(ist am Ende)* Delf…Delf…Was isch?…Was hesch gmacht…Delf…
Scheuber:	Her uif briele! Etz hemmer Rueh. Und dui bisch ai ruewig und hesch d'Schnore zue!
Schüpfenhans:	Dui bisch wahnsinnig…Ich gah durab…ich mues durab…
Scheuber:	*(reisst ihn hoch)* Mach etz kä Seich, Hans. Dier passierd neyd, wennd etz nid dure treisch. *(setzt ihn ab)* Dui weisch ja gar neyd und das isch mey Sach… *(starrt abwesend in die Berge)*
Schüpfenhans:	*(wimmert nur noch unverständlich vor sich hin)* Was hesch gmacht Delf…hesches gmacht Delf…hesches gmacht…säg mer was loos isch…Delf…
Scheuber:	*(dreht sich um, versteinert kalt, tonlos)* Diä zwee hends esoo welle. *(schreit auf)* Werum hends mi nid in Rueh glaa! Diä Spinnsieche! Werum sinds nid derheime blibe! *(tonlos!)* Ich has miesse mache.
Schüpfenhans:	*(wimmert)* Gott im Himmu, är heds gmacht…Verzeih eys…Jesus, Maria… Dr Durrer? Hä? dr Durrer?
Scheuber:	Beed. Dr Alt und dr Jung. Beed.
Schüpfenhans:	*(tonlos)* Beed…Gott verzeih eys…Gib nä di ewig Ruäh…*(wimmert)* Delf…Gammer durab…
Scheuber:	*(genervt)* Bis einisch ruehwig…Sicher gammer durab…D'Rucseck. Gwehr und Gämschi lemmer daa. Mer versteckids. *(Schüpfenhans unbeweglich. Scheuber beginnt sein Zeug zu verstecken)* Hans! Versteck dey Waar!
Schüpfenhans:	*(erschrickt und versteckt eilends seine Sachen)* Durab! durab! Ich chume niäme mitr. Fertig, durab…
Scheuber:	*(sie sind mit Verstecken fertig. Eindringlich zu Hans)* Etz nimmsch di zämä. Dui weisch neyd. Mier sind hit und geschter im Welebärg z'Holz gsi! Gheersch? Im Welebärg z'Holz simmer gsi, wen epper fragt und neyd anders! Kapiersch das?
Schüpfenhans:	*(stammelt)* Im Welebärg z'Holz…sicher…im Welebärg z'Holz…ja…das sägemer…
Scheuber:	Und etz wirsch langsam wieder normale! Susch simmer idr Chischte bevor mer dunne sind.
Schüpfenhans:	*(reisst sich zusammen)* Ja, ich bi normal. Ganz normal. Mier sind eifach im Welebärg z'Holz gsi…eifach z'Holz…
Scheuber:	Und etz gammer durab. Chum. *(Scheuber schliesst die Hüttentür und führt Hans weg. Beide ab.)*[23]

Nach der Tat wird der Mörder vom Kaplan unterstützt, der selber ein Gelegenheitswilderer ist. Er hält ihn vor der Polizei versteckt und hilft ihm auch bei der Vorbereitung und der Durchführung seiner Flucht. Bevor der Verbrecher Nidwalden verlässt, nimmt der Geistliche ihm die Beichte ab und fordert ihn auf, den Mord mit guten Taten zu sühnen:

Adolf, dui bereysch dey Tat, ich gspiires. Legg hiä und etz dey Beycht ab und fach midm Läbä vooren aa. Äs nitzt niämmerem neyd, wenn dui ai tod bisch. Duä dey schrecklichi Tat gscheyder mid tuisig guäten abpiässe als mid deym eigne Tod. Hesch nu äs langs Läbä vor dier und chaisch nu viu Guäts tuä. Mach das, und Gott wird dier derbiä hälfen und vergää.[24]

Der Kaplan untergräbt damit nicht nur die Durchsetzung der Gesetze und die Ahndung der Tat, sondern spricht dem Strafrecht auch indirekt die Berechtigung ab. Den Mörder mit Gefängnis oder mit dem Tod zu bestrafen, könne die Tat nicht ungeschehen machen. Nützlicher sei es, wenn der Verbrecher sein Vergehen durch gute Dienste direkt an der Gesellschaft wiedergutmache und damit gleichsam seine sozialen Schulden bezahle.

«Der klassische Wilderer»

Die literarischen Verarbeitungen des «Doppelmords auf der Gruobialp» erzählen ganz unterschiedliche Geschichten. In ihrem Kern behandeln sie jedoch alle den Konflikt zwischen Individuum und Gesellschaft, der beispielhaft in den Auseinandersetzungen zwischen Wildhüter und Wilderer ausgetragen wird. Der freiheitsliebende (und eigensinnige) Wilderer steht dem Wildhüter gegenüber, der die Ordnung der Gemeinschaft vertritt – oder mindestens von Amtes wegen dazu ermächtigt ist. Jede Erzählung beschreibt, kontextualisiert und bewertet die Figuren und Ereignisse, die auf dem Weg zur Lösung des Konflikts durchgespielt werden, auf ihre je eigene Art. Dennoch fällt auf, dass sich bei allen Bearbeitungen ein Grundmuster an Ereignissen, zwischenmenschlichen Beziehungen und moralischen Wertungen zeigt: Der Wilderer beruft sich auf sein unveräusserliches Naturrecht der freien Jagd und macht damit der herrschaftlichen Oberschicht das ausschliessliche Jagdrecht streitig. Er wildert aus Leidenschaft, aus Armut und Hunger oder aus bewusstem Protest gegen die Privilegierten und lässt sich auch durch hohe Geld- oder Gefängnisstrafen nicht vom Jagen abhalten. Dieses Muster entspricht einem Motiv der deutschen Literatur: «Der klassische Wilderer».

Diese Vorstellungen von der Figur des Wilderers prägten offenbar auch die literarischen Verarbeitungen des «Falls Scheuber». Besonders deutlich zeigt sich der Aspekt der sozialen Rebellion in der Figur des Bärädi, der zwar schlimmste Armut, nicht aber die Einschränkung seiner Freiheit ertragen kann. Der Wilderer bekräftigt also im Zuwiderhandeln gegen die Jagdgesetze seine persönliche Freiheit. Aber auch der Wilderer und Mörder in Ernst Renggers Geschichte oder Franz Wyrsch bei F. H. Achermann tragen die rebellischen Züge des freiheitsliebenden Berglers.

Das Motiv der Wilderei als Form von Widerstand einer sozial benachteiligten Schicht entsprach in bestimmten Gebieten tatsächlich einer gewissen Realität. In Österreich, Bayern oder auch in England war die Jagd während langer Zeit ein Privileg des Adels und der Oberschichten. Vor diesem Hintergrund konnte die Wilderei die Bedeutung einer Auflehnung der Unterschichten erhalten. Doch die rechtliche und soziale Wirklichkeit in Obwalden und Nidwalden um 1900 stand in deutlichem Widerspruch zu diesem Bild. Weder war die Jagd ein herrschaftliches Privileg, noch gehörten der reale Adolf Scheuber und die andern Wilderer sozial benachteiligten Bevölkerungsschichten an. Mit dem eidgenössischen Jagdgesetz erhielt in Obwalden und Nidwalden jeder Schweizer Bürger die Möglichkeit, ein Patent zu erwerben und frei zu jagen; sofern er sich an die Einschränkungen hielt. In der Geschichte des Jagdwesens in Obwalden und Nidwalden oder in den Gerichtsakten zum «Fall Scheuber» zeigen sich keinerlei Hinweise, dass die Wilderei um 1900 die Bedeutung einer sozialen Rebellion getragen hätte.

Mord und Sühne

Die Beziehungen zwischen Wilderer und Wildhüter in den literarischen Erzählungen sind durchwegs geprägt von persönlicher Feindschaft, von Hass- und Rachegefühlen. Die Reibungen manifestieren sich beispielsweise in versteckten oder offenen Drohungen, mit dem Feind abzurechnen. Mögen verbale Attacken oder Gewaltandrohungen von den AutorInnen noch als tolerierbar dargestellt werden, so wird spätestens mit dem Mord eindeutig die Grenze des Vergehens hin zum Verbrechen überschritten: Die Tat wird in allen Erzählungen als Verbrechen, d.h. als moralische Verfehlung der Hauptfigur gewertet. Wie erklären es die AutorInnen in ihren Geschichten, dass ein anständiger, volksnaher Jäger zum Mörder wird? Der häufige Verweis auf den Stolz und die Ehre des freien Jägers deutet an, dass nicht nur der Wilderer, sondern auch der Wildhüter Grenzen überschreitet und sich dadurch in Gefahr begibt. Rengger erklärt den Mord als ein unglückliches Zusammenspiel von verschiedenen Faktoren:

> Ein Augenblick der Unbesonnenheit, die Berge mit ihren Tücken und Gefahren, die Leidenschaft als Gemsjäger und die zügellose Freiheitsliebe, vermochten den guten Kern von der rauhen Schale zu sprengen. Die kühle Vernunft unterlag dem heissen Herzen des kühnen Wilderers.[25]

Diesem Erklärungsansatz widerspricht Achermann in seiner Geschichte. Nicht der wilde, rebellische Jäger, der allseits bekannte Wilderer, hat den Wildhüter getötet, sondern der heimliche, der berechnende Wilderer mit dem kalten Blick, der das ganze Dorf getäuscht hat. Darin liegt die implizite Aussage, dass kein noch so übermütiger Rebell aus dem Volk den Sohn des Wildhüters umbringen würde, dazu braucht es mehr…Flueler schliesslich kehrt den Spiess um: Bärädi, der heroische Verteidiger der Freiheit, steht dem hasserfüllten Polizisten gegenüber, der keine Hemmungen hat, ohne Vorwarnung auf den Verfolgten zu schiessen. Der überraschte Wilderer tötet Vater und Sohn Wachter – in Notwehr.

Und nach dem Mord? Wie gehen die Mörder mit ihrer Tat um? Wie reagiert die dörfliche Gesellschaft auf das Verbrechen? Ungeachtet der Tatsache, ob der Mord vorsätzlich oder in Notwehr geschehen ist oder ob der Mörder selbst seine Tat bereut, zeigt sich vor allem im Motiv der Sühne, das in jedem Text ganz ähnlich auftaucht, welche Bedeutung diesem Verbrechen zugeschrieben wird. Jeder Wilderer stellt seine persönlichen Leidenschaften über die gemeinsamen Jagdgesetze und übertritt damit die Regeln der Gesellschaft. Die soziale Schuld, die der Wilderer, der mordet, um jagen zu können, auf sich lädt, ist natürlich noch um ein Vielfaches gewichtiger. In allen Geschichten erhält und nützt der Mörder die Gelegenheit, diese Schuld wenigstens zum Teil durch einen bedeutenden Dienst an der Gesellschaft gleichsam zurückzuzahlen. Indem er sich in einer heldenhaften Tat für die Gemeinschaft aufopfert, seine eigenen Bedürfnisse also radikal dem Gemeinsinn unterordnet, kann er seine Schuld wiedergutmachen: Matte Mathys setzt sich bei der Sprengung des Seebeckens der Lebensgefahr aus, Wiisi zerstört durch das Umleiten der Ribi seine wirtschaftliche Lebensgrundlage und rettet damit das Dorf, Bärädi opfert sich für die Lawinenverschütteten. Auch wird Scheuber bei Rengger und bei Odermatt dazu aufgefordert, sich in seinem zukünftigen «neuen» Leben in den Dienst der Gesellschaft zu stellen. Offenbar ist dieser direkte Schuldenausgleich für die Autorin und die Autoren nahe liegender als ein Gerichtsverfahren. Odermatt lässt in seinem Stück sogar den Kaplan diese Art der Sühne verteidigen. Der Vorteil, so der Geistliche, liege darin, dass die geschädigte Gesellschaft davon profitiert. Gefangenschaft oder Hinrichtung bestrafen zwar den Mörder, bringen aber keinen sozialen Nutzen.

Wird der Wilderer aufgrund seiner ungezügelten Leidenschaft zum Mörder, so überschreitet er mit diesem Verbrechen die Toleranzgrenze massiv. Ungeachtet möglicher unterschwelliger Sympathien ist klar, dass der Mörder in irgendeiner Form dafür bezahlen muss. Offenbar ist aber die Schuld zu schwer wiegend, als dass sie mit der selbstlosen Rettung von andern Menschen oder auch von ganzen Dörfern ausreichend gesühnt werden könnte. Die Tat ist nicht wiedergutzumachen. Matte Mathys bleibt ein einsamer Aussenseiter, Imbühl und Bärädi bezahlen die Schuld mit ihrem Leben. Und bei Rengger wird der Mörder zwar ein hoch angesehenes Mitglied seiner Wahlheimat in Südamerika, aber die Rückkehr in die Gesellschaft, der gegenüber er sich schuldig gemacht hat, bleibt ihm verwehrt. Sein neues Leben ist wirtschaftlich erfolgreich, doch Schuldgefühle und Heimweh lassen ihn nie los. Nur Wiisi, der dank dem Eingreifen der armen Seele seines Vaters der Schuld entgangen ist, wird endlich mit offenen Armen in die Dorfgemeinschaft aufgenommen.

.

Vorgeschichte

Norm und Praxis der Jagdgesetzgebung

Kantonale Jagdgesetze in Obwalden und Nidwalden bis 1875

Die Antwort auf die Frage, was man unter Wilderei oder Wildfrevel zu verstehen hat, ist abhängig von den jeweiligen Jagdgesetzen. Ein Jagdgesetz legt die Berechtigungen zur Jagd fest, d.h. für wen, zu welchem Zeitpunkt welche Jagdmethode für welches Wild gestattet ist. Wilderei, Wildfrevel oder Wilddiebstahl bezeichnen die Übertretungen eines Jagdgesetzes durch unerlaubtes Einfangen oder Erlegen von Wild.[26]

Da der Doppelmord auf der Gruobialp von einem Wilderer an Wildhütern verübt wurde, kann der Fall nicht losgelöst von den Jagdgesetzen und der Wilderei betrachtet werden.

Bis zum Bundesgesetz «über Jagd und Vogelschuz» von 1875, beziehungsweise dessen Inkrafttreten 1876, war die Jagd eine Angelegenheit der Kantone. Obwalden und Nidwalden hatten bis 1875 ihre eigenen Jagdordnungen, die sich aber im Grundsatz fast gleich waren: Die Jagd war allen im Kanton ansässigen männlichen Bürgern gestattet, einzig bestimmte Methoden, Zeiten, Gebiete und Tierarten waren mit Jagdverboten belegt.

In Obwalden wurden seit 1500 mehrere Jagdsatzungen erlassen. In diesen versuchte man zunächst, die Gefährdung von Mensch und Tier durch das Legen von Schlingen und Fallen einzuschränken und vor allem die Erlegung gefürchteter Raubtiere zu organisieren. Seit dem 16. und 17. Jahrhundert gab es gesetzlich festgelegte Bannberge, in denen es verboten war, Gämsen und Hirsche zu jagen. Nur von Zeit zu Zeit wurde ein Jäger damit beauftragt, im Bannberg eine Gämse zu schiessen. Gesetzlich festgeschrieben wurden auch Jagd- und Schonzeiten für die einzelnen jagdbaren Tierarten. Eine Patent- oder Anmeldepflicht für die Jäger gab es nicht. Wer nicht Hintersasse, d.h. Zugezogener, Fremder oder eine Frau war, durfte innerhalb der Jagdverordnungen ohne weiteres auf die Jagd gehen.

Am 27. April 1834 erliess die Landsgemeinde Obwaldens eine kantonale Jagdordnung, die bis zur eidgenössischen Jagdgesetzgebung von 1875 Gültigkeit hatte. Darin wurden die Schonzeiten für die Wildarten «Federwild» und «vierfüssiges Gewild» separat festgelegt. Die Jagd auf Rehe und Hirsche wurde gänzlich verboten. Abgesehen von den Marderfallen wurden alle Arten der Jagd mit Schlingen, Fallen und selbstschiessenden Büchsen verboten. An Sonn- und Feiertagen war die Jagd auf «vierfüssiges Gewild» gänzlich verboten, auf «Federgewilde» nach vollendetem Gottesdienst erlaubt. 1856 wurde die Jagdordnung vom Landrat teilweise abgeändert. Jäger aus den Gemeinden Kerns und Sachseln hatten das Gesuch gestellt, die Jagd auf «vierfüssiges Gewild» wegen Abnahme des Wildbestandes einzuschränken. Die Jagd auf Gämsen wurde für die Dauer von drei Jahren verboten, und die Jagdzeit für «vierfüssiges kleines Gewild, als: Füchse, Bodenhaasen, Dächse, Marter und Iltis» wurde um zweieinhalb Monate verkürzt.

1866 beschloss der Landrat ein Verbot, Murmeltiere auszugraben, da andernfalls «diese Bergthiere vertilgt oder ausgerottet würden».[27]

Die kantonalen Jagdordnungen enthielten zwar Bestimmungen hinsichtlich der Bussen, die bei einer Übertretung eines Jagdgebotes zu bezahlen waren. Aber die Überwachung der Jagdordnungen und die Verfolgung von Übertretungen war nicht professionell organisiert. So wurde 1834 festgeschrieben, dass der Kläger die Hälfte der zu entrichtenden Busse erhalten soll. Konkret muss man sich das folgendermassen vorstellen: Wenn jemand ein Jagdvergehen beobachtet hatte, konnte er dieses Vergehen anzeigen. Sofern die Gerichte die Beweise für stichhaltig erachteten und dem Kläger Glauben schenkten, bekam der Kläger die Hälfte der Busse zugesprochen. Die Bevölkerung sollte mit Anreizen dazu gebracht werden, Anzeige zu erstatten.[28]

In seinem Büchlein «Wild und Jagd in Obwalden» von 1936 erwähnt Otto Emmenegger die in den Gerichtsprotokollen überlieferten Fälle von Wildfrevel. Aus den 130 Jahren vor Einführung des eidgenössischen Jagdgesetzes weiss er nur von fünf Fällen zu berichten. Da die Verfolgung der Jagdgesetze nicht professionell organisiert war, sondern auf der Bereitschaft der Bevölkerung beruhte, Anzeige zu erstatten, überrascht es nicht, dass nicht mehr Fälle von Wildfrevel gerichtlich verfolgt wurden. Überraschend dagegen ist die Milde gegenüber den erwischten Wilderern: Z.B. wurde die Klage gegen einen Pfarrer beseitigt, d.h. nicht weiterverfolgt; andere ertappte Jäger spendeten ihr illegal geschossenes Reh für ein Gastmahl, das anlässlich eines Bischofsbesuchs gegeben wurde, und bekamen dafür wegen «ihrer Aufrichtigkeit und den Umständen» sogar einen Taglohn ausbezahlt. Dass Angehörige der benachteiligten und von der Jagd ausgeschlossenen Schicht der Hintersassen gewildert hätten, ist bei Emmenegger nirgends festgehalten. Dagegen waren mehrere der erwähnten Jagdvergehen in Obwalden von Luzernern, Berner Oberländern oder Nidwaldnern begangen worden. An mehreren Orten sind die Kantonsgrenzen derart ineinander verzahnt, dass es nicht überrascht, dass Jäger über die Kantonsgrenzen hinweg auf die Jagd gingen.[29]

In Nidwalden war die Jagd ebenfalls ohne eine Abgabe oder das Lösen eines Jagdpatentes allen Kantonsbürgern gestattet. Die Hintersassen und die Kantonsfremden wurden sukzessive von der Jagd ausgeschlossen, bis sie ab 1830 gar nicht mehr auf die Jagd durften. Das Nidwaldner Jagdgesetz von 1866 liess die im Kanton niedergelassenen Fremden wieder auf die Jagd gehen.

Auch in Nidwalden wurden schon früh für das Wild gesetzliche Schonzeiten festgelegt. Bestimmte Tiere durften nur noch zu bestimmten Zeiten geschossen werden. Die Jagd an Sonn- und Feiertagen wurde gänzlich verboten. Das Jagen mit Fangvorrichtungen wurde zusehends eingeschränkt, bis im Nidwaldner Jagdgesetz von 1866 die Jagd mit «Klobenrichten, Schlingen, (selbstschiessenden, M.B.) Gewehren und Wolfeisen sowie Gift» gänzlich verboten wurde. Ebenso wie in Obwalden wurden auch in Nidwalden bereits früh Bannbezirke geschaffen, in denen die Jagd auf Hirsch und Gämse verboten war.

Die Geschichte der Jagdgesetzgebung und der Jagd wurde von Alfred Jann im Buch «Das Jagdwesen in Nidwalden 1456–1908» von 1911 dargestellt. Er geht nur am Rand auf die Übertretung der Jagdgesetze ein. Gemäss der von ihm angeführten Beispiele und Gerichtsfälle existierte auch in Nidwalden keine Jagdaufsicht, d.h. ohne Anzeige seitens der Bevölkerung kam keine Übertretung des Jagdgesetzes vor Gericht.[30]

Die Entwicklung der kantonalen Jagdgesetze in Obwalden und Nidwalden kann man allgemein als Einschränkung der ursprünglich offenbar sehr freien Jagd zusammenfassen. Doch trotz verschärfter Bestimmungen hatte gegen Ende des 19. Jahrhunderts der Bestand an Hirschen, Rehen und Gämsen dramatisch abgenommen.[31]

Das Hotel Eintracht in Wolfenschiessen, 1890. Der Ende des 19. Jahrhunderts stetig zunehmende Tourismus erhöhte auch die Nachfrage nach Wildbret. Nicht zuletzt aus diesem Grund wollten Bundesrat und Parlament die Ausrottung der Gebirgstiere verhindern und erliessen 1875 das Bundesgesetz «über Jagd und Vogelschuz». Fotomontage, Sammlung Goetz, StANW.

Eidgenössisches Bundesgesetz für Jagd- und Vogelschutz von 1875

Die neue Bundesverfassung der schweizerischen Eidgenossenschaft von 1874 ermächtigte den Bund zur Aufstellung gesetzlicher Bestimmungen über die Ausübung der Fischerei und Jagd. Im Mai 1875 legte der Bundesrat den Entwurf zu einem Bundesgesetz «über die Jagd und den Schuz der nützlichen Vögel» vor. Die Kommissionen des Parlaments besprachen und kommentierten den Gesetzesentwurf, der nach leichten Änderungen am 17. September vom Parlament angenommen wurde.[32]

Die bundesrätliche Botschaft erwähnt in der erklärenden Einleitung zur Gesetzesvorlage die «volkswirtschaftliche Bedeutung des Thierschuzes und des rationellen Betriebes von Jagd und Fischerei». Was damals unter der volkswirtschaftlichen Bedeutung verstanden wurde, ist in den Berichten der ständerätlichen Kommission ersichtlich: Betont wird die Menge des importierten Wildbrets im Wert von damals einer Million Franken. Zudem sei eine steigende Nachfrage an Wildbret zu erwarten – und zwar aufgrund des zunehmenden Tourismus. Die Jagd wird als gewinnorientiertes Gewerbe verstanden, obwohl den Räten klar war, dass die Jagd kaum einen Erwerb sicherstellen konnte. Da das Bedürfnis nach Wild gestiegen sei, habe der Wert des Wildes und dementsprechend auch die «Gewinnsucht der Jäger» zugenommen. Diese Entwicklung rechtfertigte das Eingreifen des Staates im Sinne einer «auf wirthschaftlichen Grundsätzen basierenden Lösung der Jagdfrage». Ziel der eidgenössischen Gesetzesvorlage war es, die «Vernichtung einzelner Thierarten» zu verhindern. Der angestrebte Artenschutz wurde aber nicht durch moderne ökologische Vorstellungen, sondern durch volkswirtschaftliche Überlegungen begründet. Als weitere Begründung für das neue eidgenössische Gesetz nennt die bundesrätliche Botschaft den «Missstand» der unterschiedlichen Jagdgesetzgebung in den Kantonen. Mancherorts herrsche das «brutalste Raubsystem», von «polizeilicher Kontrolle» könne nicht die Rede sein, «so dass die Ausrottung verschiedener Standwildarten bereits erfolgt» sei. Die Ansätze zur Bestrafung von Wildfrevel seien in einzelnen Kantonen derart niedrig, «dass die Strafe aufhört, Strafe zu sein, und dadurch ihre Bedeutung um so eher einbüsst, als ohnehin die zuständigen Polizei- und Gerichtsstellen hergebrachtermassen meistenteils allzusehr geneigt sind, Jagdfrevel in der allermildesten Weise abzuwandeln».[33]

Artikel 25 der neuen Bundesverfassung von 1874 betont insbesondere den Schutz des Hochwildes, d.h. der im Gebirge lebenden jagdbaren Tiere. Die bundesrätliche Botschaft wollte entsprechend vor allem die Hochwildjagd eidgenössisch einheitlich regeln:

> Hier ist der Schuz des Wildstandes allerdings am nothwendigsten; denn nirgends wird die Verfolgung zuchtloser und die Ausrottung erfolgreicher betrieben, als von den Gebirgsjägern. Die Steinböke sind ihnen bereits im ganzen Lande, die Gemsen und Murmelthiere in vielen Theilen desselben erlegen.

Neben dem Ausholzen der Gebirgswälder seien vor allem die neuen Repetier- und Präzisionswaffen der Jäger schuld an dieser Entwicklung. Als Gegenmassnahmen sollten insbesondere eidgenössisch festgelegte, «streng gebannte Freiberge» für alles Hochwild geschaffen werden, daneben die Jagd auf Gämsen mit Repetierwaffen und Hunden verboten und die Jagdzeiten in allen Kantonen vereinheitlicht werden.[34]

Das endgültige Gesetz verbot für die Hochwildjagd die Verwendung von Repetierwaffen und Laufhunden sowie die Jagd auf Gämskitzen und Muttertiere. Es legte die Jagdzeit für Gämsen und Murmeltiere auf die Zeit vom 1. September bis zum 1. Oktober fest und formulierte in den Artikeln 15 und 16 die Bestimmungen zu den Bannbezirken:

> Art. 15. In den Kantonen Appenzell, St. Gallen, Glarus, Uri, Schwyz, Unterwalden, Luzern, Freiburg und Waadt sind je ein, in den Kantonen Bern und Tessin je zwei und in den Kantonen Wallis und Graubünden je drei Bannbezirke (Freiberge) von angemessener Ausdehnung für das Hochwild auszuscheiden und unter Oberaufsicht des Bundes zu stellen.
> Eine bundesrätliche Verordnung stellt die genaue Abgrenzung derselben (ohne Rücksicht auf die Kantonsgrenzen) fest und ordnet eine strenge Wildhut an, wobei je nach örtlicher Lage und Verhältnissen die nähern Bestimmungen zu treffen sind, welche zu Schutz und Pflege der Hochwildgattungen angemessen erscheinen.
> Soweit als möglich sollen die Grenzen der Freiberge nach 5 Jahren einer Abänderung unterworfen werden.
> Der Bund wird die Besiedlung der Freiberge mit Steinböken anstreben.
> Art. 16. Die Verfolgung schädlicher und reissender Thiere in den Bannbezirken darf nur unter den im Art. 4. bezeichneten Bedingungen und unter ausdrüklicher Bewilligung des Bundesrathes stattfinden.[35]

Gegen das Bundesgesetz über Jagd und Vogelschutz wurde das, damals gerade erst auf eidgenössischer Ebene eingeführte, Referendum ergriffen. Die Anzahl der gesammelten Unterschriften, 2638 ungültige und 9900 gültige Unterschriften, reichte jedoch bei weitem nicht aus, um die Gesetzesvorlage vor das Volk zu bringen. Obwohl einige Bestimmungen des eidgenössischen Jagdgesetzes in Obwalden und Nidwalden ein paar Jahre später nur mit Mühe umgesetzt werden konnten, waren für das Referendum in Nidwalden keine und in Obwalden einzig in Engelberg 74 Unterschriften zusammengekommen. Nachdem das Referendum nicht zustande gekommen war, wurde das Gesetz im Februar 1876 rechtsgültig.[36]

In der Folge verfassten Obwalden und Nidwalden kantonale Verordnungen zum eidgenössischen Gesetz. Abgesehen von der Übernahme einiger Bestimmungen der alten kantonalen Jagdordnungen folgten die neuen kantonalen Verordnungen weitgehend den eidgenössischen Vorgaben. In ihrer Substanz stimmen die Verordnungen der beiden Kantone weitgehend überein, obwohl die einzelnen Bestimmungen unterschiedlich ausformuliert und geordnet sind. Obwalden und Nidwalden führten das Patentsystem ein, d.h. um auf die Jagd zu gehen, musste man sich beim Kanton anmelden und gegen eine Gebühr ein kantonales Jagdpatent lösen. Ein Jagdpatent konnte ohne Unterschied von allen Kantonsbürgern, Niedergelassenen und auch von den Kantonsfremden gelöst werden, einzig Frauen waren nach wie vor von der Jagd ausgeschlossen. Die Patentgebühren wie auch die Höhe der bei einem Jagdvergehen zu verfällenden Bussen und Strafen waren in beiden Kantonen in etwa gleich hoch. Unterschiedlich in Obwalden und Nidwalden waren bloss kleinere Bestimmungen. So durfte man in Nidwalden ab dem 18. Altersjahr, in Obwalden bereits ab dem 16. Lebensjahr auf die Jagd gehen. In Nidwalden konnte ein Jagdvergehen ohne Gerichtsverfahren direkt vom Polizeidirektor bestraft werden. Das neue eidgenössische Jagdgesetz von 1875 und die darauf erlassenen kantonalen Verordnungen bedeuteten im Vergleich zu den alten kantonalen Jagdordnungen eine Verschärfung. Die Jagdzeit für Hochwild, d.h. insbesondere für die Gämsen, welche bereits in früheren Bestimmungen durch Schonzeiten eingeschränkt war, wurde gesamtschweizerisch auf den Monat September reduziert. Wie in den alten kantonalen Ordnungen waren gewisse Jagdmethoden verboten. So durfte seit 1875 die Jagd vor allem nicht mehr mit Hunden und Repetierwaffen betrieben werden. Zudem wurden einige Tierarten mit einem vollständigen Jagdverbot belegt und der Verkauf von Wildbret war acht Tage nach Ablauf der Jagdzeit verboten.

Grundlegend neu und nicht bloss eine Verschärfung bisherigen Rechts waren zwei Bestimmungen. Die Jagdbanngebiete oder Freiberge, in denen die Jagd gänzlich verboten war, wurden nun vom Bundesrat für die gesamte Schweiz kantonsübergreifend festgelegt. Die Jagdbannbezirke erfuhren nicht bloss eine Vergrösserung, sondern sie umfassten ein zusammenhängendes Gebiet, welches sich über mehrere Kantone erstrecken konnte und so eine Zusammenarbeit der Kantone – zumindest in der Frage der Wildhut – notwendig machte. Zudem wurden für die Überwachung dieser eidgenössischen Jagdbanngebiete Wildhüter zur professionellen Aufsicht angestellt. Unter Jagdaufsicht verstand man damals den Schutz des wirtschaftlich wertvollen Wildes, einerseits durch die Jagd auf Raubtiere und anderseits durch das Ahnden von Wildfrevel. Das alte System, nach dem der denunzierende Ankläger bei einer erfolgreichen Verurteilung die Hälfte der Strafe ausbezahlt erhielt, wurde zwar nicht abgeschafft. Aber erstmals war jemand eigens dafür angestellt, Jagdvergehen zumindest in den Bannbezirken zu verfolgen. Insofern waren die alten Systeme der Verfolgung von Jagdvergehen durch die Bevölkerung – ob sie nun weiter existierten oder nicht – ersetzt worden durch eine offizielle, beamtete und eidgenössisch kontrollierte Aufsicht.[37]

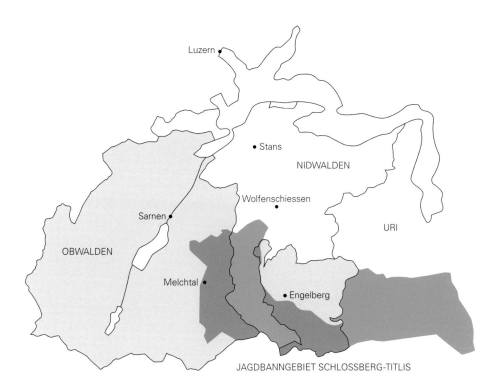

Wildhut im eidgenössischen Bannbezirk Schlossberg-Titlis

Die Gesetze und Verordnungen zur Jagd zeigen nur, wie die Jagd und die Wildhut in den Augen der kantonalen und eidgenössischen Gesetzgeber geregelt sein sollte. Es stellt sich nun die Frage, wie die gesetzlichen Vorgaben in der Praxis umgesetzt wurden, wie die mit der Durchführung der gesetzlichen Bestimmungen beauftragten Behörden und Beamten diese handhaben und wie die Betroffenen in der Bevölkerung auf die Handlungen der Beamten und Behörden reagierten. Die Frage nach der Rechtspraxis, der Umsetzung, Handhabung und Akzeptanz gesetzlicher Vorgaben zieht sich wie ein roter Faden durch das vorliegende Buch.

Im Staatsarchiv Obwalden sind umfangreiche Akten zur Wildhut vorhanden, welche Einblick in die Handhabung der Wildhut durch die Behörden und in die Arbeit der Wildhüter gewähren. Vor allem die Unterlagen der letzten beiden Jahrzehnte des 19. Jahrhunderts sind fast vollständig überliefert. Im Staatsarchiv Nidwalden befindet sich leider kein entsprechendes Material. In den folgenden Kapiteln beschreibe ich deshalb vor allem die Wildhut in Obwalden. Auf die Nidwaldner Wildhut gehe ich nur ein, wenn sie indirekt in den Obwaldner Unterlagen sichtbar wird.

Die vom eidgenössischen Jagdgesetz geforderten Wildhüter des Kantons Obwalden wurden vom Regierungsrat eingestellt. Sie waren der Polizeidirektion des Kantons zugeteilt und erstatteten ihre Berichte in Form von Polizeirapporten. Die Wildhut war aber nicht alleinige Angelegenheit der Kantone, sondern wurde durch das Engagement des Bundes mitgetragen. Der Bund erstattete einen Drittel der in den Kantonen angefallenen Kosten für die Wildhut zurück. Dafür verlangte er Einsicht in die Rechnungsführung der Kantone. Zudem mussten die Kantone dem Bund jährlich einen Bericht über die Handhabung der Wildhut in den Bannbezirken zustellen. Die Rückerstattung eines Drittels der Kosten wurde davon abhängig gemacht, ob die Wildhut im Bannbezirk korrekt und im Sinne der eidgenössischen Vorgaben ausgeübt worden war. So wurde die Obwaldner Regierung zum Beispiel 1879 gerügt, weil der Wildhüter im Bannbezirk zu wenig

Streifzüge unternommen und zu wenig Raubtiere erlegt habe. Die Auszahlung der Rückerstattung wurde zwar vorgenommen, aber unter der Auflage, dass künftig die kritisierten Punkte verbessert würden. In den folgenden Jahren wurde der Kanton Obwalden nicht mehr gerügt und er erhielt den Bundesbeitrag jedes Jahr anstandslos ausbezahlt.[38]

Die jährlichen Wildhutberichte spiegeln die Arbeit der Wildhüter und die von Bern vorgegebenen Schwerpunkte ihrer Arbeit. Die Berichte wurden auf vorgedruckten Formularen des Bundes verfasst. Die Formulare enthalten die drei Rubriken: «Dienst der Wildhüter», «Bestand und Lebensweise des Wildes» und «Vorgekommene Gesetzesübertretungen». Der Vorgesetzte des Wildhüters füllte die Rubriken des Formulars aus. Dabei stützte er sich auf die Angaben der Wildhüter. Dabei wurden z.B. folgende Informationen festgehalten: Anzahl der Streiftouren, Zahl der Frevelanzeigen, Menge und Art der erlegten Raubtiere, ungefährer Bestand an Gämsen und Rehen. Die Aufgabe der Wildhüter bestand in erster Linie darin, die – in wirtschaftlichem Sinne – wertvollen Gämsen zu schützen, d.h. möglichst viel Raubwild zu erlegen, und vor allem möglichst viel Jagdfrevel zur Anzeige zu bringen. Der älteste noch vorhandene Wildhutbericht des Kantons Obwalden behandelt das Jahr 1884 und betrifft die Arbeit des Wildhüters Leodegar Feierabend, der für den Teil des Bannbezirks Schlossberg-Titlis auf dem Gebiet der Gemeinde Engelberg zuständig war. Er hatte in jenem Jahr 112 Streifzüge im Bannbezirk unternommen, 18 Raubtiere und 6 Raubvögel erlegt und ca. 70 Gämsen in seinem Teil des Jagdbannbezirks zählen können. Wildfrevel konnte er keinen verzeigen, sondern nur zwei Beobachtungen angeben:

> Auf der Plankenalp bemerkte ich, dass an einer Stelle Murmelthiere gegrabt worden. Im Weiteren sah ich auf einer meiner Touren, ebenfalls auf Plankenalp, dass sich zwei Jäger, als sie mich in weiter Entfernung beobachteten, über das Rotgrätli ins Isenthal (Kanton Uri, M.B.) flüchteten. Ich habe keine Anhaltspunkte, ob es Bewohner von Isenthal oder von Engelberg waren.

In den nächsten Jahren verändern sich die Angaben nur geringfügig. Jedes Jahr unternahm Wildhüter Feierabend etwas mehr als 100 Streiftouren. Jedes Jahr erlegte er ca. zwei Dutzend Raubtiere. Die Zahl der von Leodegar Feierabend gezählten Gämsen nahm in den ersten drei Jahren um mehr als 20 Prozent, anschliessend um ca. 10 Prozent jährlich zu. Bis 1892 konnte er insgesamt drei Fälle von Wildfrevel erfolgreich anzeigen. Einer der verzeigten Jäger wurde vor Gericht zu einer Busse von 100 Franken verurteilt; die anderen beiden zu 80 Franken beziehungsweise 20 Franken und je zuzüglich der Gerichtskosten. Ansonsten berichtete Wildhüter Feierabend von Beobachtungen, die zu keiner Anzeige führten. So hatte er in der Nacht Schüsse im Bannbezirk gehört, Spuren von Jägern entdeckt, oder von weitem die Jäger gesehen. Ein Mal hatte er die Jäger bis nach Uri verfolgt, ein andermal berichtete er von Schüssen im Nidwaldner Bannbezirk.[39]

Zusätzlich zur Einsicht in die Rechnungsführung und in die Wildhutberichte der Kantone untersuchte ein eidgenössischer Inspektor alle paar Jahre die Verhältnisse in den Jagdbannbezirken vor Ort. Dieser erstattete gegenüber dem Bundesrat Bericht über die Tagebücher der Wildhüter, über deren Amtseifer und Ausrüstung sowie über den Wildbestand im Bannbezirk.[40]

Der Kanton und die Bundesbehörden waren durch die regelmässige Korrespondenz und die gelegentlichen Inspektionen beständig miteinander in Kontakt. Der Kanton konnte seine Wünsche anbringen, an der Wildhut anderer Kantone Kritik üben oder von Erfolgen in der eigenen Wildhut berichten. Der Bund bewertete die Wildhut in den Kantonen und unterliess es nicht, seine eigenen Vorstellungen von Wildhut zu betonen und durchzusetzen.

Erste Seite des Obwaldner Wildhutberichts über die Arbeit der Wildhüter Leodegar Feierabend, Werner Durrer und Otto Durrer im Jahr 1899. StAOW 616a.

Canton: *Obwalden.*

Jahres-Bericht

über

Handhabung der Wildhut im Jagdbanngebiet

vom 1. Januar bis 31. December

18*99*.

(An das schweiz. Departement des Innern, Abteilung Forstwesen, bis spätestens zum 15. Januar einzusenden.)

I. Dienst der Wildhüter.

Jagdbannbezirk	Wildhüter: Name, Vorname	Wildhüter: Wohnort	Zahl der Streiftouren	Zahl der Frevelanzeigen	Erlegtes Raubwild: Haarwild	Erlegtes Raubwild: Federwild	Wildstand per Jagdbannbezirk. Ungefähre Zahl der Gemsen	Wildstand per Jagdbannbezirk. Ungefähre Zahl der Rehe
Engelberger-Freiberg	*Feierabend Leodegar*	*Engelberg*	*96*	*–*	*3*	*8*	*70*	*–*
Kernser-Freiberg	*Durrer Werner, Vater*	*Melchthal*	*112*	*-*	*7*	*-*	*140*	*-*
	Durrer Otto, Sohn	*"*	*37*	*-*	*-*	*-*		
	Weitere Aushilfe		*9*	*-*				

Besondere Bemerkungen betreffend Thätigkeit der einzelnen Wildhüter über Handhabung der Polizei und Abschuss von Raubwild; Ausrüstung und Bewaffnung, Zustand beider; Führung der Tagebücher; Veranlassung zu vorgekommenen Mutationen; beigezogene Aushülfe zur Verstärkung der Hut oder zum Abschuss schädlicher Tiere.

Feierabend zeigte sich in seinem Dienste nachlässig u. gab sich wenig Mühe gegen Jagdfrevel einzuschreiten, obwohl ihm im Verlaufe des Jahres wiederholt Mahnungen zugesandt wurden. Anzeigen von Belang konnte derselbe dem Departement keine übermitteln. Dagegen fand sogar die Presse Gelegenheit über frequente Wilddiebereien im Freiberge bei Engelberg, Berichte zu veröffentlichen. Bekleidung u. Ausrüstung des Wildhüters befand sich in gutem Zustand. Feierabend wurde [illegible] entsetzt u. für laufendes Jahr tritt ein Andreas(?) Jos. Infanger [illegible] als Wildhüter [illegible].

Werner Durrer, der [illegible] durch den verwegenen, mehrmals schon vorbestraften, allgemein bekannten Wilddieben Adolf Scheuber, am 14. October auf [illegible] im Melchthal, nebst seinem Sohne Joseph, erschossen wurde, starb als das Opfer treuer Pflichterfüllung. Durrer besorgte seinen Dienst zur besten Zufriedenheit seiner Vorgesetzten u. zeichnete sich stets durch seine Wahrheitsliebe, Unparteilichkeit u. gewissenhafter Dienstleistung vorteilhaft aus. Ueber seine Dienstleistung führte er ein bis auf den letzten Tag gut geführtes Tagebuch, desgleichen muss auch dem ebenfalls getödteten Sohn Jos. Durrer ein ehrendes Zeugnis in voller Wahrheit ausgestellt werden. Verschiedene Umstände zwangen den braven Wildhüter öfter Aushilfe in der Hutpflicht(?) mit Zustimmung der Polizeidirektion in Anspruch zu nehmen. Einerseits waren es Drohungen der schon bestraften Wilderer, welche sich über die Strenge des Wildhüters beklagten u. anderseits die Wahrnehmungen, dass leider häufig von der Nidwaldnergrenze her in den Obwaldnerischen Freiberg hinüber, Wilddiebe wagten. Wiederholt beschwerte sich Durrer, namentlich im verflossenen Jahr in seinen Tagebüchern, über Mangel genügender Aufsicht im nidwaldnerischen Freiberg u. äusserte mehrmals den Verdacht, dass der dort angestellte Wildhüter nicht nur die Wilddieberei [illegible] habe, sondern sich selbst der Wilddieberei ergebe. Wiederholt wurde Christen im Obwald. Bannbezirk dieses Jahr betroffen, teils dass er sich sogar verkleidet u. bewaffnet auch in Begleit eines andern Jägers u. mit einem Hund dort herum trieb, teils dass er aus demselben sich entfernte u. einen frisch geschossenen Gemse davon trug, was von Älplern beurkundet(?) [illegible] u. die Fussspuren vom obwaldnerischen Wildhüter bis [illegible] auf den Nidwaldner Alpen genau verfolgt werden konnten. Seit dem Ableben des Vaters Werner Durrer, übernahm Sohn Otto den Wildhüterdienst,

Die Korrespondenz über die Bundesbeiträge bietet auch Einblick in die Höhe der Ausgaben, welche der Kanton Obwalden für die Anstellung von Wildhütern und die Auszahlung von Prämien für geschossenes Raubwild leistete. Die Kosten für die Wildhut und die Entlöhnung der Wildhüter sind als gering zu bewerten. Schon damals bemerkte der eidgenössische Inspektor Dick in seinem Inspektionsbericht für das Jahr 1894, die Besoldung des Obwaldner Wildhüters Durrer sei mit 350 Franken im Jahr «eine sehr geringe». Dick forderte eine Lohnerhöhung. 1899 verdiente Werner Durrer aber immer noch weniger als 500 Franken im Jahr. Die Stelle des Wildhüters war als Nebenerwerb gedacht und meist betrieben die Wildhüter daneben noch ein Gewerbe oder Landwirtschaft.[41]

Die Bannbezirke wurden jeweils von der Eidgenossenschaft in Bundesratsbeschlüssen für fünf Jahre festgelegt. Der Bundesrat hatte bei der Festsetzung der Bannbezirke ausdrücklich nicht auf die Kantonsgrenzen Rücksicht zu nehmen. Der Bannbezirk Schlossberg-Titlis erstreckte sich entsprechend über die drei Kantone Uri, Nidwalden und Obwalden. Alle fünf Jahre konnten die Kantone ihre Wünsche und Vorschläge zur Verlegung der Jagdbanngebiete einbringen. Entsprechend den jeweils neu festgelegten Bannbezirken hatten die Kantone die dafür benötigten Wildhüter anzustellen. 1879 bis 1892 beschäftigte der Kanton Obwalden nur einen Wildhüter in der obwaldnerischen Exklave Engelberg, die zwischen Uri und Nidwalden liegt. 1892 legte der Bundesrat die Grenzen des Jagdbannbezirkes Schlossberg-Titlis in einem Bundesratsbeschluss neu fest. Für Obwalden bedeutete diese Veränderung einerseits, dass der Jagdbannbezirk der Gemeinde Engelberg, und damit auch der Aufgabenbereich des Engelberger Wildhüters, wesentlich verkleinert wurde, anderseits dass Obwalden neu einen zweiten Wildhüter in Kerns anstellen musste. Denn zum obwaldnerischen Teil des Bannbezirks gehörte nun auch die gesamte östliche Seite des Melchtals. Der Jagdbannbezirk erstreckte sich nach 1892 von St. Niklausen im Norden bis zur Engstlenalp im Süden und vom Fluss Melchaa im Westen bis zur Kantonsgrenze mit Nidwalden auf einem Berggrat im Osten. Im Osten, an die Kantonsgrenze, schloss sich der nidwaldnerische Teil des Bannbezirks an, der sich über die Obwaldner Exklave Engelberg bis nach Uri fortsetzte.[42]

Am 9. September 1892, einen Monat nach dem Bundesratsbeschluss, trafen sich Vertreter des jeweiligen Regierungsrates von Uri, Nidwalden und Obwalden zu einer Konferenz, um Fragen rund um den gemeinsamen Jagdbannbezirk zu klären. Der Vertreter von Obwalden, Polizeidirektor Seiler, schlug vor, die Wildhut im Grenzgebiet gemeinsam zu organisieren. Der Urner Vertreter lehnte diesen Vorschlag ab, man werde im eigenen Kanton einen geeigneten Wildhüter finden. Nach der Absage des Urner Regierungsrates erachtete auch der Nidwaldner Vertreter den Vorschlag einer gemeinsamen Wildhut als hinfällig. Der Obwaldner Regierungsrat wünschte darauf, dass Obwalden den einen oder anderen Wildhüter des angrenzenden Gebietes gegen Rechnung bestellen dürfe, um die Kosten für die eigene Wildhut gering halten zu können. Damit konnten sich der Nidwaldner und der Urner Regierungsrat einverstanden erklären. Dennoch musste Obwalden im selben Jahr einen zweiten Wildhüter einstellen. Regierungsrat Seiler gab die gemeinsame Wildhut noch nicht gleich auf und berichtete noch ein halbes Jahr später im Februar 1893 deswegen nach Bern. Ein Jahr später war der Vorschlag einer gemeinsamen Wildhut jedoch endgültig vom Tisch. Unterdessen hatte sich der bisherige Wildhüter Leodegar Feierabend von Engelberg nämlich bereit erklärt, zu einem geringeren Lohn den verkleinerten Bannbezirk in Engelberg zu betreuen. Er wollte die Wildhut im obwaldnerischen Engelberg nicht «den Nidwaldnern» überlassen.[43]

Mitte 1892 stellte Obwalden für die neu zum Bannbezirk hinzugekommenen Gebiete in der
Gemeinde Kerns einen zweiten Wildhüter an: den 45-jährigen Werner Durrer aus dem Melchtal.
Wie Wildhüter Feierabend beobachtete er vor allem von weitem «Jagdfrevler», die unerkannt
entkommen konnten. Der Begriff «Jagdfrevler» erscheint im ersten Wildhutbericht aus der
Amtszeit von Wildhüter Durrer das erste Mal in den Quellen. In den Wildhutberichten von
Wildhüter Feierabend waren die Wildfrevel bis anhin von «Jägern» begangen worden. Polizei-
direktor Seiler bewertete das erste halbe Jahr des neuen Obwaldner Wildhüters folgendermassen:

> Derselbe lag mit Eifer und Geschick dem ihm anvertrauten Dienst ob. Als Wildhüter ist er schon wegen
> seiner Wohnung weil im Centrum des Jagdbanngebiets gelegen sehr geeignet. Die einzelnen Streifzüge
> nahmen oft mehr als 1 Tag in Anspruch, indem er gewahrlich das ganze Banngebiet bald von einer und
> bald von der anderen Seite ausgehend, zu bewachen suchte.

Bereits ein Jahr nach Beginn seines Amtes konnte Werner Durrer 1893 den ersten Fall von Wildfrevel erfolgreich anzeigen. Werner Durrer hatte den Peter Röthlin, genannt Stolli, einen erfolgreichen Holzhändler aus dem Melchtal, während der Jagd im Bannbezirk gestellt und überführt.
Peter Röthlin wurde mit 40 Franken zuzüglich der Verfahrenskosten gebüsst.[44]
Für das Jahr 1893 bewertete Polizeidirektor Seiler die Arbeit der beiden Obwaldner Wildhüter
noch ausgeglichen:

> Beide Wildhüter haben ihren Dienst, soweit solcher gemäss den geführten Tagebüchern controlliert
> werden konnte, mit Zufriedenheit vollzogen. Die Tagebücher sind im ganzen richtig geführt – über-
> sichtlicher war jenes des Wildhüter Durrer.

Nachdem zu Beginn des Jahres 1894 der Lohn von Wildhüter Feierabend entsprechend dem verkleinerten Bannbezirk verringert worden war, berichtete er in der Folge nur noch von beobach-
tetem Wildfrevel, z.B. von Schüssen im nidwaldnerischen Bannbezirk. Anzeigen von Wildfrevel
erbrachte er keine mehr. Der eidgenössische Inspektor, der 1894 den Bannbezirk Schlossberg-
Titlis inspizierte, war zwar der Ansicht, dass tatsächlich wenig Wildfrevel begangen worden war.
Ganz anders sah dies aber Polizeidirektor Seiler, Feierabends unmittelbarer Vorgesetzter, der das
Vertrauen in Feierabends Wildhut verloren hatte:

Feierabend gab in Bezug seines Dienstes zu keinen Klagen Anlass, etwas mehr Aufsicht und strengere Controlle muss ihm jedoch mit Rücksicht auf die im Freiberg vorgekommenen Ausschreitungen schon empfohlen werden. (…) Ob allfällig Feierabend mit der nöthigen Energie trotz an ihn gerichteter Mahnung vorgegangen sein wird, möchte eher etwas bezweifelt werden.[45]

Im ersten Jahr seiner Wildhut 1893 traf sich Werner Durrer auf der Grenze mit seinem Nidwaldner Amtskollegen, dem Wildhüter Adam Waser von Altzellen aus der Gemeinde Wolfenschiessen. Adam Waser erzählte Werner Durrer von einem frischen Erlebnis: Er habe «in der Nidwaldner Grenze wiederholt Wildjäger angetroffen, welche, um nicht erkannt zu werden, Lappen getragen haben». Als er ihnen gefolgt sei, habe der Wildjäger auf ihn, den Wildhüter, angeschlagen, d.h. mit seinem Gewehr auf den Wildhüter gezielt. Dem verfolgenden Wildhüter war mit einer klaren Drohgeste nahe gelegt worden, von der Verfolgung abzulassen. Beim Gespräch der beiden Wildhüter auf der Grenze beklagte sich zudem der Nidwaldner Wildhüter, ihm werde «von Seite der Kantonspolizei Nidwalden», d.h. von seinen eigenen Vorgesetzten und Mitarbeitern, zu wenig Unterstützung gewährt. Als Wildhüter Durrer seinem Vorgesetzten, Polizeidirektor Seiler, von diesem Gespräch berichtete, hielt es dieser für angebracht, gegenüber der Eidgenossenschaft von dieser Begebenheit und vor allem von der Klage des Nidwaldner Wildhüters über seine eigenen Vorgesetzten Bericht zu geben. Die zuständige Bundesbehörde in Bern reagierte prompt und antwortete dem Obwaldner Regierungsrat:

Ihre Beschwerde betreffend mangelhafter Wildhut im Bannbezirk des Kantons Nidwalden wird uns Veranlassung bieten, uns mit der Regierung genannten Kantons diesbezüglich in Verbindung zu setzen.

Aus einem Gespräch zwischen Amtskollegen auf der Grenze war so eine offizielle Beschwerde geworden, welche auf amtlichem Weg von Obwalden über die Bundesbehörde in Bern schliesslich nach Nidwalden gelangte und welche im Kern aussagte, dass die Wildhut in Nidwalden mangelhaft sei. Ob dies im Sinne des Nidwaldner Wildhüters Adam Waser geschah, ist zumindest fraglich.[46]

Drei Nidwaldner Jäger posieren um 1900 vor der Kamera. Angesichts des weissen Fells der Hasen und des Winterfells der Gämsen wurde die Fotografie frühestens im November aufgenommen. Die Jagd auf Gämsen war ab dem 1. Okt. nicht mehr erlaubt, Hegeabschüsse nicht vorgesehen und Hunde auf der Jagd überhaupt verboten. Wie kamen die Jäger zu diesen Gämsen? Entweder hatte der Regierungsrat – in Widerspruch zum Bundesgesetz – einen Hegeabschuss erlaubt, oder die Jäger hatten die Gämsen zwar illegal erlegt, doch erachteten sie dies nicht als illegitim oder ehrenrührig.
Privatbesitz, Heinz Odermatt, Stans

Festnahme der Brüder Scheuber 1894

Wilderer im Jagdbannbezirk

Im Herbst 1894 häuften sich die Berichte von Wildhüter Werner Durrer über die festgestellten Wildfrevel im Bannbezirk. Er hörte wiederholt Schüsse, beobachtete mehrere Male Wilderer, die fliehen konnten, und fand Spuren von Wildfrevel, Eingeweide ausgenommener Gämsen und Hülsen abgeschossener Patronen. Die Polizeidirektion Obwalden ordnete verstärkte Wildhut an und zeigte sich «sehr beunruhigt der Thäter habhaft zu werden».[47]

Am 30. Oktober 1894 gab Wildhüter Werner Durrer gegenüber dem Obwaldner Polizeidirektor Seiler Folgendes zu Protokoll: Tags zuvor habe er im obwaldnerischen Bannbezirk drei Wildjäger auf der Jagd entdeckt. Er sei ihnen zwar nicht nahe genug gekommen, um diese zu identifizieren, sei sich aber sicher, dass die Wildjäger von Nidwalden her gekommen waren. Er glaubte sogar, den Wildhüter von Nidwalden unter den Wilderern entdeckt zu haben. Die drei Wildjäger hatten einen Hund bei sich, der bis auf Schussweite an Durrer herankam. Durrer schoss auf den Hund und erlegte diesen.

> Da die Wilderer eiligst die Flucht ergriffen, habe er gegen dieselben geschossen und vermutlich den im Verdacht stehenden Wildhüter von Nidwalden an einem Bein getroffen. Postur und Grösse des Mannes stimmen zu dieser Annahme.[48]

Mit anderen Worten: Nachdem die Wilderer entdeckt worden waren, flohen sie gegen Nidwalden. Durrer erschoss ihren Hund in der Absicht, mit diesem die Wilderer zu identifizieren. Die Distanz zu den Wilderern war weiter als eine übliche Schussweite. Dennoch schoss er auf sie und vermutete, den einen Wilderer sogar getroffen zu haben. Ohne weiteres teilte Durrer diesen Schuss seinem Vorgesetzten mit. Auch dieser notierte den Schuss bloss als Feststellung, die zur Identifizierung des – eventuell – Getroffenen führen könnte. War es sowohl für den Wildhüter wie auch für den Polizeidirektor «normal», auf fliehende Wilderer zu schiessen?

Der Schuss Durrers muss nicht als Versuch gesehen werden, die Wilderer zu erschiessen. Denn Durrer besass zu jenem Zeitpunkt nur eine «gewöhnliche Doppelflinte, billigster Sorte», die schlecht schoss und nicht für weite Distanzen taugte. Der eidgenössische Inspektor Dick bezeichnete die Schrotflinte im Juli 1894 sogar als brauchbar «so viel wie ein Spazierstock». Angesichts dieser Ausrüstung wird Durrer kaum in der Absicht geschossen haben, einen der Wilderer zu erschiessen. In einer amtlichen Mitteilung der Obwaldner Standeskanzlei, welche einige Jahre später anhand Durrers Wildhütertagebuch auf diesen Vorfall eingeht, wird besagter Schuss entsprechend als «Schreckschuss» bezeichnet und bewertet. Der «Schreckschuss», der direkt auf die Fliehenden abgegeben wurde, entsprach offenbar einer Drohgebärde. Die Androhung von Gewalt beinhaltet immer auch die Möglichkeit der direkten Anwendung von Gewalt. Wird jemandem Gewalt angedroht, so ist es für den Bedrohten schwierig zu unterscheiden, ob er in den nächsten Augenblicken tatsächlich das Opfer einer Gewalthandlung wird oder ob es bei der blossen Androhung von Gewalt bleibt. Ein danebengegangener Schuss kann als gelungene Drohung oder als missglückter Tötungsversuch gedeutet werden. Trifft ein Schuss sogar ins Bein, wird ein Getroffener wohl diesen Schuss kaum als blosse – wenn auch schmerzhafte – Drohung auffassen, sondern als direkte Gewalthandlung erfahren. Ob ein Schuss oder auch nur das Drohen mit einem Gewehr

Adolf Scheuber von Wolfenschiessen, Hermann Heinrich Rüetse von Aarau, Anton Oderm von Dallenwil und Johann Waser von Wolfen- schiessen posieren nach erfolgreicher Jagd im Herbst 1898 in einem Steinbruch für den Foto- grafen Luis Zumbühl, v.r.n.l. Identifikation der Personen durch August Christen. Privatbesitz, Emil Weber, Fotograf, Buochs.

eine Machtdemonstration, die Androhung einer Tötung oder gar ein Tötungsversuch bedeutet, war in den folgenden Jahren mehrmals eine offene Frage. Die Selbstverständlichkeit, mit welcher Durrer diesen Schuss zu Protokoll gab, und vor allem, wie der Polizeidirektor ohne weiteres die- sen Schuss gleichsam als Beleg für erfolgreiche Wildhut protokollierte, ist doch überraschend.[49] Auffallend bei diesem Zwischenfall ist die Vermutung Durrers, den Nidwaldner Wildhüter unter den Wilderern erkannt zu haben. Noch vor einem Jahr hatten sich die beiden auf der Grenze als Arbeitskollegen über ihre Arbeit unterhalten. Die kollegiale Beziehung zwischen den Wildhütern scheint sich bis 1894 verflüchtigt zu haben. Zwei Tage, nachdem Durrer den Vorfall zu Protokoll gegeben hatte, protokollierte Polizeidirektor Seiler erneut die Angaben Durrers zu Vorfällen im Bannbezirk: Am 31. Oktober unternahm Durrer wiederum einen Streifzug «gegen die Nidwaldner March». Er musste feststellen, dass im nidwaldnerischen Teil des Bannbezirks eifrig gejagt wurde und dass im obwaldnerischen Teil Treibschüsse abgegeben wurden. Das Wild wurde von Obwal- den nach Nidwalden getrieben und dort geschossen. Durrer begab sich zur nächsten Nidwaldner Alp, um den dortigen Alphirten über die Identität der Wilderer zu befragen. Dieser wehrte sich zunächst, Angaben zu machen, nannte aber dennoch einige Namen, nämlich zwei damals be- kannte Jäger aus Dallenwil, Remigi Christen und Anton Odermatt, und die Gebrüder Adolf und Karl Scheuber aus Wolfenschiessen. Wer an den anderen Tagen gejagt hat, wollte der Alphirt nicht verraten. Er bemerkte aber, «der Wildhüter könne am besten Auskunft ertheilen». Durrer stellte in seinem Bericht abschliessend fest:

Eigenthümlich sey, dass im Freiberg Nidwaldnerseits fortwährend die ganze Woche hindurch gejagt werden könne, während der Nidwaldnerische Wildhüter [sich] doch so nahe an den Orten befinde, wo die Wildjagd betrieben werde.[50]

Vier Tage später protokollierte Polizeidirektor Seiler erneut die Angaben von Wildhüter Durrer. Er berichtete von drei nidwaldnerischen Wildjägern, die am 3. November im obwaldnerischen Bannbezirk auf der Jagd waren. Sie hatten aber dieses Mal einen Wachtposten aufgestellt, dank dem sie sogleich nach Nidwalden fliehen konnten, als sich der Wildhüter ihnen näherte. Erneut rapportierte Durrer detailliert die Jagdtätigkeit im nidwaldnerischen Freiberg. Er hatte sogar die Alphütte ausgemacht, in welcher die Jäger jeweils wohnten, ihre Mahlzeiten kochten und die geschossenen Gämsen ausweideten. Wiederum beklagte sich Durrer über seinen Nidwaldner Kollegen. Ob nun der nidwaldnerische Wildhüter tatsächlich die Wilderer in seinem Teil des Bannbezirks gewähren liess oder gar selbst gewildert hat, ist nicht mehr zu klären. Auf alle Fälle schenkten Wildhüter Werner Durrer und Polizeidirektor Seiler dem Nidwaldner Wildhüter kein Vertrauen mehr. Nach den drei Berichten, die Werner Durrer innerhalb von fünf Tagen zu Protokoll gab, stellte die Polizeidirektion fest, dass im Bereich der kantonalen Wildhut Handlungsbedarf besteht. In einer Verfügung ordnete sie an, die Aufsicht im obwaldnerischen Freiberg zu verdoppeln und tägliche Streiftouren in Begleitung von bewaffneten Gehilfen durchzuführen, um endlich die Wilderer fassen zu können. Die Wilderei beziehungsweise die Berichte über Jagdfrevel hatten im Herbst 1894 über das gewohnte Mass zugenommen. Der Obwaldner Polizeidirektor wollte dieser Entwicklung Einhalt gebieten.[51]

Gleichzeitig erkannte der Polizeidirektor, dass die Frage zu klären ist, ob ein Wildhüter auf Wilderer schiessen darf. Obwohl Seiler selbst Mitglied des Regierungsrates war, liess er schriftlich den Obwaldner Gesamtregierungsrat anfragen, «inwieweit dem Wildhüter und seinen Gehilfen das Recht gegeben werden solle, auf betreffende Wilddiebe, die sich auf Flucht begeben, ohne erkannt zu sein, oder gar zur Gegenwehr stellen sollten, zu feuern, Schüsse abzugeben». Leider ist keine Antwort oder kein Hinweis auf eine entsprechende Abklärung des Obwaldner Regierungsrates mehr auffindbar. Immerhin scheint Polizeidirektor Seiler fünf Tage nach dem ersten Protokoll erkannt zu haben, dass Schüsse, und seien es auch nur «Schreckschüsse» auf unerkannt fliehende Wilddiebe, nicht unproblematisch sind. In den Akten der folgenden Jahre ist nur noch ein Mal ein Schuss eines Wildhüters auf unerkannt fliehende Wilderer überliefert. 1897 schoss Durrer aus 600 Metern Entfernung auf Wilderer, dieses Mal aber erst, nachdem diese auf ihn geschossen hatten.[52]

Im November konnten Wildhüter Durrer und seine Gehilfen, wobei ihm meist seine Söhne Aushilfe leisteten, einige Male Schüsse von Wildfrevlern im obwaldnerischen und nidwaldnerischen Bannbezirk vernehmen. Ebenso fanden sie Spuren von Wildfrevlern, die meist von Nidwalden her gekommen waren. Die Wildhüter entdeckten auch ausgeschossene Patronenhülsen, Eingeweide von Gämsen und angeschossene, verwundete Gämsen. Der Wildfrevel im Obwaldner Teil des Bannbezirks nahm nicht ab.[53]

Verhaftung von Adolf und Konrad Scheuber

Am Freitag, den 7. Dezember 1894, zwischen 10 und 11 Uhr morgens, gelang es Werner Durrer und seinem 18 Jahre alten Sohn Josef Durrer, die beiden Brüder Konrad und Adolf Scheuber, 28 beziehungsweise 24 Jahre alt, aus dem Nidwaldner Dorf Wolfenschiessen festzunehmen. Sie wurden während der Jagd im obwaldnerischen Teil des Bannbezirks zwischen Stäfeli und Nünalp gestellt. Vater und Sohn Durrer führten die beiden Brüder Scheuber nach Sarnen ins Polizeiamt, wobei die beiden Brüder unterwegs auf einen Wagen aufsitzen konnten, der zufällig nach Sarnen fuhr. Im Gegensatz zur schmucklosen Realität kursierten einige Jahre später Gerüchte, wonach die Brüder Scheuber wie Trophäen auf geschmücktem Wagen durch Sarnen gefahren worden seien.[54]

Nachmittags, bereits gegen drei Uhr, erreichten die vier das Polizeiamt in Sarnen. Sogleich gaben die beiden Durrer ihre Angaben zu Protokoll. Werner Durrer glaubte mit Bestimmtheit, den jüngeren Bruder, Adolf, als einen der drei Wilderer zu erkennen, die ihm im Bannberg am 29. Oktober 1894 entkommen waren. Werner und Josef Durrer wiesen darauf hin, dass die in den letzten Wochen und Monaten im Bannbezirk gefundenen Patronenhülsen und Fussspuren mit den Gewehren und dem Schuhwerk der Verhafteten übereinstimmten. Konrad Scheuber sei zudem mit einem falschen Bart versehen. Die beiden Durrer gaben an, dass Adolf Scheuber bei der Verhaftung mit seinem Gewehr auf sie angeschlagen und die Waffe erst gesenkt habe, nachdem Konrad sich ergeben hatte.[55]

Den beiden Verhafteten wurden ihr Gepäck und ihre persönlichen Gegenstände abgenommen. Sie führten neben Nahrungsmitteln, Decken, Kochgeschirr, einem Ordonnanzgewehr'89 und einem Martini-Stutzer samt Munition vor allem ein Stück Gämsfleisch und eine Weste aus Gämsenfell mit sich. Das Fell stammte von einer im Sommer geschossenen Gämse. Polizeidirektor Seiler untersuchte sogleich die Waffen der beiden Verhafteten und stellte fest, dass aus dem Ordonnanzgewehr von Konrad Scheuber kürzlich geschossen worden war. Noch am selben Tag berichtete Seiler nach Bern von der Festnahme der beiden Wilderer.

Die beiden Brüder wurden einzeln in Untersuchungshaft genommen, Konrad in der Strafanstalt, Adolf im Rathaus, wobei sie alle paar Tage ihren Aufenthaltsort tauschten.[56]

Am nächsten Tag, den 8. Dezember, machte sich Wildhüter Durrer auf, um nochmals die Spuren am Ort der Festnahme zu untersuchen. Dabei begegnete er zwei Nidwaldnern. Einer war der Bruder des Nidwaldner Wildhüters. Sie gaben an, nichts von der Festnahme der Gebrüder Scheuber zu wissen. Laut Durrer haben die beiden, als sie von Nidwalden her gekommen seien, «unterwegs gejäuchzet und gerufen». Sie suchten vermutlich die nicht mehr zu ihnen zurück-gekehrten Brüder Scheuber.[57]

Verhöre mit Adolf und Konrad Scheuber

Am Montag, den 10. Dezember 1894, begann der Obwaldner Untersuchungsrichter und Regie-rungsrat Omlin, zusammen mit dem Landschreiber Imfeld, Adolf und Konrad Scheuber einzeln zu vernehmen. Das Vorgehen der Untersuchungsbehörden entsprach den juristischen Vorgaben, die im Polizeistrafgesetz, in der Strafprozessordnung und im Gesetz über das Strafrechtsverfah-ren des Kantons Obwalden festgelegt waren.[58]

Zunächst verhörten sie Konrad Scheuber, anschliessend den jüngeren Adolf Scheuber. Nach den ersten Fragen nach Namen, Stand, Alter, Beruf und Herkunft fragte Verhörrichter Omlin, ob sie tatsächlich am letzten Freitag vom Wildhüter beim Jagen im Bannberg aufgegriffen worden seien. Konrad und auch Adolf gaben dies ohne weiteres zu. Damit war der Hauptsachverhalt, aufgrund dessen sie später auch verurteilt wurden, in Übereinstimmung mit den Angaben des Wildhüters erwiesen. Beiden wurde als nächstes die Frage gestellt, wer denn jener andere sei, mit dem sie auf der Jagd gewesen seien, und beide nannten übereinstimmend ihren älteren Bruder Karl Scheuber.[59] Nach diesen Eingeständnissen verliefen die Verhöre vom 10. Dezember und den nächsten Wochen für alle Beteiligten weniger einfach. Verhörrichter Omlin hatte die Absicht, entsprechend der vorliegenden Indizien und der von Wildhüter Durrer gemachten Angaben, die beiden Scheuber weiterer Vergehen, vor allem des mehrmaligen Wildfrevels im obwaldnerischen Bannbezirk, zu überführen. Die Gebrüder Scheuber dagegen verfolgten die dem entgegengesetzte Strategie. Nachdem sie das eine, offensichtliche Vergehen zugegeben hatten, versuchten sie möglichst keiner weiterer Vergehen überführt zu werden, indem sie sehr vorsichtig antworteten, möglichst wenige und möglichst unverfängliche Angaben machten oder Anschuldigungen verneinten. Adolf und Konrad Scheuber hatten bereits Erfahrung mit Verhören. Zusammen mit ihrem Bruder Karl waren sie einige Jahre zuvor aufgrund von Wildfrevel im eigenen Kanton vor Gericht gestanden. Die drei Brüder hatten damals nebst Gerichtskosten je einen Betrag von 40 Franken zu bezahlen. Adolf Scheuber war damals erst 16 Jahre alt gewesen. In den Verhören in Obwalden im Dezember 1894 gab Konrad Scheuber diese Verurteilung in Nidwalden ohne weiteres zu, er und seine Brüder seien bereits «vor 8 Jahren (…) wegen verbotener Jagd in Nidwalden bestraft» worden. Untersuchungsrichter Omlin kam einige Tage später auf diese Verurteilung zurück:

> Befandet Ihr Euch damals nicht längere Zeit in Verhaft?

Konrad Scheuber antwortete darauf:

> Wohl, wir alle wurden, zwar nicht gleichzeitig, in Verhaft gesetzt. Ich musste am längsten in Verhaft bleiben, weil ich nicht geständig war.

Ohne dass der Verhörrichter direkt danach gefragt hätte, fügte Konrad noch an:

> Ich bekannte, desswegen nicht, weil mein Bruder Carl mir anbefohlen hatte, nichts zu sagen.

Konrad wollte mit diesen Angaben die Vollständigkeit und Glaubwürdigkeit seiner gerade gemachten Aussagen belegen. Gleichzeitig wirft sie ein Licht auf die Strategie der Brüder Scheuber, so wenig Informationen wie möglich preiszugeben. Der dritte Bruder, Karl Scheuber, der nicht verhaftet worden war und sich entsprechend auch nicht in Obwaldner Untersuchungshaft befand, wurde dennoch nach Obwalden zu einem Verhör beordert. Er erschien zwar zum Verhör, verfolgte die Strategie des Verschweigens aber konsequent: Er gab nichts zu, verneinte alle Fragen und konnte sich an nichts mehr erinnern. Das Verhör brachte nichts zutage. Obwohl der Obwaldner Verhörrichter versuchte, Karl Scheuber zu einem zweiten Verhör aufzubieten, kam es nicht dazu. So konnte Karl Scheuber weder überführt noch verurteilt werden. Seine Strategie des Verschweigens war aufgegangen.[60]

An dieser Stelle muss kurz auf die Sprache in den Verhörprotokollen hingewiesen werden. Der Landschreiber schrieb die Fragen und Antworten direkt während des Verhörs mit. Das Verhörprotokoll wurde am Schluss dem Verhörten vorgelesen. Dieser konnte noch Änderungen und Ergänzungen anbringen lassen, bevor der Verhörte und der Schreiber mit ihren Unterschriften die Angaben bestätigten. Die Fragen und Antworten wurden in direkter Rede abgefasst. Entsprechend scheinen sie auf den ersten Blick authentische Zeugnisse eines Gesprächs zu sein. Doch ist hier Vorsicht geboten. Die vom Landschreiber protokollierten Sätze sind nach juristischen Kriterien gefilterte Aussagen des Verhörten. Sie dürfen nicht mit der in einem Verhör tatsächlich gesprochenen Sprache verwechselt werden.[61]

Es würde zu weit führen, den Verlauf der Verhöre in allen Einzelheiten, mit allen Suggestivfragen, widersprüchlichen Angaben, Versprechern, ungefragten Antworten und Geständnissen wiederzugeben. Die Verhöre dauerten vom 10. Dezember 1894 bis zum 2. Januar 1895. Währenddessen füllte Landschreiber Imfeld insgesamt 39 Protokollseiten.[62]

In den folgenden zwei Kapiteln wird der Verlauf von zwei umstrittenen und schliesslich ungeklärten Fragen eingehend dargestellt.

Haben Adolf und Konrad Scheuber bereits mehrmals gewildert?

Bereits im ersten Polizeibericht über die Verhaftung der Brüder Scheuber gab Werner Durrer an, in Adolf Scheuber einen von jenen Wilderern zu erkennen, die er am 29. Oktober entdeckt, auf die er geschossen und deren Hund er erlegt hatte. Als Durrer am 17. Dezember als Zeuge verhört wurde, bestätigte er die vorgängig verfassten Berichte und erzählte dem Verhörrichter ein weiteres Mal die Begebenheiten des 29. Oktobers:

> Am 29. Oktober, als einzig den Rundgang machte, traf ich im obern Lachenwald 3 Jäger oder Wilderer an. Zwei derselben glaube ich seien die gleichen 2 Gebrüder Konrad und Adolf Scheuber, die ich am 7ten diess dann arretieren konnte. Der Jüngere, Adolf Scheuber, weiss ich gewiss, dass es gewesen ist, ich habe denselben bei der Arretierung ganz gut wieder erkannt. ich war im Lachenwald ganz nahe bei ihm, ich sah, dass er ein Repetiergewehr vom Modell 89 hatte. Die 2 anderen befanden sich (/) etwas weiter oben. Als ich in deren Nähe kam, rief ich diese an. Sie gaben keinen Bescheid und machten sich fort gegen dem Lachen-Sätteli zu.

Den Schuss, den er auf die Wilderer abgegeben hatte, erwähnte er im Verhör nicht mehr, sondern nur noch die Erlegung des Hundes. Als Schlussbemerkung fügte er in demselben Verhör noch an:

> Wenn allenfalls die Gebr. Scheuber behaupten sollten, sie seien am 29. Oktober am Aelplerfest in Wolfenschiessen gewesen, so muss ich bemerken, dass mir von Wolfenschiessen (/) gesagt wurde, das Aelplerfest sei Sonntag den 28. Oktober abgehalten worden, tags nachher – am 29. Oktob. sei nichts mehr gewesen.[63]

Als Konrad Scheuber im Verhör am 11. Dezember und Adolf Scheuber am 13. Dezember nach ihrem Aufenthaltsort am 29. Oktober befragt wurden, behaupteten sie, sich nicht mehr daran zu erinnern, aber vermutlich gearbeitet zu haben. Das Älplerfest gaben sie hier noch nicht als Alibi an. Durrer muss aber geahnt haben, dass die beiden schliesslich das Fest als Alibi benutzen würden. Deshalb versuchte er, dieses bereits im Voraus zu entkräften. Verhörrichter Omlin wollte die widersprüchlichen Angaben zwischen Werner Durrer und Adolf Scheuber in einem Konfrontationsverhör klären. Zuerst kam Werner Durrer zu Wort, der die Gelegenheit nutzte, seine Anschuldigung zu wiederholen. Zweimal bekräftigte er, in Adolf Scheuber, «der eben jetzt da sitzt», einen der Wilderer vom 29. Oktober wiederzuerkennen. Der Verhörrichter Omlin fragte darauf: «Scheuber! Ihr höret die Angaben des Wildhüters Durrer. Was sagt Ihr nun darüber?» Scheuber antwortete:

> Wenn der Wildhüter behauptet, ich sei am 29. Oktober in hiesigem Bannbezirk gewesen, so heisse ich ihn lügen. An diesem Tage bin ich in Wolfenschiessen am Aelplerfest gewesen. Man soll nur den Hrn. Gemeinde-Präsidenten Alois Christen befragen, dieser ist der Wirth zur «Eintracht» in dessen Wirtshaus das Aelplerfest abgehalten wurde.

Als ob es Durrer gewusst hätte, benutzte Adolf Scheuber das Älplerfest nun als Alibi. Er berief sich dabei auf den eigenen Gemeindepräsidenten. Der Verhörrichter liess aber nicht locker, sondern bohrte mit mehreren Fragen immer wieder nach. Er wollte wissen, ob Scheuber denn nicht auch schon früher im Obwaldner Bannbezirk auf die Jagd gegangen war. Adolf Scheuber blieb standhaft bei seiner Aussage. Er weigerte sich auch, andere Nidwaldner Jäger zu nennen, die «allenfalls hieher auf die Jagd gekommen sind».[64]

Am nächsten Tag konnte sich auch Konrad Scheuber erinnern, am 29. Oktober am Älplerfest in Wolfenschiessen, und zwar an jenem Montag Abend zum Tanz in der «Eintracht», gewesen zu sein. Wie schon sein Bruder weigerte er sich, andere Jäger anzugeben, die auf der Jagd gewesen sein könnten. Am 31. Dezember wurde Konrad Scheuber im Schlussverhör mit der gleichen Frage konfrontiert, die dieses Mal etwas schärfer formuliert war:

> Ihr seid ohne Zweifel auch noch andere Mal in gesetzwidriger Weise und auch in hiesigen Freiberg auf die Jagd gegangen.

Erneut weigerte sich Konrad, irgendetwas zuzugeben oder zu wissen. Auch Adolf Scheuber wurde in seinem Schlussverhör noch einmal mit der Anschuldigung konfrontiert, dass er am 29. Oktober dabei gewesen war oder zumindest andere Male in Obwalden gewildert hatte. Adolf Scheuber antwortete bloss:

> Ich habe es schon gesagt, ich bin kein anderes Mal hier auf die Jagd gegangen, als wie ich bereits bekennt habe.

Die Aussage von Werner Durrer, in Adolf Scheuber mit Sicherheit einen der drei Wilderer zu erkennen, wurde nicht mehr angeführt. Unterdessen hatte Gemeindepräsident Alois Christen von Wolfenschiessen, zusammen mit mehreren Bürgern, das Alibi der Brüder bestätigt. Untersuchungsrichter Omlin war sich zwar sicher, mindestens einen der Wilderer vom 29. Oktober vor sich zu haben. Aber die Indizien reichten nicht aus. Die Aussage des Wildhüters stand gegen die Aussagen der Brüder und das Alibi des Älplerfestes, bestätigt durch den Gemeindepräsidenten. Ohne Geständnis konnte er keinen der beiden Brüder strafrechtlich überführen.[65]

Alois Christen war in diesem Fall als Gemeindepräsident von Wolfenschiessen auffallend stark engagiert. Bereits am 13. Dezember bescheinigte er in einem Brief an die Obwaldner Untersuchungsbehörden den guten Leumund von Adolf und Konrad Scheuber. Sie seien «ausgenommen die Wilderei rechtschaffen und brav» und hätten sich «keinerlei Straf und Tadel zuschulden kommen» lassen. Im Auftrag der Familie fragte er zudem an, ob die beiden nicht gegen die Hinterlegung einer Kaution in Freiheit gesetzt werden könnten, da «dringende Arbeit vorhanden sei und auch ihr Vater krank im Spital liege». Er stellte dieses Leumundszeugnis aus, ehe die Obwaldner Behörden überhaupt um ein solches nachgefragt hatten. Als die Polizeidirektion von Obwalden am 14. Dezember, bevor das Leumundszeugnis eingetroffen war, tatsächlich in Wolfenschiessen um ein solches nachsuchte, stellte Alois Christen sogleich ein zweites Leumundszeugnis aus, in welchem er schreibt, dass die Brüder Scheuber als «nüchterne und brave und gute Arbeiter vorteilhaft bekannt» seien. Zudem hätten die beiden «unseres Wissens, mit Ausnahme eines einzigen Falles, wegen eines unbefugten Jagdgangs, sonst niemals Anlass zu Klagen gegeben». In den Augen des Gemeindepräsidenten Alois Christen war die Wilderei demnach kein Vergehen, durch welches man sich «Straf und Tadel zuschulden kommen» lässt, also nichts Ehrenrühriges oder gar moralisch Verwerfliches. Das Engagement des Wolfenschiesser Gemeindepräsidenten zugunsten der beiden Brüder ist auffällig, geradezu verdächtig. Obwohl der Obwaldner Verhörrichter den Aussagen von Adolf und Konrad Scheuber hinsichtlich ihres Aufenthalts am 29. Oktober keinen Glauben schenkte, versuchte er nicht, das Alibi des Gemeindepräsidenten von Wolfenschiessen anzuzweifeln.[66]

Dennoch war Obwalden im Besitz eines Berichtes, welcher die Beteiligung des Alois Christen am Handel mit illegal erlegtem Wild belegte und so dessen Integrität gerade in Fragen zur Wilderei stark in Zweifel zog. In einer Denunziation gegenüber Polizeidirektor und Staatsanwalt Seiler berichtete ein Herr F. Rettig über einen Gämsenhandel, den er im Winter 1892, d.h. zu geschlossener Jagdzeit, im Gasthaus Eintracht in Wolfenschiessen miterlebt hatte. Die Angaben in seinem Bericht spielten beim weiteren Gerichtsverfahren keine Rolle, da sie sich nicht direkt auf den Sachverhalt des «Falls Scheuber» bezogen. Dennoch gibt der Bericht, zwanzig Jahre nach Einführung der eidgenössischen Jagdgesetze, Einblick in deren Umsetzung:

Unterzeichneter erklärt hiermit zu Handen des Herrn Regierungs Rhates und Staatsanwaltes Seiler in Sarnen Folgendes:
1. Ich befand mich am Abend des [Winters] 1892 in der Wirtschaft des Herrn Ratsherrn Christen zur Eintracht in Wolfenschiessen & jasste mit demselben & 2 andern Unbekannten um einen Liter Schaffhauser. Plötzlich wurde Hr Christen, Ratsherr, hinausgerufen & erklärte auf Befragen der anderen dass ihm eine Gemse zum Kauf angetragen worden sei. Ich glaube um den Preis von fr 100.– Nach Verlauf einer Stunde ca. als gerade um einen neuen Liter Schaffhauser gejasst wurde; trat ein junger, kleiner, kräftiger, Mann ins Zimmer, Haare und Schnurrbart glaube ich schwarz & trug eine todte Gemse, ein prachtvolles Thier, auf dem Rücken, dieselbe fest auf den Erdboden fallend lassend mit den Worten Herrschaft od. Herrgott isch dä Chaib schwär dabei wischte er sich mit carirten Hemdärmeln den Schweiss laufend von der Stirne. (/) Der Handel dauerte etwa eine halbe Stunde & war man schliesslich bis auf 15 frs einig. Da keiner nachgeben wollte, so bot ich 5fr Herrn Ratsherr Christen an daran zu geben was jedoch dankend abgelehnt wurde. Als ich tags oder 2 Tage darauf Herrn Ratsherr Christen, ich glaube auf der Rückreise von Engelberg, frug ob etwas aus dem Gemsenhandel geworden sei, meinte er lachend: O nei, das hän d'Stanser sofort reclamirt & kunnt nach Basel od. Zürich. Anwesend waren am Anfang zwei Unbekannte später kamen noch 2 oder 3 Männer hinzu wovon einer ein langer magerer mit rötlichem Bart war ca. 40–45 Jahre alt. Auch befand sich noch eine junge Aufwärterin & die alte Grossmutter sowie Mutter und Kind letzteres meist nicht mehr ganz bestimmt wiederholt im Zimmer.[67]

Auffallend ist zunächst der hohe Preis der Gämse: 100 Franken ist auch für ein «prachtvolles Thier» ein immenser Geldbetrag. Im Vergleich dazu betrug der Jahreslohn von Wildhüter Durrer 350 Franken. Der hohe Preis für eine illegal geschossene Gämse bestätigt die wirtschaftlichen Argumente, mit denen das eidgenössische Jagdgesetz begründet worden war.

Der Wirt und Gemeindepräsident Christen hätte als Amtsperson einen illegalen Gämsenhandel verfolgen müssen. Im selben Jahr, also 1892, hatte sich der Nidwaldner Wildhüter Waser bei seinem Obwaldner Kollegen über die Schwierigkeiten bei der Ausübung der Wildhut beklagt. Im von Herrn F. Rettig geschilderten Milieu dürfte es nicht einfach gewesen sein, die Vorgaben des eidgenössischen Jagdgesetzes umzusetzen. Als Christen die Jassrunde verliess, gab er freimütig bekannt, dass ihm eine Gämse zum Kauf angetragen worden ist. Schliesslich fand die Verhandlung vor den anwesenden Gästen statt, und zwar derart offen, dass der ortsfremde Rettig glaubte, sich am Gämsenhandel beteiligen zu können, was jedoch dankend abgelehnt wurde. Der Handel fand an einem öffentlichen Ort, in einer Gaststätte statt; keineswegs versteckt im Hinterzimmer, im Keller oder in der Küche, sondern mitten in der Gaststube. Die Öffentlichkeit des Handels lässt darauf schliessen, dass weder von Ratsherrn Christen noch von den anwesenden Gästen, geschweige denn vom Jäger Wildfrevel als Vergehen oder gar als kriminelle Handlung wahrgenommen wurde. Das Vertrauen in die gegenseitige Solidarität und die Verschwiegenheit waren so gross, dass ein Handel nicht versteckt betrieben wurde. Die Solidarität funktionierte, bis der ortsfremde Rettig damit brach. Weshalb Rettig nach zwei Jahren die Geschichte ausgerechnet gegenüber den Untersuchungsbehörden des Kantons Obwalden ausplauderte, und dies gerade zu einem Zeitpunkt, als der Ratsherrn Christen denselben Behörden ein wichtiges Alibi bestätigte, wissen wir nicht. Der Bericht Rettigs dürfte den Obwaldner Untersuchungsrichter und Regierungsrat Omlin in seiner Ansicht bestärkt haben, den Angaben über den Aufenthaltsort von Adolf und Konrad Scheuber am 29. Oktober 1894 keinen Glauben zu schenken. Dennoch wagte er nicht, das Alibi offiziell anzuzweifeln und damit den Gemeindepräsidenten Christen, wie auch die weiteren, das Alibi bestätigenden Bürger von Wolfenschiessen, der Lüge zu bezichtigen.

Dass Wildfrevel – zumindest für Teile der Dorfbevölkerung – alles andere als kriminalisiert war, zeigt sich in einem Brief, den die Angehörigen der beiden Brüder an den Regierungsrat von

Obwalden schreiben liessen. Sie baten darum, «die Sache zu beschleunigen und eine baldige gerichtliche Beurteilung derselben» vorzunehmen. Sie argumentierten mit der Feststellung, «dass eine blosse Gesetzesübertretung – & um eine solche & nicht um ein entehrendes Verbrechen kann es sich in concreta handeln – eine lange und nutzlose Freiheitsberaubung nicht rechtfertigt». Der materielle Schaden für die Inhaftierten wie für den Familienverband sei sehr gross, zudem garantiere die «gesellschaftliche Stellung» der Angeschuldigten, dass diese sich einer Strafe nicht entziehen würden. Aufschlussreich in diesem Schreiben ist die Unterscheidung zwischen «blosser Gesetzesübertretung» und «entehrendem Verbrechen». Ein Verbrechen ist moralisch verwerflich und würde die entehrende Untersuchungshaft rechtfertigen. Eine Gesetzesübertretung ist bloss ein Vergehen, das allenfalls eine Busse oder Strafe nach sich zieht, aber keinesfalls als ehrenrührig angesehen wird. Die Untersuchungshaft der beiden Brüder wurde als Entehrung und insofern bereits als eine schwer wiegende Bestrafung gedeutet, die in den Augen der Angehörigen bei einem Jagdfrevel nicht angemessen war. Die Untersuchungsbehörden in Obwalden gingen zwar getreu den Vorgaben ihrer Strafprozessordnung vor, aber die Angehörigen in Wolfenschiessen empfanden bereits die Untersuchungshaft als übertrieben und stigmatisierend. Wildfrevel als blosses Vergehen rechtfertigte in ihren Augen keineswegs die entwürdigende Untersuchungshaft.[68]

Die Solidarität und Verschwiegenheit der Mitwissenden, die Bewertung der Wilderei als Kavaliersdelikt darf man sich aber nicht als eine einhellige Meinung innerhalb der dörflichen Gemeinschaft von Wolfenschiessen vorstellen. So erhielt Werner Durrer «von Wolfenschiessen mitgeteilt», dass am 29. Oktober das Älplerfest bereits vorbei gewesen sei. Auch innerhalb eines Dorfes gab es Gruppen mit unterschiedlichen Ansichten und Einstellungen gegenüber dem Wildfrevel, gemäss denen Informationen verschwiegen oder eben weitergegeben wurden.[69]

Hat Adolf Scheuber auf den Wildhüter angeschlagen?

Die entscheidende und nicht abschliessend geklärte Frage, ob Adolf Scheuber auf den Wildhüter gezielt hat, zieht sich durch die Verhöre. Im ersten Bericht über die Verhaftung beschreibt Werner Durrer die Festnahme der Brüder Scheuber:

> Beim Zusammentreffen mit den Wilderern wollte sich Adolf Scheuber zur Gegenwehr setzen und brachte den Martini-Stutzer in Stellung «fertig» – Konrad Scheuber aber ergab sich, worauf auch Adolf Scheuber das Gewehr wieder zu Fuss brachte.[70]

Adolf Scheuber habe also sein Gewehr auf Schulterhöhe genommen und auf den Wildhüter und seinen Sohn angelegt, d.h. mit dem Gewehr auf sie gezielt. Bereits im ersten Verhör wurde Adolf Scheuber von Untersuchungsrichter Omlin direkt auf diese Begebenheit angesprochen:

> Habt Ihr [nicht], als Ihr vom Wildhüter angehalten worden, auf denselben angeschlagen?
> Adolf Scheuber verneinte heftig: «Nein, das hat keiner von uns gemacht. Wenn der Wildhüter dieses sagen sollte, so soll er nur herkommen, ich will dann schon mit ihm reden.»

Adolf Scheuber sprach mit seiner Antwort eine Drohung aus: Der Wildhüter solle nur wagen, diesen Vorwurf von Angesicht zu Angesicht zu behaupten, dann würde er dem Wildhüter beibringen, dass er, Adolf Scheuber, Recht habe. Verhörrichter Omlin fasste diese Antwort als Auflehnung auf. Er reagierte prompt und stellte die Machtverhältnisse der Verhörsituation klar, indem er Scheuber die rhetorische Frage stellte:

Ist es denn erlaubt, in einem Bannbezirk als Jäger aufzutreten und da die Jagd zu betreiben?

Adolf schien diese Klarstellung der Machtverhältnisse verstanden zu haben. Gerade eben hatte er zugegeben, im Bannbezirk auf der Jagd gewesen zu sein. Er stritt zwar nach wie vor ab, auf den Wildhüter angeschlagen zu haben, aber seine Wortwahl war gemässigter:

Das sage ich ja nicht; aber dass wir auf den Wildhüter angeschlagen haben, das gebe ich nicht zu. [71]

Am nächsten Tag wurde auch Konrad auf diesen Sachverhalt angesprochen:

Hat Euer Bruder gegen die auf Euch zugekommenen Wildhüter sich nicht mit seinem Martini-Stutzer zur Wehr gesetzt?

Auch er verneinte dies:

Nein, bloss wollten wir anfänglich laufen. Wir befanden uns auf einer schwierigen Stelle, wo der Bruder sein Gewehr nicht an der Achsel tragen konnte, sondern in den Händen halten musste. Hätten der Bruder und (/) ich uns zur Wehr setzen wollen, der Wildhüter und sein Sohn hätten uns nicht hieher-gebracht.

Konrad gab zwar zu, dass Adolf sein Gewehr nicht an den Schultern hängen, sondern in seinen Händen getragen hatte. Er begründete dies aber mit dem Gelände, in dem sie sich befunden hat-ten, und er führte noch ein weiteres Argument an, um zu belegen, dass Adolf sich nicht habe zur Wehr setzen wollen: Hätten er und sein Bruder auf die beiden Durrer schiessen wollen, so hätten die beiden Durrer das nicht überlebt und entsprechend auch niemanden mehr verhaftet und abgeführt. Konrad strich damit heraus, dass das Leben der beiden Durrer sehr wohl in ihrer

Hand gelegen sei. Er und sein Bruder hätten demnach bei der Festnahme bewusst auf Gewalt-anwendung verzichtet. Er wollte so die reichlich unwahrscheinliche Erklärung, sein Bruder habe aufgrund des Geländes sein Gewehr derart auffällig gehalten, untermauern. Er versuchte, der drohenden Geste, mit einem Gewehr auf jemanden zu zielen, eine andere Bedeutung zu geben. Auffallend ist dennoch, wie leichtfertig er darauf hinweist, dass das Leben des Wildhüters in ihrer Hand lag. Verhörrichter Omlin wertete diesen Hinweis nicht als Anmassung, sondern ging einfach weiter zur Klärung des nächsten möglichen Sachverhalts.[72]

Einige Tage später gab Werner Durrer eine detaillierte Beschreibung der Vorkommnisse bei der Verhaftung zu Protokoll:

> Als wir in deren (Adolf und Konrad Scheuber, M. B.) Nähe kamen, sprang mein Sohn um die Ecke hervor, und ausrufend, sie haben angeschlagen, sprang er sogleich wieder zurück. Als ich jetzt auch hervorsprang, sah ich, dass nur der Jüngere das Gewehr angeschlagen hatte. Mein Gewehr ebenfalls bereit haltend, rief ich, wenn sie schiessen wollen, sollen sie nur schiessen, es sei auch auf sie angeschla-gen. Wirklich hatte mein Sohn auf meine Weisung sein Gewehr auch auf die Gegner angeschlagen. Der Aeltere (Conrad) entgegnete, Menschenleben müsse es keine kosten & sagte etwas zu seinem Bruder, was – habe ich nicht verstanden; dieser nahm hierauf das Gewehr zum Fuss. Ich forderte sie nun auf, ihre Gewehre abzustellen & unbewaffnet zu mir hinaufzukommen. Sie stellten ihre Gewehre ab & ich hörte den Conrad zu seinem Bruder sagen, wir wollen hinauf gehen. Wirklich kamen sie daher, mei-nem Sohn befahl ich, ihre Gewehre zur Hand zu nehmen.

In seinen Augen waren sein Leben und dasjenige seines Sohnes durch das angeschlagene Gewehr tatsächlich bedroht. Eine gewisse Zeit war demnach Adolfs Gewehr auf ihn und seinen Sohn, das Gewehr seines Sohnes und sein eigenes auf Adolf gerichtet gewesen. Eine Patt-Situation mit geladenen Gewehren. Konrad habe die angespannte Situation gelöst, indem er rief, «Menschen-leben müsse es keine kosten» und seinen Bruder dazu brachte, das Gewehr abzusetzen.[73]

Im gleichentags abgehaltenen Konfrontationsverhör zwischen Adolf Scheuber und Werner Dur-rer wurde Adolf Scheuber erneut darauf angesprochen, das Gewehr auf die Wildhüter angelegt zu haben. Adolf argumentierte nun ähnlich, wie vordem sein Bruder Konrad:

> Wenn ich Einen hätte anschiessen wollen, so hätte ich dieses ja leicht thun können. Des Wildhüters Sohn kam hervorspringen, er war bloss 20 Schritte weit von mir entfernt, da hätte ich ihn schon getroffen, wenn ich dieses beabsichtigt hätte. Ich habe niemals weder gegen den Wildhüter noch gegen dessen Sohn angeschlagen.

Das Leben des Wildhüters sei in seiner Hand gewesen. Hätte er wirklich schiessen wollen, der Sohn des Wildhüters hätte es nicht überlebt. Dennoch habe er überhaupt nicht angeschlagen. Verhörrichter Omlin vertraute eher auf die Aussage von Werner Durrer und forderte diesen auf, zu beschreiben: «wie es bei der Arretierung der Gebr. Scheuber zugegangen». Ziemlich exakt wiederholte er seine bereits vorgängig deponierte Schilderung der Festnahme. Darauf wandte sich der Verhörrichter wieder an Adolf Scheuber und wollte wissen, inwiefern er die Aussagen von Wildhüter Durrer anerkenne:

> Ich hatte den Stutzer in Schulterhöhe angestellt oder erhoben, jedoch keineswegs angeschlagen & auch nicht gezielt; [auch war der Stutzer nicht gespannt.] Ich habe nie begehrt zu schiessen & als mein Bruder sagte, wir wollen uns übergeben, war ich gleich damit einverstanden.

Adolf Scheuber näherte seine Version nun derjenigen von Durrer etwas an. Er gab zu, sein Gewehr in Schulterhöhe «angestellt oder erhoben» zu haben, wollte aber dennoch nicht angeschlagen oder gezielt haben. Mit anderen Worten: Er gab die ihm vorgeworfene Handlung tatsächlich zu, aber er beteuerte, dass diese Handlung eine andere Bedeutung gehabt habe. Er habe nämlich «nie begehrt zu schiessen». Hatte er nun auf den Wildhüter angeschlagen oder nicht, hatte er dem Wildhüter mit dem angeschlagenen Gewehr gedroht zu schiessen oder hatte er «einfach» sein Gewehr auf Schulterhöhe gehabt? Durrer und sein Sohn hatten sich auf alle Fälle bedroht gefühlt, ob dies nun Adolf Scheubers Absicht gewesen war oder nicht.[74]

Wie schon bei der Frage, ob Werner Durrers Schuss am 29. Oktober nun ein Schuss mit Tötungsabsicht oder nur ein «Schreckschuss» gewesen sei, ist die Frage nach der Bedeutung des Gewehrs an Adolfs Schulter wohl kaum zu klären. An dieser Stelle muss betont werden: Die Verwendung von Schusswaffen ist nicht bloss rohe Gewalt oder sprachloses Drohen. Die – auch nur angedrohte – Benutzung von Schusswaffen erscheint in den Gerichtsakten eher wie eine Zeichensprache, bei deren Übersetzung in die strafrechtlich relevanten Sachverhalte sich eine erstaunliche Bedeutungsvielfalt eröffnen kann. Die Nuancen, ob eine Handlung dies oder jenes bedeutet, sind so fein, dass über die Bedeutung einer Handlung vor Gericht immer wieder gestritten wird.

Am 18. Dezember, ein Tag später, wurde wiederum Konrad Scheuber zu den Umständen der Verhaftung befragt. Verhörrichter Omlin war sich derart sicher, in der Version von Werner Durrer den Sachverhalt zu kennen, dass er Durrers Angaben kurz zusammenfasste und Konrad nur noch fragte: «Ist dem nicht so?» Konrad verweigerte aber die Zustimmung: Als sie aufgefordert worden seien, die Gewehre abzustellen, hätten sie dem Folge geleistet. Er habe auch nichts im Sinne von «es dürfe keine Menschenleben kosten» gesagt. Konrad gab zudem an, er sei nach dem Ablegen der Gewehre zum Wildhüter hingegangen und «habe ihm die Hand gegeben». Eine Bedrohung der beiden Durrer, oder dass diese gar hätten erschossen werden können, wird mit keinem Wort mehr erwähnt. Dagegen betont Konrad die Frieden stiftende Geste des Handreichens.[75]

Nach Konrads Verhör gab Omlin auf, den Brüdern das Geständnis abzuringen, dass Adolf auf die beiden Wildhüter angelegt hatte. Es stand Aussage gegen Aussage. Verhörrichter Omlin verzichtete sogar darauf, in den jeweiligen Schlussverhören, in denen noch einmal alle Indizien aufgelistet wurden, in diesem Punkt ein weiteres Mal nachzufragen. Im Urteil wird zwar noch einmal erwähnt, dass Durrer darauf bestand, dass Adolf Scheuber auf ihn angelegt hatte, und dass Adolf Scheuber eben dies bestritt. Da jedoch auch das Konfrontationsverhör keine Klärung gebracht hatte, wurde dieser Punkt nicht als Sachverhalt in die Urteilsbegründung aufgenommen.[76]

Das anerkenne ich nicht, daß er
hereinbringen aber auch nicht
nachzubauen sein, indem ich nicht
auf die Jagd gegangen bin.

Das mag wohl sein, ich
weiß er nicht.

98: _Scheuber_! Trägt Euer Bruder
nicht Schuhe mit dreifälligen
Gröftaifen?

99. _Scheuber_! Bei Eurer Arretierung am 7. Dezember habt
Ihr gegen den Wildhüter angeschlagen; Euer Bruder hat Euch
aber abgewehrt, sagend, er
müße kein Menschenleben haben?

Wenn ich einen hätte anschießen
wollen, so hätte ich dieses ja
leicht thun können. Der Wildhüter
Sohn war hergesprungen,
er war blos 20 Schritte weit von
mir entfernt, da hätte ich ihn
schon getroffen, wenn ich dieses
beabsichtigt hätte. Ich habe
niemal weder gegen den Wildhüter noch gegen dessen Sohn
angeschlagen.

100 _Durrer_! Erklärt, was ist
er bei der Arretierung der Gebr.
Scheuber zugegangen?

Als mein Sohn war einer hergesprungen — die Wildrer
bemerkte, sprang er sogleich
wieder zurück, ausrufend, sie haben
angeschlagen. Jetzt sprang ich
hervor, den Scheuben zurufend,
nur schießet, wenn Ihr schießen
wollet; er ist aber auf euch auch
angeschlagen. Adolf, der dem
Durrer angeschlagen hätte, stellte

Ausschnitt aus dem Konfrontationsverhör vom 17. Dez. 1894 zwischen Adolf Scheuber und Werner Durrer. Fragen 98–100. StAOW 616a, A. und K. Scheuber.

98. Scheuber! Trägt Euer Bruder nicht Schuhe mit dreistölligen Griffeisen?

Das mag wohl sein, ich weiss es nicht.

99. Scheuber! Bei Eurer Arretierung am 7. Dezember habt Ihr [Euer Gewehr] gegen den Wildhüter angeschlagen; Euer Bruder hat Euch aber abgemahnt, sagend, es müsse kein Menschenleben kosten?

Wenn ich Einen hätte anschiessen wollen, so hätte ich dieses ja leicht thun können. Des Wildhüters Sohn kam hervorspringen, er war bloss 20 Schritte weit von mir entfernt, da hätte ich ihn schon getroffen, wenn ich dieses beabsichtigt hätte. Ich habe niemal weder gegen den Wildhüter noch gegen dessen Sohn angeschlagen.

100. Durrer! Erklärt, wie ist es bei der Arretierung der Gebr. Scheuber zugegangen?

Als mein Sohn um eine Ecke hervorspringend die Wilderer bemerkte, sprang er sogleich wieder zurück, ausrufend, die haben angeschlagen. Jetzt sprang ich hervor, den Jägern zurufend, nun schiesset, wenn Ihr schiessen wollet es ist aber auf Euch auch angeschlagen. Adolf, der das Gewehr angeschlagen hatte, stellte…

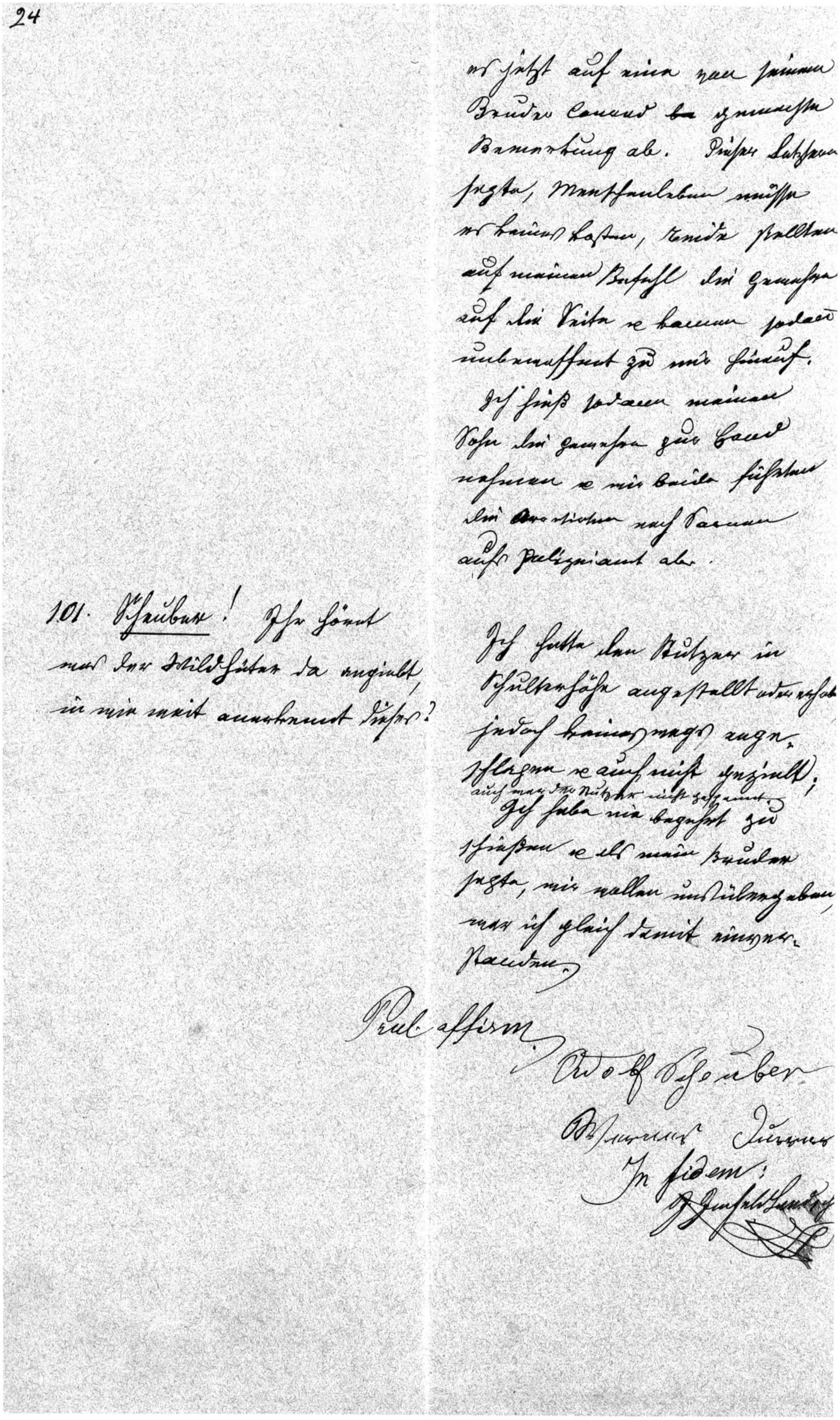

Ausschnitt aus dem Konfrontationsverhör vom 17. Dez. 1894 zwischen Adolf Scheuber und Werner Durrer, Fragen 100–101. StAOW 616a, A. und K. Scheuber.

101. *Scheuber!* [handschriftlicher Text in Kurrentschrift, weitgehend unleserlich]

[rechte Spalte: handschriftlicher Text in Kurrentschrift, weitgehend unleserlich]

Prod. affirm.

Adolf Scheuber

Werner Durrer

In fidem:
[Unterschrift]

es jetzt auf eine von seinem Bruder
Conrad /be/ gemachte Bemerkung ab.
Dieser Letztere sagte, Menschenleben
müsse es keines kosten, beide stellten
auf meinen Befehl die Gewehre auf die
Seite & kamen sodann unbewaffnet zu
mir hinauf. Ich hiess sodann meinen
Sohn die Gewehre zur Hand nehmen
& wir beide führten die Arretierten nach
Sarnen aufs Polizeiamt ab.

101. Scheuber! Ihr höret was der Wildhüter da angiebt, in wie weit anerkennt
dieses?

Ich hatte den Stutzer in Schulterhöhe
angestellt oder erhoben, jedoch keineswegs angeschlagen & auch nicht gezielt;
[auch war der Stutzer nicht gespannt.]
Ich habe nie begehrt zu schiessen &
als mein Bruder sagte, wir wollen uns
übergeben, war ich gleich damit
einverstanden.

Pral. affirm.
Adolf Scheuber
Werner Durrer

In fidem:
J. Imfeld, Landschr.

Verurteilung und Bestrafung von Adolf und Konrad Scheuber

Am 2. Januar 1895, nach den Schlussverhören mit Konrad und Adolf Scheuber, wurden die Brüder «zur Bestrafung dem Polizeigericht überwiesen». Das Polizeigericht tagte am 12. Januar in Sarnen zur Verhandlung der «Strafsachen der Gebrüder Adolf und Konrad Scheuber». Zunächst wurden die zusammengetragenen Untersuchungsakten verlesen, die Angaben zusammengefasst und notiert. Die Weste aus Gämsenfell, die Schuhe und Stöcke, der Tornister mit dem Gämsenfleisch und die Gewehre samt Munition lagen als Beweisstücke auf dem Tisch des Kanzleischreibers.[77]

Die Beweisstücke erinnerten den Berichterstatter des «Obwaldner Volksfreunds» an «das Bild eines Jägers, wie er auf einer Felsenhöhe, die sonst nur der Aar umkreist, einen wohlgezielten Schuss auf ein edles Wild abfeuert». Diese Beschreibung der beiden Brüder entspricht der literarischen Figur des Gämsjägers, der die Eigenschaften Mut, Stärke und unbedingtes Freiheitsstreben zugeschrieben werden. Die literarische Figur des Gämsjägers erfreute sich im 18. Jahrhundert grosser Beliebtheit. Vor allem wurde sie in der Reiseliteratur zur Eidgenossenschaft immer wieder beschrieben. Auch Schiller greift in seinem «Wilhelm Tell» auf sie zurück. Bis ins zwanzigste Jahrhundert taucht der «Gämsjäger» in Büchern und Liedern über Jagd und Wilderer in Varianten immer wieder auf. Durch die Anspielung auf die Figur des Gämsjägers dramatisierte der Berichterstatter die Auseinandersetzung zwischen den Brüdern Scheuber und den Wildhütern Durrer. Er beschrieb, dass ihm beim Verlesen die vielen Gewehrschüsse vorkam, als ob «eine Truppenabteilung (…) das Hochgebirge an der Grenzscheide zwischen den beiden Halbkantonen von Unterwalden als Manövriergebiet sich ausersehen» habe. Das Gefecht wird vom Obwaldner Wildhüter siegreich beendet, indem er die Wildjäger verhaftet und in sicheren Gewahrsam wandern lässt. Nach der Anspielung auf die heldenhaften Eigenschaften (der literarischen Figur) des Gämsjägers erscheint die Leistung des obwaldnerischen Wildhüters ebenfalls als heldenhaft. Der kurze Zeitungsartikel im «Obwaldner Volksfreund» zeigt, wie unterschiedlich die Wahrnehmung und Bewertung der Wilderer und Wildhüter sein konnte. Der Richter hatte aufgrund ganz anderer Vorstellungen, nämlich aufgrund der juristisch beweisbaren Sachverhalte, zu urteilen. Der Berichterstatter war sich bewusst, dass er den Fall anders bewertete, und wies darauf hin, dass der Richter «sich die Sache etwas anders zurechtlegen» müsse.[78]

Der Richter ging tatsächlich anders vor. Er konnte sich nur auf die erwiesenen Sachverhalte abstützen. In der Zusammenfassung der Untersuchungsakten wird zwar noch einmal der Versuch deutlich, Adolf und Konrad Scheuber für weitere Gesetzesübertretungen verantwortlich zu machen. Das Alibi und der gute Leumund, ausgestellt durch den Wolfenschiesser Gemeindepräsidenten, stehen aber ausführlich und gewichtig am Schluss der Zusammenfassung. Entsprechend knapp formulierte der Richter denn auch den Befund und das Urteil. Adolf Scheuber wurde aufgrund des Jagens zu verbotener Zeit und des Jagens im eidgenössischen Banngebiet zu einer Strafe von 150 Franken verurteilt. Konrad Scheuber wurde aufgrund der gleichen Gesetzesübertretungen, aber da er mit einem unerlaubten Repetiergewehr erwischt worden war, zu einer Strafe von insgesamt 160 Franken verurteilt. Zusätzlich wurden die beiden aufgrund des Wildfrevels im Rückfalle für die Dauer von zwei Jahren vom Erwerb eines Jagdpatentes ausgeschlossen. Dazu hatten sie die beträchtlichen Untersuchungs- und Gerichtskosten von insgesamt 162.16 Franken je zur Hälfte zu bezahlen. Für Adolf Scheuber beliefen sich die Gesamtkosten auf 231.80 Franken. Die verhängten Strafen bewegten sich im Rahmen der eidgenössischen und kantonalen Vorgaben, die als Minimum eine Geldstrafe von 40 Franken verlangten. Bei Gesetzes-

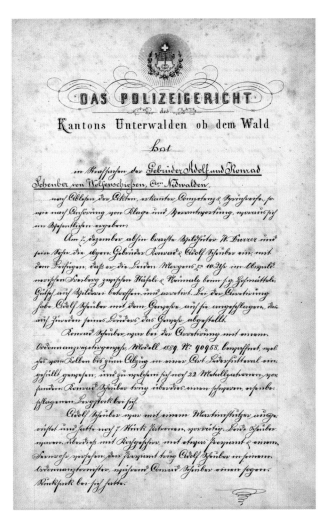

Erste Seite aus dem Urteil des Polizeigerichts des Kantons Unterwalden ob dem Wald vom 12. Jan. 1895. StAOW 616a, A. und K. Scheuber.

übertretungen zu geschlossener Jagdzeit musste die Strafe verdoppelt und bei einem Rückfall die Jagdberechtigung für mindestens zwei Jahre entzogen werden. Die Strafen erreichten nicht einmal das gesetzliche Höchstmass. Der obwaldnerische Polizeidirektor bezeichnete das Urteil des Polizeigerichts gegenüber Bern sogar als «angesichts der verschiedenen Berichte des Wildhüters entschieden milde». Im Vergleich zu dem von Rettig genannten Preis einer Gämse auf dem Schwarzmarkt – um die 100 Franken – erscheint diese Strafe tatsächlich nicht überrissen. Für die erfolgreiche Festnahme der beiden Brüder erhielt Werner Durrer von der Eidgenossenschaft eine Prämie von 40 Franken ausbezahlt.[79]

Der bereits erwähnte Berichterstatter des «Obwaldner Volksfreundes» kommentierte den Gerichtsfall folgendermassen:

> Die Prozessakten mussten den Wunsch nahe legen, es möchten die nidwaldnerischen Behörden in etwas strammerer Weise dafür sorgen, dass auch in jenen luftigen Höhen, wo die leichtfüssige Gemse klettert, das Auge des Gesetzes wacht. Das wird auch zweifellos geschehen.

Gerade ob dies der Fall war, darüber entspann sich in den folgenden Jahren eine langwierige Reihe von Streitigkeiten.[80]

Nach der Verkündung des Urteils wurden die beiden Brüder Adolf und Konrad Scheuber aus der 36-tägigen Untersuchungshaft entlassen. Damit war aber für die Brüder Scheuber die Sache noch nicht ausgestanden. Die Obwaldner Justizkommission sandte die gesamten Untersuchungsakten und das Urteil nach Nidwalden. Da die Brüder eingestanden hatten, durch den nidwaldnerischen Bannbezirk nach Obwalden gekommen zu sein und dort sogar auf eine Gämse geschossen zu haben, sollten sie auch in Nidwalden wegen Vergehen gegenüber dem eidgenössischen Jagdgesetz verurteilt werden. Aufgrund der übermittelten Akten verurteilte das kantonale Strafgericht Nidwaldens Adolf und Konrad Scheuber am 27. März 1895 wegen Jagens im Bannbezirk mit Repetiergewehren. Da es sich um einen Rückfall handelte, wurde ihnen die Jagdberechtigung in Nidwalden ebenfalls für zwei Jahre entzogen. Sie wurden aber nur mit einer Geldbusse von je 50 Franken und der Bezahlung der Gerichtskosten von zusammen 42 Franken bestraft, also nicht einmal die Hälfte der in Obwalden verhängten Geldstrafen. Das Nidwaldner Strafgericht vernachlässigte bei der Festlegung der Strafe, dass die Jagd zu geschlossener Jagdzeit stattgefunden hatte. Dieser Sachverhalt hätte auch gemäss der Nidwaldner Jagdordnung eine Verdoppelung der Busse nach sich ziehen müssen. Dafür wurde aber Karl Scheuber in Nidwalden auch mit einer Geldstrafe von 60 Franken gebüsst. Etwa zwei Monate später kam das Strafgericht auf die von Karl Scheuber zu bezahlende Busse zurück. Da sein Vergehen «auch auf das Territorium des Nachbarstandes Obwalden übergreift», wurde seine Busse von 60 Franken zur einen Hälfte Obwalden und zur anderen Nidwalden zugewiesen. Eine Geste zwischen Nachbarkantonen, wie auf den ersten Blick scheint, zumal Karl Scheuber in Obwalden aufgrund der Verweigerung eines Geständnisses nicht hatte verurteilt werden können.[81]

Wegen des vorliegenden Falls gerieten die beiden Kantone aber noch in einen schwerwiegenden Streit. Adolf und Konrad Scheuber weigerten sich, die in Obwalden verhängte Busse zu bezahlen. Obwalden liess beim Betreibungsamt Wolfenschiessen Schuldscheine ausstellen und ersuchte im Juli 1895 Nidwalden um die Auslieferung der beiden Brüder. Sie sollten die fällige Geldstrafe mit einer Freiheitsstrafe abbüssen. Adolf und Konrad Scheuber verweigerten sich aber gegenüber der Auslieferung nach Obwalden, indem sie sich auf ein Bundesgesetz von 1852 beriefen. Dieses würde unter den Verbrechen, die eine Auslieferung rechtfertigten, Wildfrevel nicht erwähnen. Der Regierungsrat von Nidwalden gab sich mit dieser Begründung zufrieden und sah keinen Grund, der Forderung der Obwaldner Regierung zu entsprechen und die Brüder Scheuber an Obwalden auszuliefern. Stattdessen vertröstete er Obwalden, Nidwalden würde eines Tages zu dieser Frage Stellung nehmen, aber erst, wenn eine grössere Zahl Kantone einen gemeinsamen Auslieferungsvertrag anstreben sollte. Die Regierung von Obwalden war mit einer solchen Antwort alles andere als zufrieden. Sie ersuchte den Bundesrat um Hilfe. Der schweizerische Bundesrat entschied schliesslich, dass in vorliegendem Falle das eidgenössische Jagdgesetz von 1875 als Grundlage zu dienen habe und eine Berufung auf das Auslieferungsgesetz von 1852 eine Auslieferung von Wildfrevlern nicht verhindern könne. Nach dem bundesrätlichen Machtwort musste Nidwaldens Regierung die beiden Brüder dennoch nicht an die obwaldnerische Justiz ausliefern. Die Geldstrafe wurde nach dem bundesrätlichen Schiedsspruch nämlich ohne weiteres an Obwalden überwiesen.[82]

Die Obwaldner Polizeidirektion wiederholte anlässlich der Verhaftung der Brüder Scheuber ihren Vorwurf, die Wildhut werde in Nidwalden zu wenig ernsthaft betrieben beziehungsweise von der Polizeidirektion zu wenig unterstützt. Zum ersten Mal hatte Obwalden diese Vorwürfe gegenüber Nidwalden 1892 formuliert, nachdem sich der Nidwaldner Wildhüter Waser bei seinem Obwaldner Kollegen über mangelnde Unterstützung durch seine Vorgesetzten beklagt hatte. Die Polizeidirektion Nidwalden liess den Vorwurf nicht auf sich sitzen. Sie sandte eine Kopie ihres Wildhutberichtes für das Jahr 1894 nach Obwalden. In diesem gibt Wildhüter Waser an, dass er im Oktober 1894 Schüsse gehört und Anfang November vier Jäger im Bannbezirk entdeckt habe. Die Nidwaldner Polizeidirektion habe «sofort verstärkte Wildhut angeordnet». Das bedeutete, dass der Wildhüter an den nächsten Tagen mit Aushilfen bis in den Abend hinein Wache hielt. Für die Nidwaldner Polizeidirektion war klar, dass aufgrund der verstärkten Wildhut die Wilddiebe in den obwaldnerischen Bannbezirk ausgewichen waren. Als darauf die obwaldnerische Polizeidirektion ebenfalls verstärkte Wildhut angeordnet habe, sei es Obwalden gelungen, zwei Nidwaldner Wilddiebe festzunehmen. Die Zusammenarbeit zwischen der Polizeidirektion und dem Wildhüter wird hervorgehoben und der Erfolg Obwaldens, zwei Wilderer festgenommen zu haben, in direkten Zusammenhang mit der eigenen, verstärkten Wildhut gebracht. Der Erfolg Obwaldens wurde so mindestens teilweise zum eigenen Erfolg.[83]

Der obwaldnerische Polizeidirektor sah das anders. Die Wilderer seien nicht aufgrund der Nidwaldner Wildhut ins obwaldnerische Gebiet ausgewichen, sondern «leider zeigt es sich, dass offenbar auf der Nidwaldner Seite sozusagen keine Aufsicht existiert». Denn gerade an den Tagen, für die Nidwalden verstärkte Wildhut angeordnet hatte, habe Werner Durrer Wilderer im Nidwaldner Bannbezirk entdeckt und seinen Verdacht geäussert, der Nidwaldner Wildhüter liesse die Wilderer gewähren. Polizeidirektor Seiler berichtete nach Bern, es sei unter solchen Umständen nicht mehr angezeigt, «dass die beiden Kantonstheile einen gemeinsamen Freiberg halten und bewachen sollen».[84]

Im Fall der Brüder Scheuber von 1894 und 1895 spiegeln sich Konstellationen, welche für den 1899 erfolgenden Mord von Bedeutung sein sollten: Die obwaldnerischen Behörden vertrauen uneingeschränkt ihrem Wildhüter Werner Durrer; Werner Durrer und die obwaldnerischen Behörden zeigen Engagement und grossen Eifer bei der Umsetzung der eidgenössischen Jagdordnung, gleichzeitig misstrauen sie der nidwaldnerischen Wildhut; die Nidwaldner Behörden zeigen sich gegenüber den kantonseigenen Wilderern als nachsichtig oder sogar loyal; Wildfrevel wird zumindest in Teilen der Bevölkerung als blosses Kavaliersdelikt, als nicht ehrenrühriges Vergehen wahrgenommen; dagegen wird die Untersuchungshaft als entehrend empfunden; der Handelspreis einer illegal geschossenen Gämse kann sehr hoch sein; Wildhüter und Wilderer drohen sich bei Begegnungen bisweilen mit ihren Waffen; die Beziehung zwischen Obwalden und Nidwalden kann für die folgenden Jahre als belastet bezeichnet werden, hinsichtlich der Wildhut und des Wildfrevels gar als miserabel.

Wildhut im Bannbezirk 1894–1899

Gegenseitiges Misstrauen

Im Wildhutbericht für das Jahr 1895 verlangte Polizeidirektor Seiler mit aller Entschiedenheit von Bern, dass der Bannbezirk verlegt werde. Seiler hatte überhaupt kein Vertrauen mehr in die nidwaldnerische Wildhut. Falls Obwalden überhaupt noch ein Banngebiet zugeteilt bekomme, dann solle es nur noch ein einziges Stück sein, das vor allem nicht an Nidwalden grenze und nicht gemeinsam mit Nidwalden bewacht werden müsse. Der Grund für diese Forderung wird klar genannt: Das Nidwaldner Kantonsgericht hatte, wie bereits ausgeführt, bei der Bestrafung der beiden Brüder Scheuber die Strafe nicht verdoppelt, wie dies bei Jagd zu geschlossener Zeit das Jagdgesetz vorgesehen hätte. Für Seiler war eine solche Busse alles andere als geeignet, um gegen Wilddiebe vorgehen zu können:

> Ungleiche Bestrafung der Frevler im gleichen Jagdrevier trägt nicht dazu bei dem Gesetz und den Behörden Achtung zu verschaffen.

In Nidwalden bestehe zudem das Jagdgesetz nur auf dem Papier und nicht in der Wirklichkeit. Seiler interpretierte die geringe Bestrafung sogar als «selbst gegen die Regierung Obwaldens» gerichtet. Für ihn stand die Achtung vor Gesetz und Behörden auf dem Spiel, insbesondere die Achtung der Obwaldner Behörden, denen er selbst angehörte.[85]

Alle fünf Jahre konnten die eidgenössischen Jagdbannbezirke verlegt werden. 1896 war diese Möglichkeit wieder gegeben. Trotz den Forderungen Obwaldens wurden die Grenzen des Bannbezirkes Schlossberg-Titlis in den Kantonen Uri, Obwalden und Nidwalden nicht verändert und in einer bundesrätlichen Verordnung für weitere fünf Jahre festgelegt.

Aber die Obwaldner Regierung liess nicht locker. In den Wildhutberichten der Jahre 1896 und 1897 sowie in separaten Briefen forderte der Obwaldner Regierungsrat vom Bundesrat eine Verlegung des Jagdbannbezirkes. Argumentiert wurde mit den hohen Kosten, zwei Wildhüter beschäftigen zu müssen, und vor allem mit der nachlässigen Wildhut im nidwaldnerischen Teil des Bannbezirks.[86]

Der eidgenössische Inspektor Dick verfasste auf diese wiederholten Forderungen 1897 ein Gutachten zuhanden des Bundesrates, welches sich mit der Verlegung des Jagdbannbezirkes Schlossberg-Titlis befasste. Inspektor Dick zeigte Verständnis für die obwaldnerischen Argumente:

> Es ist nun allerdings zu bedauern, dass solche ungleiche Rechtsprechungen vorkamen und begreifen wir die Unzufriedenheit der Obwaldner Behörden hierüber vollkommen.

Er konnte dies aber nicht als Argument anerkennen:

> Eine Verlegung des (/) Bannbezirks würde auch hierin nicht Wandel schaffen.

Als eidgenössischer Inspektor, der die Umsetzung der eidgenössischen Gesetze zu überwachen hatte, konnte er nicht akzeptieren, dass aufgrund mangelhafter Umsetzung der Jagdgesetze ein Bannbezirk verlegt werden sollte. Als Vertreter der Rechtsnorm wollte er sich nicht von der Rechtspraxis beeinflussen lassen. Einzig vertretbare Argumente wären für ihn veränderte Bedürfnisse und Verhaltensweisen der – von ihm gesetzlich zu schützenden – Wildtiere gewesen. Dick fügte noch an, dass Obwalden als Kanton zu klein sei, um ein anderes, für die Gämsen geeignetes Gebiet als Bannbezirk bezeichnen zu können. Erst wenn auch die anderen, an Obwalden angrenzenden Kantone Uri, Nidwalden, Bern oder Luzern ihre Bannbezirke verändern wollten, könne eine neue Kombination gefunden werden. Kurz: Der Forderung Obwaldens, den Bannbezirk von Nidwalden weg zu verlegen, wurde nicht entsprochen. Inspektor Dick forderte den Bundesrat immerhin auf, in Nidwalden vorstellig zu werden und dort «um gerechtere Handhabung der Strafgesetze» nachzusuchen.

Trotz dieser Absage forderte Polizeidirektor Seiler auch im nächsten Jahr 1898 unverdrossen eine Verlegung des Bannbezirks. Die Argumente von Seiler blieben die gleichen, waren aber pointierter formuliert:

> Vielmehr äussert unser Wildhüter wiederholt den Verdacht, dass der Wildhüter Nidwaldens selbst dem Jagdfrevel huldige.

Bern antwortete mit dem Hinweis, die Kosten des Kantons für die Wildhut seien so gross gar nicht und der eidgenössische Bannbezirk werde frühestens 1901 verlegt.[87]

Die Obwaldner Regierung beschwerte sich nicht nur in Bern, sondern auch direkt in Nidwalden. Nidwalden reagierte auf diese Anschuldigungen seinerseits mit Kritik an der obwaldnerischen Wildhut. Der Nidwaldner Polizeidirektor führte Ende 1898 eine Untersuchung durch, d.h., er befragte den eigenen Wildhüter. Der nidwaldnerische Wildhüter Christen aus Wolfenschiessen, der Adam Waser unterdessen im Amt abgelöst hatte, protestierte energisch gegen Vorwürfe, dass er seine Pflichten nicht erfülle. Die einzigen Wilderer, die er entdeckt hatte, hätten sich jeweils nach Obwalden zurückgezogen, d.h., sie seien Obwaldner gewesen. Wildhüter Christen belegte, wie häufig er im Banngebiet Streiftouren unternommen hatte, und er warf dem Obwaldner Wildhüter Durrer vor, sich seinerseits selten im Freiberg aufzuhalten. Wildhüter Christen habe ihn trotz vorheriger Verabredungen nur selten angetroffen. Die Nidwaldner Regierung wünschte von der Obwaldner Regierung, die beiden Wildhüter müssten sich häufiger treffen und gemeinsam gegen die Wildfrevler vorgehen.[88]

Werner Durrer wies den Vorwurf, sich zu wenig im Bannbezirk blicken zu lassen, aufs Schärfste zurück. Dem nidwaldnerischen Wildhüter dürfe man keinen Glauben schenken, da es die Nidwaldner Regierung für gut befunden habe, «einen vorbestraften Wilderer als Wildhüter anzustellen». Werner Durrer erklärte, weshalb er sich nicht mehr mit dem Kollegen aus Nidwalden treffen wolle:

> In den Vorjahren haben wir öfters gegenseitig Tag, Stunde und Stelle bestimmt, um einander zu treffen. Leider aber wurde diese Gelegenheit von Nidwaldner-Jägern dazu benutzt, in entfernteren Gegenden von unserm Zusammenkunftsort, zu wildern. Von da an schenkte ich dem Wildhüter von Nidwalden kein Zutrauen mehr und beabsichtigte, mit demselben nicht mehr zusammenzutreffen.

Polizeidirektor Seiler vertraute dem eigenen Wildhüter und rapportierte die Anschuldigung nach Bern. Das Verhältnis der beiden Kantone in der Frage der Wildhut könne in den Jahren zwischen 1895 und 1899 kaum miserabler gewesen sein. Jeder Fall von Wildfrevel, bei dem die Spuren der Wilderer von Nidwalden her kamen oder bei dem die Jäger nach Nidwalden flohen, bestätigte das Misstrauen und die Vorwürfe der Obwaldner Regierung gegenüber Nidwalden – und umgekehrt.[89]

Werner Durrer zeigte sich in den Jahren nach 1894 ausserordentlich eifrig und wachsam bei der Verfolgung von Wildfrevlern. Jedes Jahr entdeckte und verfolgte er oder einer seiner Söhne mehrere Male Wilderer, die meist von Nidwalden her gekommen waren. Werner Durrer hatte sogar damit begonnen, Wildfrevel ausserhalb der Bannbezirke zu verfolgen, «weil er die Wahrnehmung machen musste, dass auch in den erlaubten Jagdregionen zu verbotener Zeit Jagd auf Gämsen gemacht werde». Gemäss seiner Pflichten hätte er sich nur um den Bannbezirk kümmern müssen. Polizeidirektor Seiler war jedes Jahr des Lobes voll für Werner Durrer. Er beschrieb ihn als zuverlässig, pflichtgetreu, fleissig, umsichtig, er rapportiere prompt und führe sein Tagebuch sehr genau und ausführlich und unternehme lange und intensive Streiftouren.[90]

Zwischen 1895 und 1899 wurden zweimal Schüsse auf Werner Durrer abgegeben. 1897 geriet Werner Durrer in eine Schiesserei mit nidwaldnerischen Wilderern. Als er sich vier von Nidwalden her kommenden Wilderern näherte, schossen diese aus einer Entfernung von 600 Metern auf ihn. Die Kugeln sind kurz vor ihm in den Boden gegangen. Durrer schoss drei Schüsse zurück, worauf die Wilderer «sich schnell entfernten und versteckten». Anfang September 1899 geriet Werner Durrer wieder in eine Schiesserei. Die Wilderer schossen auf den verfolgenden Wildhüter, ehe sie sich davonmachten und fliehen konnten.[91]

Neben den üblichen Beobachtungen von Wildfrevel, bei denen die Wilderer unerkannt entkommen konnten, glaubten Werner Durrer und sein Sohn Josef je einmal, den Wilderer zu erkennen. Josef glaubte einen mit Bart maskierten Wilderer an seinem Gang und seiner Postur wiederzuerkennen: Adolf Scheuber. Eine Anzeige kam aber nicht zustande. In einem anderen Wilderer meinte Werner Durrer einen Obwaldner zu erkennen und verzeigte ihn. Der Betroffene konnte aber ein Alibi erbringen und verzeigte seinerseits Werner Durrer wegen Verleumdung. Polizeidirektor Seiler empörte sich sehr über die Klage: Es müsse hart sein für einen Wildhüter, aufgrund einer Anzeige selber verklagt zu werden, gerade weil Durrer nicht die Absicht habe, «gegen jemanden Unrecht zu thun». Zu Beginn des Jahres 1899 gelang es Otto Durrer, dem zweitältesten Sohn Werner Durrers, zwei Obwaldner zu überführen: Bernhard Furrer und den bereits einmal von Werner Durrer überführten Melchtaler Peter Röthlin.[92]

Der Wildhüter Feierabend aus Engelberg dagegen konnte in diesen Jahren keine Anzeigen vorbringen, sondern berichtete nur von einigen Beobachtungen. Polizeidirektor Seiler schenkte diesen Angaben kein Vertrauen mehr. Erstaunt notierte er, der Engelberger Gemeindepräsident glaube immer noch, Feierabend sei seinen Pflichten richtig nachgekommen. Polizeidirektor Seiler bemerkte, Feierabend jage zwar Raubtiere, aber «mehr Thätigkeit und energisches Auftreten wären entschieden zu wünschen». Die Beobachtungen von Wildhüter Feierabend sind tatsächlich einiges knapper als diejenigen von Werner Durrer. Seine Leistungen fielen in den Augen seines Vorgesetzten im Vergleich zu Wildhüter Durrer stark ab. Seit sein Lohn entsprechend dem verkleinerten Bannbezirk 1893 verkleinert worden war, brachte er keine Anzeigen mehr vor und verlegte sich mehr auf das Erlegen von Raubwild. Ende 1899, kurz nach dem Mord an seinem Amtskollegen Durrer, zogen Polizeidirektor Seiler und der Obwaldner Regierungsrat die Konsequenzen. Sie entliessen Feierabend aus dem Dienst. Gegenüber Bern begründete Seiler diesen Entscheid damit, dass sich Feierabend in seinem Dienst nachlässig gezeigt habe und trotz wiederholter Mahnungen seiner Vorgesetzten nicht gegen den Jagdfrevel eingeschritten sei:

Anzeigen von Belang konnte derselbe dem Departement keine übermitteln.

Im letzten Satz spiegelt sich die Ansicht des Polizeidirektors, wonach die Hauptaufgabe eines Wildhüters das Überführen von Wildfrevlern ist. Besonders war Seiler aufgestossen, dass sogar die lokale Presse über Wildfrevel berichtet hatte, ohne dass Wildhüter Feierabend eine Anzeige erbracht hätte.[93]

Im Herbst 1899 spitzten sich die Auseinandersetzungen zwischen Obwalden und Nidwalden, insbesondere zwischen dem Obwaldner Wildhüter Durrer und dem Nidwaldner Wildhüter Christen, noch weiter zu.

Nidwaldner Wildhüter unter Verdacht im Herbst 1899

Am 21. September 1899 antwortete der nidwaldnerische Polizeidirektor Flüeler auf die wiederholten Anschuldigungen Obwaldens. Er sandte der Polizeidirektion Obwalden die Kopie eines Rapports von Wildhüter Christen mit der Bitte, «diesem Treiben im Bannberg nach Möglichkeit abzuhelfen». Flüeler verlangte spitz, falls denn ein gemeinsames Vorgehen überhaupt «genehm» sei, von Obwalden einen Vorschlag. Wildhüter Christen hatte rapportiert, dass er am 18. September drei maskierte Wilderer entdeckt hatte, die von Obwalden her gekommen und auch wieder nach Obwalden geflüchtet waren. Als er diese bis nach Gruobi in den obwaldnerischen Freiberg verfolgt hatte, vernahm er weitere Schüsse, kehrte nach Nidwalden zurück und sah, wie zwei weitere maskierte Wilderer vor ihm flohen. Der eine nach Nidwalden, der andere nach Obwalden. Schliesslich seien 18 Gämsen «ganz ratlos und ängstlich» an ihm vorbeigesprungen.[94]

Polizeidirektor Seiler informierte zunächst Wildhüter Werner Durrer über diesen Vorfall. Der wiederum befragte Obwaldner Alphirten, die ihm ihre Sicht der Ereignisse am 18. September bereitwillig schilderten. Ein Alphirte hatte beobachtet, dass die Wilderer zuerst von Nidwalden her nach Obwalden gekommen waren und schliesslich auch wieder nach Nidwalden zurückgekehrt seien. Demnach waren die Wilderer eigentlich Nidwaldner und in den Augen von Werner Durrer und Polizeidirektor Seiler die Angelegenheit wieder eine Angelegenheit Nidwaldens. Ein Vorschlag zu einem gemeinsamen Vorgehen wurde entsprechend nicht gemacht. Aber Wildhüter Durrer nutzte die Gelegenheit, auf weitere Fälle zu verweisen, bei denen im Nidwaldner Bannbezirk beziehungsweise von Nidwaldnern im Obwaldner Bannbezirk gewildert worden sei. Er kam in seinem Rapport zum Schluss:

> Es zeugt sich also, dass im Nidwaldner Freiberg ein energischer Wildhüter und einige zuverlässige Gesellen von grosser Nothwendigkeit wären.

Ein unterdessen bekannter Vorwurf. Werner Durrer muss gegenüber seinem Nidwaldner Kollegen eine ziemliche Verbitterung empfunden haben. Er erlaubte sich am Ende seines Rapports die zynische Bemerkung:

> Dass dem Wildhüter Christen die Gemsen ängstlich vorbeifliehen, wie es im Rapport heisst, ist leicht glaublich und hat wohl einen guten Grund.[95]

Aufgrund der in diesem Rapport erwähnten Fälle von Wilderei wurde zu einem späteren Zeitpunkt ein Obwaldner Alphirt verhört. Der Alphirt schilderte, dass im August drei Wilderer – offenbar Nidwaldner – mit einer Gämse an seiner Hütte vorbeigekommen seien und dass diese sogar

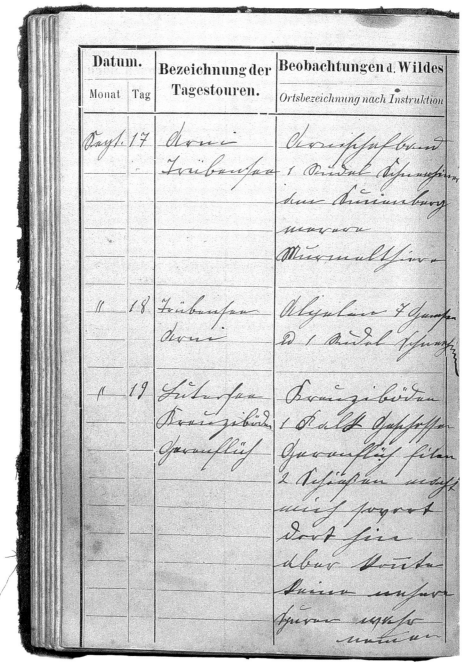

Datum.		Bezeichnung der Tagestouren.	Beobachtungen d. Wildes
Monat	Tag		*Ortsbezeichnung nach Instruktion*
Sept.	17	*Roni*	*Tranchsbrand*
		Trübenbach	*1 Rudel Schwarz-*
			den Sinienberg
			warere
			Murmelthiere
	18	*Trübenbach*	*Alpelen 7 Gamsen*
		Roni	*ed 1 Rudel Schwarz*
	19	*Litterben*	*Kreuzibödm*
		Kreuzibödm	*1 Kalb Gesch.*
		Gerenfluh	*Gerenfluh hatte*
			2 Schüssen und
			mich gegrt
			dort hin
			aber konte
			kiner unser
			spuren nicht
			werer

Seite aus dem Wildhüter-
tagebuch von Anton
Christen aus dem Jahr
1895.
Anton Christen trug darin
seine Beobachtungen ein
wie viele Gämsen und
andere Wildtiere er
beobachtet hatte, welche
Raubtiere er erlegt hatte
und nicht zuletzt, ob er
Wildfrevel hatte feststellen
können, wie die unter dem
19. Sept. erwähnten
beiden Schüsse zeigen.

August Christen fand das
Wildhütertagebuch seines
Grossvaters im Herbst
1999 beim Umbau des
älteren Hauses in der
Sommerau, versteckt im
Täfer. Privatbesitz,
August Christen,
Wolfenschiessen.

70

Aus dem Polizeirapport von Werner Durrer an die Polizeidirektion Obwalden, Nr. 13, 27. Sept. 1899: «Es zeugt sich also, dass im Nidwaldner Freiberg ein energischer Wildhüter und einige zuverlässige Gehilfen grosse Nothwenigkeit wären. – dass dem Wildhüter Christen die Gemsen ängstlich vorbeigehen, wie es im Rapport heisst ist leicht glaublich und [hat] wohl seinen guten Grund. – Hochachtungsvoll

per Werner Durrer
Wildhüter
dessen Sohn»

StAOW 616a,
Wildhüter Christen, 1899.

«Lebet wohl» gerufen hätten. Er scheint dies als Affront empfunden zu haben, und als einige Tage später der Nidwaldner Wildhüter an seiner Hütte vorbeikam, habe er ihm vorgehalten, «es hätten Nidwaldner auf unserem Gebiete geschossen», worauf derselbe erwidert habe:

> Säb wisse er schon.

Der Alphirt warf dem Nidwaldner Wildhüter vor, dass Nidwaldner in Obwalden jagen. Interessant ist auch die Bemerkung «auf unserem Gebiet», eine Bezeichnung, die auf eine Solidarität mit dem «eigenen» Kanton und dem «eigenen» Wildhüter schliessen lässt. Die Querelen rund um die Jagd im Bannbezirk waren nicht nur eine Angelegenheit der beiden Regierungen und ihrer Beamten. Auch ein Alphirt engagierte sich, wenn Kantonsfremde im eigenen Bannbezirk illegal jagten. Ob dies bei kantonseigenen Jägern auch der Fall war, ist zumindest fraglich. Aber die Denunziation durch den Alphirten ist kein Einzelfall, auch andere Einzelpersonen informierten die Behörden über vorgekommenen Wildfrevel.[96]

Am 29. September, acht Tage nach dem ersten Schreiben, traf eine weitere Meldung der Polizeidirektion Nidwalden bei Polizeidirektor Seiler ein. Wildhüter Christen habe gleichentags zusammen mit seinem Gehilfen im Freiberg an der Obwaldner Grenze zwei Wilderer entdeckt. Die Wilderer hätten sogleich auf Christen und seinen Begleiter geschossen, die Schüsse seien kurz vor ihnen in den Boden gegangen. Im Nebel hätten die beiden Wilderer entkommen können, und da kein Schnee lag, konnten sie nicht weiter verfolgt werden. Am nächsten Tag vervollständigte Polizeidirektor Flüeler seinen Bericht und bat Obwalden höflich, Nachforschungen in Obwalden, insbesondere in Engelberg zu betreiben. Diesmal unterliess Flüeler die spitzen Bemerkungen. Es schien dieses Mal um mehr zu gehen als um gegenseitige Schuldzuweisung. Polizeidirektor Flüeler betonte:

> Der Fall ist um so wichtiger, weil auf den Wildhüter geschossen worden und von Glück zu reden ist, dass derselbe nicht getroffen worden ist.[97]

Polizeidirektor Seiler nahm die Sache in der Tat ernst und beorderte sogleich Wildhüter Werner Durrer nach Sarnen, wo sich die beiden am nächsten Tag trafen. Durrer hatte sich bereits mit der Angelegenheit befasst und wusste eine andere Geschichte zu erzählen.

Zwei Obwaldner aus Melchtal waren dem Wildhüter Christen am besagten 29. September auf der Alp Lutersee begegnet. Als sie bei der Alphütte mit Wildhüter Christen und seinem Gehilfen Remigi Christen zusammentrafen, hatte Wildhüter Christen eine frisch geschossene Gämse bei sich. Hegeabschüsse, welche den Wildhüter ermächtigt hätten, im eigenen Bannbezirk Gämsen zu schiessen, waren in den damaligen Jagdordnungen noch nicht vorgesehen. Sogar vom Schiessen von Raubtieren im Bannbezirk musste der Bundesrat in Kenntnis gesetzt werden. Wildhüter Christen begann also den beiden Obwaldnern zu erklären, wie er zu der frisch geschossenen Gämse gekommen war. Die beiden Melchtaler schilderten diese Begegnung einige Wochen später in einer Deposition gegenüber Verhörrichter Omlin, hier die Aussage von Franz Fenk:

> Wildhüter Christen zeigte sich sehr aufgebracht, zog über die Obwaldner Jäger hinunter und erklärte auch, dass heute einige Obwaldner Jäger in der Nähe der Oberteil Luterseehütte eine Gemse geschossen und dieselbe im Stiche gelassen, es sei auch gegenseitig geschossen worden, da aber auf einmal der

Nebel gekommen, hätten sie die Wilderer nicht mehr gesehen. Wildhüter Christen erklärte aber, diesmal werde er die Obwaldnerjäger erwischen, die entgehen ihm nicht. Mit dem Obwaldner Wildhüter sei es auch nichts mehr, nachdem er einmal die verrückten Scheuber bekommen habe, (/) Er dürfe auf keinen Grad mehr hinauf. Ueberhaupt hat uns Wildhüter Christen allzu wüst getan und desshalb zweifelten wir an der Richtigkeit seiner Aussagen und machten daher auch dem Melchthaler Wildhüter davon Anzeige.

Die Aussage von Alfred Michel stimmt inhaltlich mit derjenigen von Franz Fenk überein. Er erwähnt zusätzlich, dass Wildhüter Christen die Obwaldner als die «obern Cheiben» beschimpft habe, und dass er vermute, «Wildhüter Christen und sein Gefährte wollen sich mit ihren Aussagen herausbeissen, da wir ihnen offenbar ungelegen gekommen waren».

Wie es scheint, kannten die beiden Melchtaler die Auseinandersetzung zwischen Durrer und Christen, vermutlich war ihnen zusätzlich aufgestossen, dass die Obwaldner als die «obern Cheiben» beschimpft worden waren. Zurück in Melchtal berichteten sie die Begebenheit jedenfalls sogleich Werner Durrer. Dieser brach am frühen Morgen des 30. September zusammen mit Alfred Michel nach Lutersee auf, um die Angaben von Wildhüter Christen zu überprüfen. Im Schnee konnten die beiden die Spuren des Wildhüters und seines Gefährten im nidwaldnerischen Bannbezirk verfolgen. Christen hatte in seinem Rapport am 29. September 1899 dem widersprechend angegeben, er hätte die Spuren der Wilderer nicht verfolgen können, da dort kein Schnee gelegen sei. Sie suchten das gesamte Gebiet ab, in dem die Begegnung mit den obwaldnerischen Wilderern hätte stattfinden sollen. Sie fanden sogar die Stelle, wo die geschossene Gämse ausgeblutet war, aber irgendwelche anderen Fussspuren als diejenigen des Wildhüters von Nidwalden und seines Gehilfen konnten sie keine ausmachen. Durrer kam so am 1. Oktober gegenüber Polizeidirektor Seiler zum Schluss, «dass keine anderen Wilderer am 29. September den Bannberg bei Lutersee durchstreiften als eben der Wildhüter von Wolfenschiessen selber».[98]

Dank der Unterstützung durch Franz Fenk und Alfred Michel aus Melchtal war es Werner Durrer endlich gelungen, den Beweis zu erbringen, dass der Nidwaldner Wildhüter Christen selbst illegal auf die Jagd ging. Denselben Verdacht hatte er bereits gegenüber Christens Vorgänger Waser geäussert. Für seine Vermutungen hatte er aber all die Jahre keine Beweise erbringen können. Polizeidirektor Seiler nahm diese Angaben zum 29. und 30. September bereitwillig zu Protokoll und berichtete den Vorfall anschliessend nach Bern. Für Werner Durrer und für die beiden Melchtaler war klar, dass der nidwaldnerische Wildhüter am 29. September die Gämse selber erlegt und der Nidwaldner Regierung mit der Beschuldigung von Obwaldner Jägern «einen ‹Bären› aufgebunden» hatte, um sich selbst zu decken. Durrer wünschte, dass «angesichts dieser Tatsachen gegen den nidw. Wildhüter [Christen] ein Untersuch eingeleitet werde».

Drei Tage nach Werner Durrers Rapport, am 4. Oktober 1899, begegnete sein Sohn Otto dem Nidwaldner Wildhüter, dieses Mal im obwaldnerischen Bannbezirk. Otto Durrer berichtete, Christen sei verkleidet gewesen und habe sich in Begleitung eines Jägers und eines Jagdhundes befunden.[99]

Wildhüter Christen sah die Angelegenheit von einer anderen Seite. Für ihn handelte es sich um einen Vergeltungsakt der Obwaldner Wilderer, die er am 18. September entdeckt haben wollte. Gegenüber seinem Vorgesetzten formulierte er seine Ansicht folgendermassen:

Meine etwas verbreitete Bemerkung das bei der unterm 18. Herbstmonat gemachten Diensttour sich Wilderer nach der Richtung auf Obwaldnergebiet geflüchtet haben, hat in dort wie es scheint Staub aufgeworfen, desshalb wurde aus Rache der Unterzeichnete verdächtigt. Es scheint dass die in der Sache

jnteressierten Obwaldner, Anspruch auf den Inhalt des Sprichwortes [manen,] «was der Bok von sich
selber weis mutet er auch zu der Geiss.
Ich habe jedesmal wenn ich die Wilderer namhaft machen konnte, getreulich Anzeige gemacht u. die
Fehlbaren sind dann auch gestraft worden.[100]

Eine strafrechtliche Untersuchung gegen Wildhüter Christen kam nicht zustande. Es finden sich
keine weiteren Akten, die auf ein Gerichtsverfahren oder gar ein Urteil hindeuten würden. Weshalb kein Verfahren eingeleitet wurde, wird aus den Akten nicht klar. Wahrscheinlich kam das
Gerichtsverfahren nicht zustande, weil die Beweise für eine Verurteilung vor Gericht nicht aus-
gereicht hätten. Wildhüter Durrer und Alfred Michel hatten nur die Spuren im Schnee gesehen
und keinen tatsächlich auf Gämsen schiessenden Wildhüter Christen. Als vollgültiger Zeugenbeweis vor Gericht galt nur eine Zeugenaussage aus eigener Erfahrung oder Anschauung, nicht
aber Schlüsse aus nicht unmittelbar eigener Erfahrung. Die Spuren im Schnee auf Lutersee waren
unterdessen geschmolzen. Die Angaben wurden nur in einem Aktenauszug zusammengestellt
und als Zusammenfassung nach Bern gesandt. Am Ende dieses Aktenauszugs steht in roter Tinte
die Notiz:

Am 14. Oct. 1899 wurden Wildhüter Werner Durrer und sein Sohn Josef Durrer auf der Grubialp
erschossen aufgefunden.[101]

Unterschiedliche Handhabung der Wildhut

Durch die Akten von und über die Wildhüter – Durrer und Feierabend von Obwalden, Waser
und Christen von Nidwalden – erkennt man unterschiedliche Möglichkeiten, die Wildhut zu
handhaben.

Werner Durrer betrieb die Wildhut sehr engagiert und im Sinne der gesetzlichen Vorgaben. Was
seinen Vorgesetzten freute, geschah aber sehr zum Leidwesen der Wilderer, und auch zum Ärgernis
seines Obwaldner und seiner beiden Nidwaldner Kollegen. Man beklagte sich entsprechend über
die Strenge von Werner Durrer. Auch wurden gegen ihn von bereits bestraften Wilderern wiederholt massive Drohungen ausgestossen. Durrer machte sich in gewissen Kreisen sehr unbeliebt,
indem er seinen Dienst überaus gewissenhaft versah. Dies mag erklären, weshalb er immer wieder
in Schiessereien verwickelt wurde. Mit dem Hass auf Werner Durrer hat die Bereitschaft, auf ihn zu
schiessen, offenbar zugenommen. Er liess sich aber von den Drohungen nicht einschüchtern, sondern betrieb seinen Dienst im gleichen Stil, wenn nicht umso verbissener, weiter.[102]
Der Wildhüter Feierabend von Engelberg handhabte sein Amt anders. Nachdem er zwei Fälle von
Wildfrevel erfolgreich hatte zur Anzeige bringen können, wurde sein Lohn und sein Revier verkleinert. Seitdem erlegte er im Bannbezirk Raubwild, berichtete gegenüber seinen Vorgesetzten
regelmässig von einigen Beobachtungen, brachte aber nie mehr eine Anzeige vor und nahm auch
niemanden mehr fest. So konnte er sich zwar Scherereien mit den Wilderern ersparen, verlor aber
das Vertrauen seiner Vorgesetzten und schliesslich sogar seine Stelle, gerade weil seine Leistung
hinsichtlich erfolgreicher Anzeigen gegen Wilderer im Vergleich zu Werner Durrer um einiges
abfiel und weil unabhängig von ihm von Wildfrevel in Engelberg berichtet wurde.
Oder – schenken wir den wiederholten und detaillierten Berichten von Werner Durrer Glauben –
die Wildhut wurde betrieben, wie es die Wildhüter Waser und dann Christen von Nidwalden taten.

Sie liessen die Wilderer gewähren. Unter Waser konnten sie in einer Alphütte im Bannberg ihr Lager aufschlagen. Oder sie gingen sogar selber auf die illegale Jagd, die sie hätten verfolgen sollen. Christen wurde schliesslich von Durrer mit der Anzeige konfrontiert, im eigenen Bannbezirk eine Gämse geschossen zu haben.

In den Akten der Obwaldner Behörden wird die Art und Weise, wie Wildhüter Durrer die Wildhut betrieb, sehr gelobt. Gleichzeitig werden Feierabend und Christen immer schärfer kritisiert. Es handelt sich dabei um eine einseitige Perspektive auf die Wildhüter, die Sicht des Staates und seiner Vertreter, die es sich zur Aufgabe machen, die Gesetze umzusetzen, und die bei der Erfüllung ihrer Aufgabe die zitierten Akten produzieren. Vor allem ist die Sicht einseitig, da zur Wildhut fast nur die Akten aus Obwalden vorliegen. Seit der Einführung des eidgenössischen Jagdgesetzes, der Einrichtung von Bannbezirken und der Anstellung professioneller Wildhüter waren erst knapp zwanzig Jahre vergangen. Die konkrete Umsetzung der gesetzlichen Vorgaben stiess konkret auf massiven Widerstand. Das zeigt sich an den Drohungen und Schüssen, denen Werner Durrer ausgesetzt war. Wie sich die Wildhüter mit dem Widerstand zu arrangieren hatten, mit dem sie konfrontiert waren, ist in den Akten kein Thema. Die Wildhüter Feierabend, Christen und Waser zeigen gemäss den Angaben von Werner Durrer und Polizeidirektor Seiler eine «andere» Handhabung der Wildhut, nicht unbedingt oder überhaupt nicht im Rahmen der gesetzlichen Vorgaben. Wie sah denn die «andere» Handhabung der Wildhut aus, wie wurde sie praktiziert, wie wurde sie von den Betroffenen bewertet?

Im Buch über das Jagdwesen in Nidwalden von 1911 schildert Alfred Jann detailliert eine solche «andere» Wildhut. Nach der minutiösen und quellenkritisch fundierten Aufarbeitung der Geschichte des Jagdwesens erzählt Jann am Ende seines Buches ein paar Jagdgeschichten. Eine dieser Geschichten handelt von einer beinahe tödlichen Begegnung zwischen einem Nidwaldner Wildhüter und einem kantonsfremden Wilderer. In Form eines Briefes soll der betreffende Wildhüter die Begebenheit «einem Freunde in Stans über den Ozean mitgeteilt» haben. Wer dieser Wildhüter war, wann diese Begegnung sich zugetragen haben soll und ob sie überhaupt so stattgefunden hat, ist unklar. Dass der Brief und die Geschichte überhaupt der Feder und der Fantasie von Jann entstammen, ist sehr wohl möglich. Jedenfalls zeigt Jann mit dieser Geschichte modellhaft eine Alternative zur gesetzestreuen Handhabung der Wildhut, die im Interesse des Wildschutzes mehr erreichen würde als eine Wildhut nach dem Buchstaben des Gesetzes:

> Will dir hier eine Erfahrung aus meinem Leben mitteilen, die bis dahin mein Geheimnis war, aber auch mein Lebtag nicht vergessen werde, – Indem ich als Wildhüter von Nidwalden das Schutzgebiet Wallenstöcke durchstreifte, entdeckte ich einmal auf grosse Entfernung einen Wilderer. Ich ging (/) näher und betrachtete ihn durch mein Perspektiv und sah gleich, dass ich keinen Sonntagsjäger, sondern einen urchigen Gemsjäger vor mir hatte. Obgleich ich diesen Mann bevor nicht gesehen, so erkannte ich ihn doch, nach den Beschreibungen meiner Detektiven. Ich hatte nämlich auf eigene Kosten zwei Geissbuben als solche instruiert. Diese hatten wieder mit andern Geissbuben bis über die Grenze des Kantons hinaus Verbindung und so leisteten sie mir vortreffliche Dienste. –
> Ich ging nun an eine Stelle, wo der Wilderer durchkommen musste, setzte mich, legte Gewehr und Sack neben mir auf den Boden und rauchte eine Pfeife. Meine Absicht war, vis-à-vis mit ihm zu sprechen und dann sehen, was ich weiters tun könne. – Auf wenige Schritte Entfernung erblickte er mich und – Erschrecken und das Gewehr auf mich anlegen war das Werk einer Sekunde. -- Ich weiss nicht wie es kam, ich lachte ihm in's Gesicht und sagte: Nur nit so pressieren mit schiessen, komm setz dich zu mir – wir wollen doch zuerst miteinander reden. Mein Lachen brachte ihn zur Besinnung und da er sah, dass ich keine Miene machte, mein Gewehr zu ergreifen, liess er sein Gewehr sinken, stellte es mit noch gespanntem Hahnen an einen Stein und setzte sich mir gegenüber. – Ja, sagte er, ich weiss,

dass du der Wildhüter von Unterwalden bist und wenn du schussfertig da gewesen wärest, oder auf das Gewehr gegriffen hättest, um mich zu fangen, so würde ich dich schnell erschossen haben. – Warum hättest du das getan? fragte ich. – Will nicht haben, dass mich Einer wegen einem Tag Vergnügen unglücklich macht und mich wie ein Räuber ins Gefängnis führt und dass mir nachher jeder Schlingel Zuchthäusler nachrufen könnte. Auf diese Antwort sagte ich scharfen, gemessenen Tones: Ich will auch nicht haben, dass du unglücklich wirst – will aber haben, dass du nicht mehr in's Schutzgebiet auf die Jagd gehst. Eine lange Pause folgte – meine Augen hafteten scharf auf den seinen – seine Gesichtsfarbe wechselte beständig, endlich sagt er: ich verspreche es. – Und ich verspreche, zu schweigen – hier die Hand dafür – und er schlug ein. (/) Warne auch deine Kameraden! und er antwortete: ich will es thun. – Nach einer Weile ergriff er sein Gewehr, legte den Hahn (welcher noch gespannt war) in die Ruh, hängte es an die Schulter, gab mir zum Abschied seine zitternde Hand und sagte: Ich hätte dich doch erschossen und jetzt fühle ich, dass ich Unrecht getan hätte, d'rum nit für ungut. – Erst jetzt erkannte ich die Gefahr, denn ein unwillkürliches Greifen nach meinem Gewehr oder ein furchtsames Schweigen hätte mir das Leben gekostet. – Dieser Wilderer war ein urchiger Gemsjäger, sonst ganz respektabler Mann, und ich wusste nachher, dass er Wort hielt und auch andere Wilddiebe warnte. Mit diesem glücklichen Ausgange meines erlebten Abendteuers hatte ich im Jnteresse des Wildschutzes mehr erreicht, als wenn es mir wirklich gelungen wäre, diesen Wilderer zu arretieren. (…)

Der Wilderer hätte den Wildhüter beinahe erschossen, doch nur durch das wohlwollende Auftreten des Wildhüters, ohne drohende Geste und schliesslich mit dem Vorschlag auf einen Handel ausserhalb des Gesetzes wird der Mord eines Wilderers an einem Wildhüter verhindert. Grundlage des Einverständnisses, das am Schluss zwischen Wilderer und Wildhüter besteht, ist eine faire Abmachung zwischen Männern. Diesen Handel kann man als «Gentlemen's agreement» beschreiben: Ehrenmänner – mit Gewehren – regeln ihre Angelegenheiten am besten unter sich und vertrauen dabei gegenseitig auf ihr Wort. Sie hätten sich erschiessen können, aber nach Abschluss des Handels erkennt der Wilderer Mord als Unrecht. Entscheidend dafür, dass kein Mord geschieht, ist das Verhalten des Wildhüters. Hätte er sich verhalten wie Wildhüter Durrer, so die Logik der Geschichte, wäre er erschossen worden. Die Anspielung auf den Mord von 1899 ist nicht zu überhören. Die Geschichte gibt sogar den Grund für die Gewaltbereitschaft des Wilderers an. Dieser sei sonst ein «ganz respektabler Mann» und wollte nicht wie ein Räuber ins Gefängnis abgeführt und «Zuchthäusler» genannt werden. Der Verweis auf die Ehre des Mannes und die entehrenden Konsequenzen eines Gefängnisaufenthaltes erinnern unmittelbar an den Brief der Angehörigen von Adolf und Konrad Scheuber anlässlich ihrer Untersuchungshaft Ende 1894. Die Angehörigen beantragten eine Entlassung aus der Untersuchungshaft. Sie unterschieden zwischen Verbrechen und Vergehen, wobei ein Gefängnisaufenthalt nur bei einem Verbrechen angemessen sei und keinesfalls bei einem blossen Vergehen wie dem Wildfrevel. Ein Gefängnisaufenthalt, und sei es auch nur in Untersuchungshaft, wird sowohl im Brief der Angehörigen wie auch in der Geschichte von Jann als entehrend empfunden. Der sonst respektable Mann wäre sogar bereit gewesen, einen Mord zu begehen, um seine Ehre zu wahren. In der Geschichte von Jann wird der Wilderer nicht entehrt, im Gegenteil: Wie ein Ehrenmann hält er anschliessend sein Wort und jagt nicht mehr im Banngebiet des betreffenden Wildhüters. Die Gämsen im Banngebiet wie auch die Ehre des Wilderers bleiben gerettet. Ungeklärt und offen bleibt in diesem ehrenhaften Handel zwischen Wilderer und Wildhüter nur, wo denn der Wilderer von da an auf die Jagd ging. Er jagte nicht mehr im Jagdbannbezirk des betreffenden Wildhüters. Das muss nicht bedeuten, dass er überhaupt nicht mehr auf die Jagd ging, sondern vielleicht im Jagdbannbezirk eines anderen Wildhüters.[103]

Hier stellt sich die Frage, wie «normal» das illegale Jagen zur damaligen Zeit war. War das Jagen einfach eine alte Gewohnheit, der auch nach Einführung der eidgenössischen Bannbezirke wie vordem nachgegangen wurde? Dann hätte Werner Durrer durch sein getreues Verzeigen von Jagdfrevel einer althergebrachten und allgemein akzeptierten Praxis den Krieg erklärt und die Zunahme der rapportierten Wildererfälle im Herbst 1894 und im Herbst 1899 wäre nicht auf tatsächliche Zunahme des Wilderns, sondern auf noch genauere Wildhut Werner Durrers zurückzuführen. Wildern war damals offenbar eine verbreitete Tätigkeit. Noch in den 1930er und 1940er Jahren wurde das Wildern zum Beispiel von allen Mitgliedern eines Bauernhofes gemeinsam betrieben, indem Füchse gejagt und die Erlöse aus den Fuchsfellen unter allen Beteiligten aufgeteilt wurden. Sogar von einigen Wildhütern ist bekannt, dass sie in ihrer Jugend vor der Anstellung als Wildhüter selbst unerkannt auf die illegale Jagd gegangen waren.[104]

Es gibt aber auch Hinweise, dass während der Amtszeit Werner Durrers das Wildern tatsächlich überhand genommen hatte. Gemäss den Berichten von Wildhüter Werner Durrer waren die Wilderer in den 1890er Jahren meist in organisierten, kleineren Gruppen unterwegs. Sie getrauten sich im kantonsfremden Gebiet sogar bei Tag offen mit ihren Gämsen vor Alphütten vorbeizumarschieren. Alphirten im Melchtal berichteten selbstständig von kantonsfremden Wilderern. Nicht nur Werner Durrer, der dafür angestellt worden war, sondern auch andere Personen rapportierten also Fälle von Wildfrevel. Der Handlungsspielraum eines Wildhüters war nicht so gross, wie dies die bei Jann beschriebene Begegnung darstellt. Wildhüter Feierabend verlor z.B. seine Stelle, weil lokale Zeitungen und Privatpersonen über Wildfrevel berichteten, die er nicht zur Anzeige gebracht hatte. Hätte Werner Durrer nicht so eifrig die beobachteten Fälle von Wilderei rapportiert, vielleicht wäre seine Stelle wie diejenige von Feierabend ins Wanken geraten, sobald unabhängig von ihm von Wildfrevel im Bannbezirk berichtet worden wäre.[105]

Nicht ausser Acht lassen darf man den wirtschaftlichen Wert einer Gämse, der sie zur lukrativen Beute machte. Die ökonomischen Argumente bei der Einführung der eidgenössischen Jagdgesetze, die «Gewinnsucht» der Jäger, werden nicht aus der Luft gegriffen sein angesichts des Preises einer Gämse von bis zu 100 Franken. Die massive Abnahme der Wildbestände in der zweiten Hälfte des 19. Jahrhunderts hat offenbar den ökonomischen Wert und entsprechend den Marktpreis einer Gämse stark erhöht.

Haben wir es also mit einer tatsächlichen Zunahme des Wilderns oder bloss Zunahme der rapportierten Fälle aufgrund Werner Durrers Amtseifer zu tun? Eine Kombination der beiden Möglichkeiten ist am wahrscheinlichsten. Durrer verfolgte die Jagdfrevler – offenbar im Gegensatz zu Christen, Waser und Feierabend oder zum Wildhüter in der Geschichte von Jann – sehr gesetzestreu. Das illegale Jagen war zwar eine verbreitete Tätigkeit. Aber die Wilderei schien in den 90er Jahren tatsächlich zugenommen zu haben, wohl nicht zuletzt aufgrund der lukrativen Preise für eine Gämse. Das Mass der alltäglichen und tolerierbaren Praxis des Wildfrevels wurde Ende des 19. Jahrhunderts in Obwalden und Nidwalden überschritten.

Ein weiteres Verfahren gegen Adolf Scheuber

Neben dem Verdacht gegenüber dem Nidwaldner Wildhüter Christen hatte sich Polizeidirektor Seiler im September 1899 mit einem weiteren Fall von Jagdvergehen zu befassen. Am 30. August 1899 stellte Adolf Scheuber aus Wolfenschiessen ein Gesuch um ein Obwaldner Jagdpatent:

> Titl. Polizeidirektion,
> Ersuche Sie mir sofort ein Patent auf Obwaldnerische Hochwildjagd per Postnachnahme zu senden. Oder wenn selbes nicht gemacht werden kann zu schreiben, damit ich den Betrag einsenden kann.
>
> Höflichst Grüsst Sie per Adresse
> Adolf Scheuber, Baumeister, Wolfenschiessen, 30.8.1899

Dieser Brief wurde am 1. September, am ersten Tag der erlaubten Jagdzeit, in Stans auf die Post gebracht und traf am 2. September bei Polizeidirektor Seiler in Sarnen ein. In Obwalden mussten Kantonsfremde, die ein Jagdpatent lösen wollten, den Nachweis erbringen, dass sie im eigenen Kanton jagdberechtigt waren. Dem Gesuch von Adolf Scheuber fehlte ein solcher Ausweis. Polizeidirektor Seiler liess Adolf Scheuber amtlich benachrichtigen, dass er ohne entsprechenden Ausweis kein Obwaldner Jagdpatent bekomme. Der Nidwaldner Polizeidirektor Flüeler stellte am 4. September einen solchen Ausweis aus und liess ihn sogleich absenden. Noch am selben Tag kam der Ausweis in Sarnen an.[106]

Gleichzeitig mit dem Ausweis traf bei Polizeidirektor Seiler die Anzeige ein, Adolf Scheuber habe sich bereits in Engelberg auf der Hochwildjagd befunden, und zwar am 1., 2. und 4. September in Begleitung des Engelberger Malers Wilhelm Amrhein. Die Anzeige war verbunden mit der Anfrage, ob denn Scheuber «wirklich ein Patent zugefertigt worden sey oder nicht». Die Anzeige stammte nicht von Wildhüter Feierabend aus Engelberg, sondern von einem ungenannten «Bürger von Engelberg». Seiler stellte Adolf Scheuber daraufhin kein Jagdpatent aus, sondern beschloss:

> Es wird daher gegen Scheuber wegen Ausübung der Jagd ohne Patent Klage gestellt und daher Bestrafung verlangt. Maler Amrhein ist, wenn er verhört wird, auch in der Lage noch weitere Zeugen vorzuführen, wodurch Scheuber der widerrechtlichen Jagd überwiesen werden kann.

Seiler notierte sich noch, Scheuber sei vermutlich einer jener unerkannten Wilderer, von denen Wildhüter Werner Durrer immer wieder berichtete.[107]

Zwei Wochen später wurde der Engelberger Wilhelm Amrhein wegen dieser Angelegenheit von Verhörrichter Omlin als Zeuge verhört. Amrhein gab bereitwillig Auskunft über die Jagd, die er zusammen mit Adolf Scheuber, einem ungenannten Grafen aus Paris und einem weiteren Engelberger namens Carl Hess unternommen hatte. Scheuber sei aber nur der Treiber gewesen. Amrhein strich hervor, er selbst habe sich erkundigt, ob Scheuber denn ein Jagdpatent besitze oder nicht. Scheuber habe ihm gesagt, er habe bei der Polizeidirektion um dieses Patent angefragt und er werde es wohl bald bekommen. Amrhein gab an, sie hätten zunächst keine Gämsen geschossen, aber am 5. September drei Gämsen erlegt.[108]

Verhörrichter Omlin benutzte die Gelegenheit, Wilhelm Amrhein als Zeugen vor sich zu haben, und verhörte Amrhein anschliessend gleich noch als Verdächtigen. Die Polizeidirektion Nidwalden hatte nämlich bereits im letzten Winter, also vor mehr als einem halben Jahr, in Obwalden um eine Untersuchung nachgesucht, da Wilhelm Amrhein ausserhalb der Jagdzeit die Felle von zwei

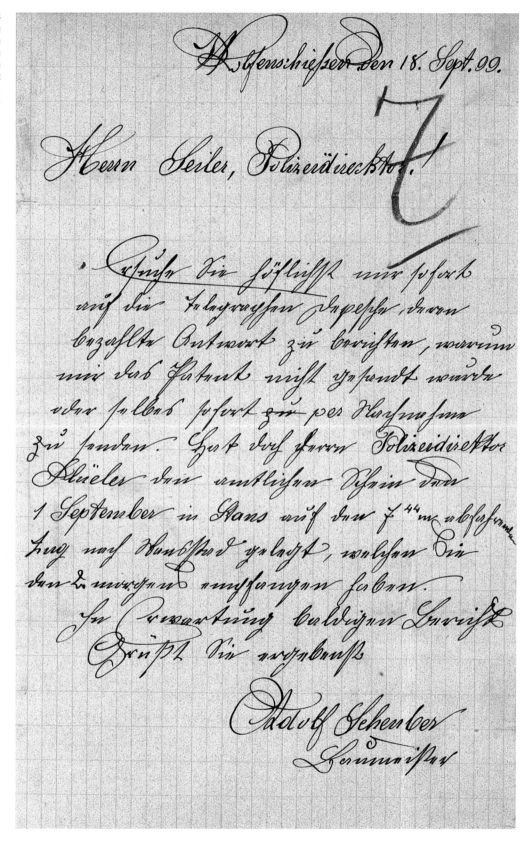

Adolf Scheuber wird zur Verhör nach Sarnen zitie[rt], 12. Okt. 1899. StAOW 616a, Übertretung, 1899.

frisch geschossenen Gämsen nach Wolfenschiessen zum Gerben gebracht habe. Der Verhörrichter von Obwalden kümmerte sich erst bei dieser Gelegenheit um das Nidwaldner Gesuch. Amrhein gab an, die besagten Gämsen damals bei offener Jagd und auf obwaldnerischem Gebiet geschossen zu haben. Von weiteren Schritten seitens des obwaldnerischen Verhöramtes gegenüber dem Gesuch der Polizeidirektion Nidwalden lässt sich in den Akten nichts finden. Offenbar war die Sache in den Augen des Obwaldner Untersuchungsrichters Omlin mit der Aussage von Wilhelm Amrhein erledigt. Angesichts der wiederholten Vorwürfe der Obwaldner Regierung gegenüber Nidwalden, dort werde die Wildhut zu wenig energisch betrieben, überrascht es doch sehr, dass Omlin sich mehr als ein halbes Jahr Zeit gelassen hatte, um einen von Nidwalden geäusserten Verdacht auf Wildfrevel zu untersuchen.[109]

Adolf Scheuber sandte am 17. September 1899 ein Telegramm mit der Bitte um die «Zusendung des bestellten Jagdpatentes» an die Polizeidirektion von Obwalden. Gleich am nächsten Tag schrieb er an Polizeidirektor Seiler einen Brief mit der höflichen Bitte um eine Begründung, warum er das Jagdpatent nicht erhalte. Andernfalls solle ihm das Jagdpatent doch zugestellt werden. Scheuber scheint geahnt zu haben, dass ein Verfahren gegen ihn angestrebt wurde. Er begann zu argumentieren:

> Hat doch Herr Polizeidirektor Flüeler den amtlichen Schein den 1. September in Stans auf den 7. 44 Uhr abgehenden Zug nach Stansstad gelegt, welchen Sie den 2. morgens empfangen haben.[110]

Scheuber wollte sich offenbar absichern und liess einen weiteren Tag später, am 19. September, einen Advokaten die Bitte um die Erteilung eines Jagdpatentes formulieren. Die Daten, an denen das Gesuch gestellt und der amtliche Ausweis nachgeliefert worden sei, wanderten dabei in der Zeit leicht zurück: Beides sei noch im August nach Obwalden gesandt worden. Tags zuvor hatte Scheuber selber noch geschrieben, dass der amtliche Ausweis am 1. September auf die Post gebracht

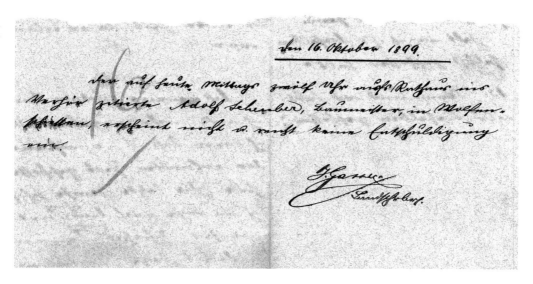

worden sei. Der amtliche Ausweis von Polizeidirektor Flüeler trägt den 4. September als Datum. Der Advokat legte seinem Schreiben einen weiteren Ausweis über die Jagdberechtigung Adolf Scheubers im Kanton Nidwalden bei. Polizeidirektor Flüeler hatte diesen am 19. September 1899 ausgestellt.[111]

Inwiefern Polizeidirektor Seiler auf die Anfragen direkt geantwortet hat, ist nicht mehr ersichtlich. Unterdessen beauftragte das Verhöramt Obwalden den Engelberger Gemeinderat, Carl Hess, als weiteren Jagdbegleiter Adolf Scheubers zu verhören. Carl Hess wollte zwar nicht direkt mit Scheuber zusammen gejagt haben, bestätigte aber, grundsätzlich mit Wilhelm Amrhein, dem namenlosen Grafen aus Paris und mit Adolf Scheuber auf der Hochwildjagd gewesen zu sein. Darauf beschloss die Obwaldner Justizkommission, Adolf Scheuber nach Sarnen zu einem Verhör vorzuladen. Auf das Ersuchen der Obwaldner liess der Nidwaldner Verhörrichter Odermatt Adolf Scheuber amtlich mitteilen, dass er am 16. Oktober 1899 zwölf Uhr mittags im Rathaus Sarnen zu einem Verhör erscheinen müsse.[112]

Adolf Scheuber war sich bewusst, dass die Angelegenheit nicht zu seinen Gunsten stand. Er liess seinen Advokaten an die Regierung von Nidwalden das Gesuch stellen, ihn «wegen einem auf obwalder Gebiete begangenen Jagdvergehen hierseits (Nidwalden, M.B.) zu bestrafen». Vielleicht hoffte er, von den Nidwaldner Gerichten erneut zu einer milderen Strafe verurteilt zu werden. Der Regierungsrat von Nidwalden behandelte das Gesuch erst, als Adolf Scheuber bereits des Mordes verdächtig wurde, und lehnte es am Montag, den 16. Oktober, ab.[113]

Der Obwaldner Landschreiber notierte am selben Tag folgende Notiz in die Akten:

den 16. Okt. 1899.
der auf heute Mittags zwölf Uhr aufs Rathaus ins Verhör zitierte Adolf Scheuber, Baumeister in Wolfen-schiessen, erscheint nicht und reicht keine Entschuldigung ein.

J. Gasser. Landschrbr.[114]

Aktenbündel aus dem Staatsarchiv Obwalden, inklusiv Aktenverweis
mit der Beschriftung «Scheuber Adolf, Mord 1901/–1902». StaOW 616a.

Untersuchungs-Akten

betreffend

Auslieferung

gegen

Scheuber Adolf,

Zimmermann, von Wolfenschiessen.

Spur der Akten

Weg der Wildhüter und Weg der Wilderer
am 14. Okt. 1899, Siegfriedatlas.
StANW D 1245, Sch. 1282.

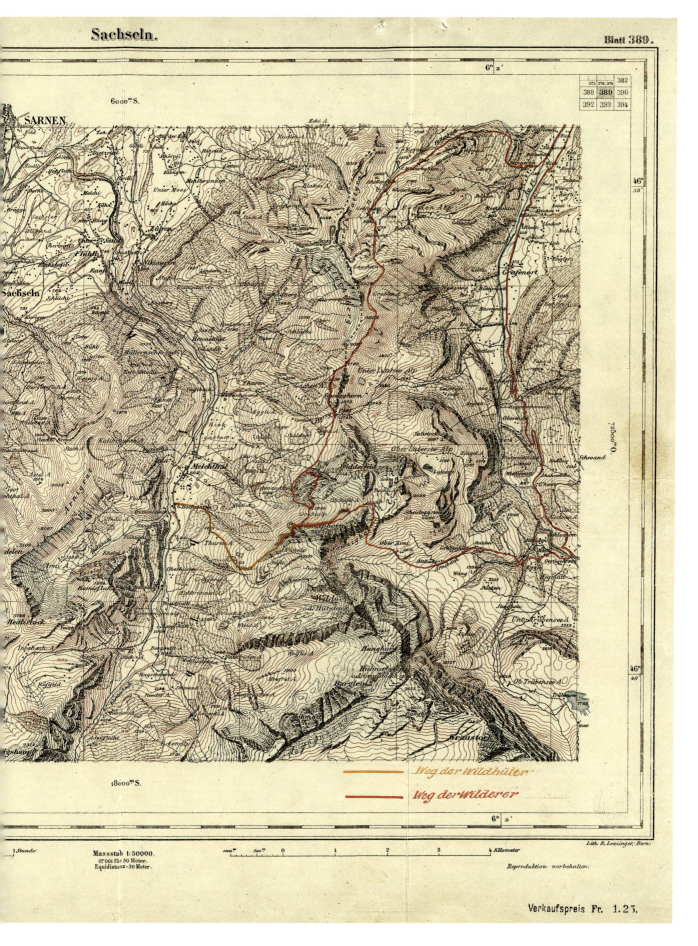

Sachseln.

Blatt 389.

375	376 379	382
389	389	390
392	393	394

Weg der Wildhüter

Weg der Wilderer

1 Stunde

Massstab 1:50000.
0·001 für 50 Meter.
Equidistanz 30 Meter.

1000ᵐ   500ᵐ   0   1   2   3   4 Kilometer

Lith. R. Leuzinger, Bern.

Reproduktion vorbehalten.

Verkaufspreis Fr. 1.25.

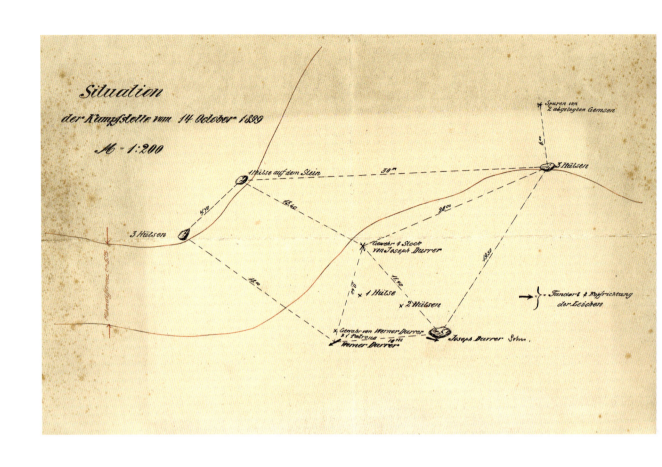

Situation der Kampfstelle vom 14. Okt. 1899, Massstab 1:200
angefertigt von den Obwaldner Behörden nach den Aufnahmen am Tatort. StANW D 1245, Sch. 1282.

Auszug aus dem «Visum et Repertum», d.h. der Tatbestandesaufnahme der Obwaldner Untersuchungsbehörden vom 15./16. Okt. 1899. StANW D 1245, Sch. 1282.

II. Leichensektion.
vorgenommen den 16. Oktober Vormittags im Schützenhaus im Melchthal.

Dieselbe ergab:
a. Werner Durrer:
Vier Schussverletzungen; zwei tötlich, zwei nicht tötlich.
1. Schussöffnung über dem linken Ohr, unregelmässige Ränder;
horizontaler Durchmesser vier cm., vertikular drei cm;

nachträgliche Einschussöffnung. Am rechten Hinterhauptbein eine zweite, unregelmässige Schusswunde, wie gleiche Grösse wie vorher; Ränder etwas nach vorwärts eingeschlagen, also nachträgliche Einschussöffnung. Der Schusskanal durchdringt die Schädelhöhle in horizontaler Richtung von der Mitte links nach rechts hinter. Sämmtliche Knochen des Schädels vollständig zertrümmert. Schädelbasis etwas durchbrochen; Bucht des linken Oberkiefers u. Nasenbeins. Hirnmasse zum Theil ausgeflossen, zum Theil zertrümmert; noch erhalten das Kleinhirn.

2. Linkes Gesäss, eine runde, glattrandige, aber nicht sternförmige durchmachende Einschussöffnung. Schusskanal führt in der Richtung nach oben rechts durch die Gesässmuskeln, durch das obere Ende des Oberschenkels und durch das Hüftbein oberhalb der Hüftgelenkpfanne in die Bauchhöhle, in derselben nach aufwärts, streift die Milz, durchdringt das Zwerchfell u. endet an der Brustwirbelsäule hinter dem Herzen, wo das Projectil zertrümmert gefunden wird. Das obere Ende des Oberschenkels ist zersplittert, Schenkelhals gebrochen u. das Hüft-bein zicht mehreren radiären Brüchen.

3. Rechte Schulter: Einschussöffnung fünf Centimeter oberhalb des Schlüs-selbeins, glattrandig, neun Millimeter durchmesser; Ausschuss-öffnung über dem Schulterblatt; zwei—drei Centimeter durchmes-ser, unregelmässige Ränder. Krümmt der Schusskanal 5,5 cm, führt durch die obersten Schultermuskeln ohne weitere Verletzungen zu machen.

4. Einschussöffnung auf der innern Seite der linken Hand, der Mittel-knochen des Ringfingers zertrümmernd; Ausschussöffnung auf der Rückseite der Hand. Schusskanal geht durch die genannten zertrümmerten Knochen.

Schussschmauch irgend welcher Art fehlen.

b. Josef Durrer.

Zwei tödliche Schusswunden durch den Kopf, eine nicht tödliche vom Eingang.

1) Linkes Ohr: Einschussöffnung, acht Millimeter durchmesser, ganz

wahrscheinlich Einschussöffnung. am rechten Hinterhauptbein eine zerrissene, unregelmässige Schusswunde von gleicher Grösse wie erstere; Ränder etwas nach aussen ausgeschlagen, also wahrscheinlich Ausschussöffnung. Der Schusskanal durchdringt die Schädelhöhle in horizontaler Richtung von der Mitte links nach rechts hinten. Sämmtliche Knochen des Schädels vollständig zertrümmert. Schädelbasis quer durchbrochen; Bruch des linken Oberkiefers und Nasenbeines. Hirnmasse zum Teil ausgeflossen, zum Teil zertrümmert; noch erhalten das Stirnhirn,

2. linkes Gesäss eine runde, glattrandige, etwa acht Millimeter durchmessende Einschuss-öffnung. Schusskanal führt in der Richtung nach oben aussen durch die Gesässmuskeln, durch das obere Ende des Oberschenkels und durch das Hüftbein oberhalb der Hüft-gelenkpfanne in die Bauchhöhle, in derselben nach aufwärts, streift die Milz, durchdringt das Zwerchfell und endet an der Brustwirbelsäule hinter dem Herzen, wo das Projectil zertrümmert gefunden wird. Das obere Ende des Oberschenkels ist zersplittert, Schenkel-hals gebrochen und das Hüftbein zeigt mehrere radiäre Brüche.

3. Rechte Schulter: Einschussöffnung fünf Centimeter oberhalb des Schlüsselbeines, glatt-randig, neun Millimeter Durchmesser; Ausschussöffnung über dem Schulterblatt; zwei – drei Centimeter Durchmesser, unregelmässige Ränder. Länge des Schusskanals 5,5 cm., führt durch die obersten Schultermuskeln ohne weitere Verletzungen zu machen.

4. Einschussöffnung auf der innern Seite der linken Hand, den Mittelknochen des Ring-fingers zertrümmernd; Ausschussöffnung auf der Aussenseite der Hand. Schusskanal quer durch die genannten zertrümmerten Knochen.

Quetschungen irgend welcher Art fehlen.

b. Josef Durrer.
Zwei tötliche Schusswunden durch den Kopf, eine nicht tötliche am Finger.
1. linkes Ohr: Einschussöffnung, acht Millimeter Durchmesser, ganz

rund und glattrandig, durchbohrt die Schuppenschläfe, im linken Oberkiefer und das Nasenbein. Ausschußöffnung an der Nasenwurzel,
sehr kante, zwischen, horizontaler Durchmesser acht Centimeter,
vertikaler drei Centimeter. Oberkiefer, Schädelbasis u. Nasenbein
zum Zersplittert, Wunde voll Knochensplitter. Kanallänge 10,5 cm;
Gehirn innerhalb soweit sichtbar.

2. Am rechten Hinterhauptsbein eine glatte ovale Einschußöffnung,
vertikal zwei Centimeter, horizontal 2,7 cm. Ausschußöffnung
innerhalb der vorderen Drittheil des rechten Unterkiefers; zwischen
Ränder, vertikal acht Centimeter, horizontal 3,8 cm.; Kanallänge
11,5 cm.; Der Schußkanal führt durch die Halsmuskeln u. Blutgefäße
reicht die Gelenkfortsätze der oberen Halswirbel und den unteren Rand
des Unterkiefers; letzterer zeigt eine oberfläche Splitterung.

3. Wunde am Zeigefinger der rechten Hand; drei Centimeter lang,
zwischen, in demselben liegt ein glattgedrücktes Stück eines Geschosses. Am Mittelfinger derselben Hand eine drei Centimeter
lange Streifwunde bis auf den Knochen reichend.

III. Aerzliches Gutachten.

Gestützt auf diesen Befund gelangen die Unterzeichneten
Aerzte zu folgenden Schlüssen:

1. Der Tod bei Vater und Sohn Summer ist einzig bedingt
durch die erhaltenen Schußverletzungen

2. Bei Vater Summer ist sowohl der Schuß durch den Kopf
wie derjenige durch den Hals erschwert, und bei dem Sohne jeder
der beiden Kopfschüsse für sich tödlich.

3. Die Form der bei Vater Summer gefundenen Kugel,
sowie der Carakter der Schußwunden spricht mit großer Wahrscheinlichkeit dafür, daß alle Schüsse aus dem großkalibrigen
Ordonanzgewehr abgegeben wurden. Daß die Durchmessungen
der Einschüsse in ihrem Durchmesser kleiner sind, als das zugehörige
Geschoß, ist eine gewöhnliche Erscheinung.

4. Die gewaltige Durchschlagskraft der Geschosse deutet darauf hin, daß die Schüsse aus geringer Entfernung abgegeben

rund und glattrandig, durchbohrt die Ohrmuschel, den linken Oberkiefer und das Nasenbein. Ausschussöffnung an der Nasenwurzel, sehr stark zerrissen, horizontaler Durchmesser acht Centimeter, vertikaler drei Centimeter. Oberkiefer, Schädelbasis und Nasenbein stark zersplittert, Wunde voll Knochensplitter. Kanallänge 10.5 cm; Gehirn unverletzt soweit sichtbar.

2. Am rechten Hinterhauptbein eine glatte ovale Einschussöffnung, vertikal zwei Centimeter, Horizontal 2.7 cm., Ausschüssöffnung unterhalb des vordern drittels des rechten Unterkiefers; zerrissene Ränder, vertikal acht Centimeter, horizontal 3.8 cm.; Kanallänge 11.5 cm.; der Schusskanal führt durch die Halsmuskeln und Blutgefässe, streift die Querfortsätze der obern Halswirbel und den untern Rand des Unterkiefers; letzterer zeigt einen dreifachen Splitterbruch.

3. Wunde am Zeigefinger der rechten Hand; drei Centimeter lang, zerrissen, in derselben liegt ein glattgedrücktes Stück eines Geschosses. Am Mittelfinger derselben Hand eine drei Centimeter lange Quetschwunde bis auf den Knochen reichend.

III. Aerztliches Gutachten.
Gestützt auf diesen Befund gelangen die unterzeichneten Aerzte zu folgenden Schlüssen:

1. Der Tod bei Vater und Sohn Durrer ist einzig bedingt durch die erhaltenen Schussverletzungen.

2. Bei Vater Durrer ist sowohl der Schuss durch den Kopf wie derjenige durch den Leib aufwärts, und bei dem Sohne jeder der beiden Kopfschüsse für sich tötlich.

3. Die Form der bei Vater Durrer gefundenen Kugel, sowie der Caracter der Schusswunden spricht mit grosser Wahrscheinlichkeit dafür, dass alle Schüsse aus dem grosskalibrigen Ordonnanzgewehr abgegeben wurden. Dass die Weichteilwunden der Einschüsse in ihrem Durchmesser kleiner sind, als das passierte Projectil, ist eine gewöhnliche Erscheinung.

4. Die gewaltige Durchschlagskraft der Geschosse deutet darauf hin, dass die Schüsse aus geringer Entfernung abgegeben

werden, immerhin einige Schritte entfernt, die Verbrennungs-Erscheinungen an den Kleidern fehlen.

5./ Ueber die Reihenfolge der Schüsse und deren Richtung läßt sich
aus dem Leichenbefunde folgendes sagen:

Der Schußaustritt durch *Deuuer Neuner* in *...* Haltung
der Einschußöffnung durch den Fall verdeckt werden. Dagegen
kann er die Kugel, welche durch das Gehörn in den Körper eindringt
... auch dem Boden *...* *...* haben, und *...* die
Schußlinie mit der über die Büste *...* *...* *...*
... *...*. /: siehe Situationsplan :/

... *...* hat die **beiden** Kopfschüsse entweder in *...*,
... Stellung und in diesem Falle **gleichzeitig** von zwei *...*,
... Richtungen erhalten, oder es *...* der zweite Schuß
auf den *...* *...* Körper abgegeben.

6./ Selbstmord oder *...* Tödtung ist durch die Zahl u.
die Localisation der tödtlichen Schüsse absolut ausgeschlossen.

Der *...* Grund schließt auch eine *...* oder *...*,
... Tödtung durch fremde Hand aus und *...* mit Sicherheit
auf ein Verbrechen.

Melchtal *...* Sarnen, den 15./16. October 1899.
Die mit der Untersuchung betrauten Aerzte:

/: Sig.:/ G. *...* .   /: Sig.:/ Julian Stockmann.
                                    Der Aktuar:
                                    /: Sig.:/ F. Gasser,
                                                ... .

Für *...* Abschrift:
Sarnen, den 25. Novbr. 1899.

                per Standeskanzlei:
                Der Landschreiber:
                ...

wurden, immerhin einige Schritte entfernt, da Verbrennungs-Erscheinungen an den Leichen fehlen.

5. Ueber die Reihenfolge der Schüsse und deren Richtung lässt sich aus dem Leichenbefunde folgendes sagen:

Der Schulterschuss traf Werner Durrer in aufrechter Haltung, da die Einschussöffnung durch den Fall verdeckt wurde. Dagegen kann ihn die Kugel, welche durch das Gesäss in den Körper aufwärts drang, erst auf dem Boden liegend erreicht haben, und fällt die Schusslinie mit der über die Füsse hinaus verlängerten Körperaxe zusammen (vide Situationsplan)
Sohn Josef hat die beiden Kopfschüsse entweder in aufrechter Stellung und in diesem Fall gleichzeitig von zwei verschiedenen Richtungen erhalten, oder es wurde der zweite Schuss auf den todt daliegenden Körper abgegeben.

6. Selbstmord oder gegenseitige Tödtung ist durch die Zahl und die Localisation der tötlichen Schüsse absolut ausgeschlossen.

Der gleiche Grund schliesst auch eine zufällige oder fahrlässige Tötung durch fremde Hand aus und deutet mit Sicherheit auf ein Verbrechen.

Melchthal & Sarnen, den 15./16. Oktober 1899
Die mit dem Untersuch betrauten Aerzte:
(Sig.) G. Deschwanden
(Sig.) Julian Stockmann
Der Aktuar:
(Sig.) J. Gasser, Landschrbr.

Für getreue Abschrift:
Sarnen, den 25. Novbr. 1899.

Per Standeskanzlei;
der Landschreiber:
G. Bucher

Prozessakten, d.h. Aktennotizen und ein erstes Verhör mit Adolf Scheuber von Nidwaldner Regierungsrat Flüeler vom 15. Okt. 1899, mit einer Notiz von Verhörrichter Odermatt vom 16. Okt. 1899. StANW D 1245, Sch. 1282.

Processacten
Stans, 15. Oktober, 1899

Nachmittags vernahm im St. Hof, dass Anton Wagner, Höfli, Bericht habe, von Arni; dass beim Widderfeld der Wildhüt & dessen Sohn erschossen worden. Später berichtet Revierförster Bünter, er habe aus dem Melchthal auf teleph. Anfrage Bestätigung obiger Aussage und habe den Adolf Scheuber hier gesehen.

(xxx)
Telegramm gemäss Beilage an P. P. Wolfenschiessen. Weil die Depesche erst 1/2 8 Uhr hätte spediert werden können, wird sie durch Expressen, Spittler dhr., befördert.

Verhör mit
Adolf Scheuber, Sohn des Joachim und der Ursula gbr. Muheim, geb. 1870, Zimmer- meister in Wolfenschiessen.

1

Gebt uns an, wo ihr auf gestern und gen- gestern befunden?	Beide Tage habe ich bei Al. Christ, zur Eintracht im Brand ob der Bettelrüthi geholzet; er hat dort Windbruchholz gekauft

2

Ihr seid also nicht auf der Jagd gewesen?	Nein. Man kann Johann Waser, Schüpfen, Sohn, fragen, der mit mir in dieser Arbeit stund.

3

/durchgesehen und bestätet/

Und wo war Euer Bruder Conrad?	Der war beide Tage bei Franz Zumbühl in Wallibalm im Holz. Dieser Zumbühl und mein Bruder Conrad haben den Holz- akkord miteinander und bearbeiten das Holz noch viel miteinander. Er wohnt im Geismattli, Humligen

Vorgelesen u. befohlt

Der Vorsitzer.   Der E. S. Richter

Adolf Schenker   [signature]

Gegen diese Vorschr genaucht, Telephonir ~ E. S. Abwalt
der unterbreht; die Inspekt hat gesehen, Richard für sie auch
nicht tadels, aber er hmei diese genue Vorbereitet auch Erimtelthal
über er hole vorgesehene Anordnet auf näheren Absichten der Anton
Richter.

Ich unbmende, auf die sachlicher Anordnet, der Richter habe die
gesehen an den Landstraß - Inspektionen befördern u. die Pachtt
das und gezeichnet.

                                                [signature]

                              den 4 16. Oktbr 1899

Ad Nota: Depesche von Abrauden.

Anton Wagner, Höfli wird beruflich eingenommen, wer ihm
von Ami aus Anzeige macht, über die Feststellung der
obwaldnerischen Bildshler. Wagner erklärt, dass ihm gestern
nachmittags nicht von Ami, sondern von einem Kirscher,
der von dort nach Hans kam, diese Mitteilung gemacht wurde.
der Nam Yobe das in Kerns wonrommen.

Hans 16. Oct. 1899

                              Achmah, Vorsitzender

durchgesehen und bestätet

Der Verhörte   der P. V. Richter
Adolf Scheuber   Al. Flüeler

Bevor dieses Verhör gemacht, telefoniere an P. D. Obwalden ds antwortet: Das Unglück
sei geschehen. Näheres sei ihr noch nicht bekannt, aber es seien Leute zum Untersuch
nach Melchthal. Aber er habe dringenden Verdacht auf unsern Wildhüter Anton Christen.
Ich antworte, das sei falscher Verdacht, der Gewisse habe sich gestern an der Landsturm-
Inspektion befunden und sei selbst bei mir gewesen.

                                                  Al. Fl.

                                                  Stans auf 16. Okt. 1899

Ad akta: Depesche von Obwalden
Anton Wagner, Höfli, wird brieflich einvernommen, wer ihm von Arni aus Anzeige machte,
über die Erschiessung der obwaldnerischen Wildhüter. Wagner erklärte, dass ihm gestern
nachmittags nicht von Arni, sondern von einem Kernser, der von dort nach Stans kam,
diese Mitteilung gemacht wurde. Der Mann habe das in Kerns vernommen.
Stans, 16. Okt. 1899

                                                  Odermatt, Verhörrichter

schwarzen Hut v dunkel-
gestreifte Hosen.

Zu Schützen soll ein Gamasche
v ein Rock ausgegeben worden
sein?

(Jetzt will ich bekennen, alles
wie es ist)

Bis zum Schiessen der Gemsen
ist alles gegangen, wie ich
angegeben. Auch die beiden
Gitzi schossen wir beide
zusammen, ich fehlte. Adolf
schoss beide nacheinander
v ich hatte Mühe, mein
Geschoss in den Lauf zu
bringen v versäumte
mich. Dort muss noch ein
Gülse von mir liegen,
ich würde sie finden.
Auch den Bock schossen wir
mit dem ..., wie ich
angegeben. Wir schossen
beide, aber getroffen habe
ich ihn. Wir trugen die
Tiere ein Stück weit,
wie ich angegeben v
weideten sie aus.
Dann giengen wir aufwärts
ich war dem Schaiber einen

Dass auf dem Heimwesen Schüpfen Beweismittel, Gewehr und Rock, vergraben worden waren, wussten nur Johann Waser und seine Mutter. Als Johann Waser am 21. Okt. 1899 im Verhör danach gefragt wurde, wusste er, dass seine Mutter nun mit den Untersuchungsbehörden kooperierte und begann mit einem detaillierten Bericht über die Ereignisse vor und nach dem Doppelmord. Frage 75, 21./22. Okt. 1899. StANW D 1245, Sch. 1282.

75

In Schüpfen soll ein Gewehr und ein Rock vergraben worden sein?

(Jetzt will ich bekennen, alles wie es ist) Bis zum Schiessen der Gemsen ist alles gegangen, wie ich angegeben. Auf die beiden Gitzi schossen wir beide zusammen; ich fehlte. Adolf schoss beide nacheinander und ich hatte Mühe, mein Geschoss in den Lauf zu bringen und versäumte mich. Dort muss noch eine Hülse von mir liegen, ich würde sie finden.
Auf den Bock schossen wir ennet dem Egg, wie ich angegeben. Wir schossen beide, aber getroffen habe ich ihn.
Wir trugen die Tiere ein Stück weit, wie ich angegeben und weideten sie aus. Dann giengen wir aufwärts. Ich war dem Scheuber einen (/)

Hinüber noch weit voraus,
als wir die Mäuer erblickten.
Schnüber sagte mir, ich solle
den Bock aufs Grätli
hinauf tragen p dann wieder
kommen, seine zwei Tiere
zu holen. Er gab
den beiden abzuladen.
Ich trug den Bock bis zu
einem Töbli hinauf p legte
ihn dort in ein Loch.
Wie ich mit dem
Bock dort ankam, der
wieder aufwärts giang,
giengen einige Schüsse
los; ca 4–5 wie ich ange-
geben. Ich giang wieder
hinunter die zwei Tiere
zu holen, trug sie hinauf
p als ich an die gleiche
Stelle kam, wo es auf-
wärts geht, krachten wieder
einige Schüsse, etwa 10.
Ich trug diese 2 Tiere
bis aufs Grätli, wo mich
der Adolf ausholte. Er
trug meinen Schoppen p

Steinwurf weit voraus, als wir die Männer
erblickten. Scheuber sagte mir, ich solle
den Bock aufs Grätli hinauftragen und
dann wieder kommen, seine zwei Tiere
zu holen. Er /gieng/ [gehe] unterdessen
den beiden abzuluogen. Ich trug den
Bock bis zu einem Tössli hinauf und legte
ihn dort in ein Loch. /Kaum war/ Wie ich
mit dem Bock dort ankam, wo es wieder
aufwärts gieng, giengen einige Schüsse
los, ca. 4–5 wie ich angegeben. Ich gieng
wieder hinunter die zwei Tiere zu holen,
trug sie hinauf und als ich an die gleiche
Stelle kam, wo es aufwärts geht, krachten
wieder einige Schüsse, etwa 10. Ich trug
diese 2 Tiere bis aufs Grätli, wo mich
dann Adolf einholte.
Er trug meinen Tschoppen und (/)

mein Jägerranzle.

Er sagte, er hätte einen Hasen von meinem Schossen gewissen und liegen gelassen. Der Schosse gehörte eigentlich Adolf, aber ich trug ihn.

Wie wir auf dem Grätli ankamen, sagte ich zu ihm, ich getraue mir nicht, den Bock aus diesem Loch hinauf zu holen, worauf Adolf erwiderte: Hole ihn nur ruhig, sie thun dir nichts zu Leid, sie sind "Dardinörs".

Wir giengen abwärts, rasteten dann auf einem Egg, wo ich zu Schreiber sagte: Aber was es da Gamsyol gibt, wegen dem Wildern? worauf Schreiber sagte: Diese werden nicht mehr viel werden.

Hier musste das Verhör unterbrochen werden, um noch rechtzeitig in ...schen das ...führen von Gamsen ... worden zu können, an Hand der von Vater gemachten Angaben.

mein Jägerranzli.

Er sagte, er hätte einen Fetzen von
meinem Tschoppen gerissen und liegen
gelassen. Der Tschoppen gehörte
eigentlich Adolf, aber ich trug ihn.

Wie wir auf dem Grätli ankamen,
sagte ich zu ihm, ich getraue mir nicht,
den Bock aus diesem Loch hinauf zu
holen, worauf Adolf erwiederte: Hole ihn
nur ruhig, sie thun Dir nichts zu Leid,
sie sind «derdurab».

Wir giengen abwärts, rasteten dann auf
einem Egg, wo ich [zu] Scheuber sagte:
Aber wenn es dann Grampol gibt,
wegen dem Wildern?

Worauf Scheuber sagte: Diese werden
nicht mehr viel reden. (/)

Hier musste das Verhör unterbrochen werden, um noch rechtzeitig in Wolfensch.
das Aufsuchen vom Gewehr und Rok anordnen zu können, an Hand der von Waser
gemachten Angaben. (/)

Fortsetzung des Verhörs vom 21. October
mit Johann Mäser.

Zu Antwort 84/84 75.   Da dachte ich bei mir:
hat er sie vielleicht er-
schossen! aber ich durfte
ihn nicht mehr fragen.
Während dem Abstieg sagte
Adolf, wir wollen dan angeben,
wir seien in frischbayschl...
holz gewesen. Unrichtig habe
ich angegeben, daß Adolf
sein Gewehr hineingenommen.
Seinen Schreibogen hat er noch
sein Gewehr hineingenommen
Ich weigerte mich lange, nahm
es dan aber nicht, weil er
mir befahl, es im Heustock zu
verstecken.

Fortsetzung des Verhöres vom 21. October mit Johann Waser.

/84/
[84]

Zu Antwort 75.

Da dachte ich bei mir: Hat er sie vielleicht erschossen! aber ich durfte ihn nicht mehr fragen. Während dem Abstieg sagte Adolf, wir wollen dann angeben, wir seien in Einträchtlers Holz gewesen. Unrichtig habe ich angegeben, dass Adolf sein Gewehr heimgenommen. Beim Schwibogen bat er mich, sein Gewehr heimzunehmen. Ich weigerte mich lange, nahm es dann aber mit, weil er mir befahl, es im Heustock zu verstecken.

Hat er nicht auch einen
Revolver bei sich?

Ich habe hiervon nichts gesehen,
es weiß überhaupt nicht,
dass er einen Revolver
besaß.

Welche Mitteilungen hat
sich Adolf bei seiner
Verhaftung gemacht?

Als er heimkam, sagte er
mir, er müsse nach Haus.
Auf meine Frage, ob er
heute Abend wieder komme,
sagte er, er glaube es
nicht, aber Morgen werde
er schon wieder kommen,
anderes redeten wir nicht
zusammen.

Er hat sich doch sicher die
Ursache seiner Verhaftung
mitgeteilt?

Am Sonntag, an der Walzer-
Kilbi in Haus sagte er
mir, er habe ins Mäßör müssen
wegen den erschossenen Wildhütern. Förster Hunter hatte
uns vorher erzählt, die
Wildhüter seien erschossen
worden. Am Montag Abend
sagte er nichts weiter, als
er müsse wieder ins Mäßör.
Als ich in heftiger Meinen

Verhör mit Bertha Scheuber, Fragen 133–139, 16. Nov. 1899. StANW D 1245, Sch. 1282.

133

Hat er nicht auch einen Revolver bei sich?

Ich habe hievon nichts gesehen und weiss überhaupt nicht, dass er einen Revolver besass.)

134

Welche Mitteilungen hat Euch Adolf bei seiner Inhaftierung gemacht?

Als er heimkam, sagte er mir, er müsse nach Stans. Auf meine Frage, ob er heute Abend wieder komme, sagte er, er glaube es nicht, aber Morgen werde er schon wieder kommen, anderes redeten wir nicht zusammen.

135

Er hat Euch doch sicher die Ursache seiner Verhaftung mitgeteilt?

Am Sonntag, an der Aelperkilbi in Stans sagte er mir, er habe ins Verhör müssen wegen den erschossenen Wildhütern. Förster Bünter hatte uns vorher erzählt, die Wildhüter seien erschossen worden. Am Montag Abends sagte er nichts weiter, als er müsse wieder ins Verhör. Als ich in heftiges Weinen (/)

ausbrach u ihn bei der Hand
ergriff, konnte ihr auf die
Frauen, wodurch er mich bei
Seite schob, mit den Worten:
ich müss jetzt gehen, der Landjäg[er]
folgte.

136

Ihre Meinen lässt darauf
schliessen, dass Sie ihn doch
für schuldig hieltet?

Es ist doch begreiflich, dass mir
seine Verhaftung durch die
Polizei nahstat. Ich hielt ihn
nie für schuldig u glaube auch
jetzt nicht an seine Schuld.

137

Ist Ihr dann an seinem Benehmen am 15. u 16. October
gar nichts aufgefallen?

Nein, er war wie er
sonst immer gewesen.

138

Sie werdet nochmal aufge-
fordert, über die Kleider,
die Ihr Mann auf der
Jagd trug, Auskunft
zu ertheilen?

Ich kan gewiss nicht weiter
sagen, als was ich bereits
angegeben.

139

Und von seinen Waffen?

Ist mir nichts bekant.

ausbrach und ihn bei der Hand ergriff,
kamen ihm auch die Tränen, worauf er
mich bei Seite schob [&], mit den Worten;
ich muss jezt gehen, dem Landjäger
folgte.

136

Euer Weinen lässt darauf schliessen,
dass Ihr ihn doch für schuldig hieltet?

Es ist doch begreiflich, dass mir seine
Verhaftung durch die Polizei wehtat.
Ich hielt ihn nie für schuldig und glaube
auch jetzt nicht an seine Schuld.

137

Ist Euch denn an seinem Benehmen
am 15. und 16. October gar nichts aufgefallen?

Nein, er war wie er sonst immer
gewesen.

138

Ihr werdet nochmal aufgefordert, über
die Kleider, die Euer Mann auf der Jagd
trug, Auskunft zu erteilen?

Ich kann gewiss nichts weiteres sagen,
als was ich bereits angegeben.

139

Und von seinen Waffen?

Ist mir nichts bekannt.

Telegramm von Polizist Scheuber an Verhörrichter Odermatt, 16. Okt. 1899, 19.00 Uhr.
Adolf Scheuber war während des Transports in die Untersuchungshaft aus dem fahrenden Zug gesprungen
und konnte trotz der Verfolgung durch den Polizisten nicht mehr gefasst werden. StANW D 1245, Sch. 1282.

Verhörrichter Odermatt
Stans

Adolf ausgerissen konnte nicht mehr eingefangen werden

Polizist

STANS (POSTHORN)   SCHWŸZ HINTERDORF.
BRUNNEN.   ARTH-GOLDAU.
nächst d. Schiffstation direct a. See.   (Hôtel Rigi)

Fotografie von Adolf Scheuber, aufgenommen im Atelier des Fotografen Luis Zumbühl in Stans,
zu Fahndungszwecken vervielfältigt. StANW D 1245, Sch. 1282.

XIII. Jahrgang.

279

№ **43.**

Internationales Criminal-Polizeiblatt

Herausgeber und Redacteur:

Polizeirath **J. TRAVERS**, Polizeiamts-Vorstand in **Mainz**.

Telegramm-Adresse: „TRAVERS, MAINZ.“

Moniteur International de Police Criminelle. — The International Criminal Police Times.

Ce Moniteur paraît tous les **jeudis**. Le prix de l'abonnement annuel est **25 frcs**. On s'abonne directement à la rédaction ou à la poste. Tous les trois mois une **table alphabétique des noms** sera jointe au journal. Des mandats d'arrêt, des signalements etc. seront publiés à 25 cts. par ligne ou pour l'espace d'une ligne aux non-abonnés. Les abonnés en paient la moitié. La reproduction d'une **photographie** coûte **15 frcs**. Les **éditions extraordinaires** seront expédiées dans 6 heures après l'ordre au **prix de 50 frcs**. Un seul numero de ce moniteur coûte **50 cts**.

Das Blatt erscheint jeden **Donnerstag.** Abonnements pro Jahr **20 Mark** nimmt die Redaction und jede Postanstalt entgegen. Viertel-jährlich wird ein **alphabetisches Namens-Verzeichniß** beigegeben. Für die **Insertion** von Steckbriefen 2c. wird den Nichtabonnenten pro dreigespaltene Petitzeile oder deren Raum **20 Pfennige**, den Abonnenten die Hälfte berechnet. Die Reproduktion einer **Photographie** kostet **12 M.** Für **Extrablätter**, welche in sechs Stunden hergestellt und versandt werden, wird eine besondere Vergütung von **40 Mk.** berechnet. Einzelne Exemplare sowie Belagblätter werden à **40 Pf.** portofrei zugesandt.

This paper is published every **Thursday** and the charge per number is six pence. The subscription is **£ 1.** per annum payable at our office. An **alphabetical list of names** is issued and given free with this paper every three months. 2½ d. per line is the charge to non-subscribers for the advertising of warrants of arrest, personal descriptions etc. etc. subscribers paying half the amount. **Photographs** are inserted at the nominal charge of **12 shillings** each. For call **special editions**, which are printed and dispatched within the space of six hours an extra payment of **£ 2** is demanded.

Assassinat.

742 Scheuber, Adolphe, de **Wolfensohiessen**, maitre charpentier, 30 ans, de petite taille, cheveux et petite moustache rouge-brun, un oeil un peu tordu inégal avec l'autre, très facile à reconnaître; à arrêter comme soupçonné d'**assassinat**, et informer

la Direc'ion de Police d'Unterwalden-le-Bas à Stans, (Suisse).
Stans (Suisse), 16. 10. 99.

748 Schmidhofer, Martin, de **Türkenfeld**, district de **Bruck**, (Bavière) maçon, né le 11 avril 1866, se servant aussi

Mord.

742 Wegen Verdacht auf **Mord**, verübt den 14. ds. Mts., ist zu fahnden auf

Adolf **Scheuber**,

Zimmermeister, von **Wolfenschießen**, 30 Jahre alt, klein, rothbraune Haare und Schnäuzchen, ist rasirt, ein Auge etwas verzogen und ungleich dem andern, daher leicht erkennt-lich; derselbe ist zu verhaften und der Unter-zeichneten zuführen zu lassen.

Stans (Schweiz), 16. 10. 99.

Polizeidirektion Nidwalden.

748 Schmidhofer, Martin, von **Türkenfeld**, Bez.-Amt **Bruck**. Bayern, Maurerpolier, geboren am 11. April 1866, auch

Murder.

742 Researches are to be made for suspicion of **murder**, committed on the 14. inst. after

Adolphus **Scheuber**

carpenter from **Wolfensohiessen**, 30 years old, small, redbrown hair, small mustache being shaved off one eye being a bit detracted and unequal to the other by which fact he is to be recognized. He is to be arrested and to be delivered to the undersigned

Direction of Police at Niedwalden
Stans (Switzerland), 16. 10. 99.

748 Schmidhofer, Martin, from **Türkenfeld**, district of **Bruck** (Bavaria), mason, born on april 11. 1866, using also the

Ausschreibung Adolf Scheubers im «Internationalen Criminal-Polizeiblatt» vom 26. Okt. 1899. StANW D 1245, Sch. 1282.

Couvert des Briefes von Adolf Scheuber an seine Frau Bertha, der am 31. Okt. 1899 in Wolfenschiessen abgefangen und an das Verhöramt Nidwalden weitergeleitet wurde. StANW D 1245, Sch. 1282.

Frau
Bertha Scheuber Christen
/Wolfenschiessen/
Kt. Unterwalden
Schweiz
[zu Handen titl. Verhöramt Nidw. Stans]

zu ergreifen, daß als Schütze auch den bei Scheuber verwendeten Ordonnanzgewehr von oben erwähnter Stelle aus abzugeben, während konstatiertermassen von Seite des Vater Werner Durrer ein & vom Sohn Josef Durrer nur ein einziger Schuß abgefeuert wurde, läßt absolut nicht auf Abwehr bezw. Notwehr schließen, sondern gegenteils auf vorsätzliche Mordlust Scheubers, wozu eben der jahrelange Rachedurst das Motiv bildete. Aus diesem Grunde kann es sich auch nicht um eine unüberlegte That handeln. Scheuber hatte Zeit genug, seine längst genährte Absicht & deren Folgen zu überlegen, er setzte sich darüber weg & suchte offenbar nur die Gelegenheit den Racheakt auszuführen.

9. Wenn nun die vorausgehend angeführten Beweismomente, welche sich aus der Anwesenheit Scheubers bei Begehung der That, dem ärztlichen Befund, dem Untersuch des von Scheuber verwendeten Ordonnanzgewehrs & der aufgefundenen Hülsen, sowie aus den Angaben des Johann Waser über das Benehmen & die Äusserungen &c. am 14. Okt. & des Letztern falschen Angaben vor Polizeiamt Nidwalden im Verhöre über den Aufenthalt am obgenannten Tage & endlich die nach erfolgter Verhaftung Scheubers bewerkstelligte Flucht ergeben, im Zusammenhange ins Auge gefaßt werden, so muß sich dem Richter die Überzeugung aufdrängen, daß in Wirklichkeit kein anderer als Adolf Scheuber der Täter des auf Grüebliz an den zwei Wildhütern Durrer, Vater & Sohn, verübten Mords ist; daher

befunden:

Adolf Scheuber hat sich des Mordes, verübt an Wildhüter Werner Durrer & Sohn Josef Durrer schuldig gemacht,

& daher in Anwendung von Art. 4, 72 des K. St. G. sowie 142 & 149 Alin. 2 des St. R. V.

in contumatiam

erkennt:

I. Über Adolf Scheuber wird die Todesstrafe verhängt.

II. Hat er die erlaufenen Untersuchungs- & Gerichtskosten zu bezahlen.

III. Die Erledigung einer allfälligen Entschädigungsklage wird auf den Civilweg verwiesen.

Sarnen, den 29./30. Oktober 1901.

Im Namen des Kriminalgerichtes:

Der Präsident:

F. Businger.

Der Gerichtschreiber:

J. Durrer.

zu ergreifen, dass elf. Schüsse aus dem von Scheuber verwendeten Ordonnanzgewehr von oben erwähnter Stelle aus abgegeben, während konstatiertermassen von Seite des Vater Werner Durrer kein und von Sohn Josef Durrer nur ein einziger Schuss abgefeuert wurde, lässt absolut nicht auf Abwehr bzw. Notwehr schliessen, sondern gegentheils auf vorsätzliche Mordlust Scheubers, wozu eben der jahrelange Rachdurst das Motiv bildete. Aus diesem Grunde kann es sich auch nicht um eine unüberlegte Tat handeln. Scheuber hatte Zeit genug, seine längst genährte Absicht und deren Folgen zu überlegen, er setzte sich darüber weg und suchte offenbar nur die Gelegenheit den Racheakte auszuführen.

9. Wenn nun die vorausgehend angeführten Beweismomente, welche aus der Anwesenheit Scheubers bei Begehung der Tat, dem ärztlichen Befunde, dem Untersuche des von Scheuber verwendeten Ordonnanzgewehrs und der aufgefundenen Hülsen, sowie aus den Angaben des Johann Waser über das Benehmen und die Äusserungen Sch. am 14. Okt. und des Letztern falschen Angaben vor Polizeiamt Nidwalden im Verhör über den Aufenthalt am obgenannten Tage und endlich die nach erfolgter Verhaftung Scheubers bewerkstelligte Flucht ergeben, im Zusammenhange ins Auge gefasst werden, so muss sich dem Richter die Überzeugung aufdrängen, dass in Wirklichkeit kein anderer als Adolf Scheuber der Täter des auf Gruobialp an den zwei Wildhütern Durrer, Vater und Sohn, verübten Mordes ist; daher

befunden:

Adolf Scheuber hat sich des Mordes, verübt an Wildhüter Werner Durrer und Sohn Josef Durrer schuldig gemacht,
und daher in Anwendung von Art. 4, 72 des K. St. G. sowie 142 und 149 Alin. 2 des St. R. V.

in contumatiam
erkennt:
I. Über Adolf Scheuber wird die Todesstrafe verhängt.
II. Hat er die erlaufenen Untersuchungs- und Gerichtskosten zu bezahlen
III. Die Erledigung einer allfälligen Entschädigungsklage wird auf den Civilweg verwiesen.

Sarnen, den 29./30. Oktober 1901.

Im Namen des Kriminalgerichtes:
der Präsident:
J. Businger
Der Gerichtsschreiber:
J. Amrhein

Polizeiposten

Wolfenschiessen Den 18. V. Nidwalden.
1900

Verhöramt

Polizeirapport an das ~~Polizeiamt~~ Nidwalden.

Titl. Herr Obermatt

Frau Bertha Scheuber geb Christen ist am 16ten Xb. nach
Maria Einsiedeln gewesen u. am 17ten wieder in Ihr Elternhaus sog. Lochrütti
zurükgekerht. Ich glaube würklich ein vereisen Kürze man mit
recht bezweifelen da genante Frau fast imer kränklich ist.
Sie beschäftigt sich mit Seidenweben, deren stüke Sie von
Waldvogel in Steinen bezieht, welcher Wöchentlich einmahl
in Buochs Färggtag hält. Die Fotografie von obgenanter
kann ich Ihnen leider nicht zuschicken, da mir von sicherer
Quelle mitgetheilt wurde dass Bertha selbst keine solch besitze,
da Sie sich noch nie Fotografieren lies. Wen Sie eine solche
verlangen so würde es am besten sein wen Sie genante Frau
nach Stans berufen würden, Sen auf mein begehren würde
Sie Sie nicht thun. Die eine Adresse von Sen Gebr welche
sich in der Fremde befinden. lautet

Carl Scheuber Ernstel b Fischingen – Ct Thurgau.
Die von Robert Scheuber kan ich Ihnen noch nicht genau
mittheilen werde Ihnen dieselbe aber so bald möglich zusenden.
Indem ich Sie versichere mein möglichstes zu thun um genante
Frau genau zu überwachen es Adolf zu ermitteln.

NB. Auf jeden Rapport darf nur ein Gegenstand aufgetragen werden.

zeichnett Hochachtungs-
voll
Frz Scheuber Polizist

Polizeirapport von Polizist Franz Scheuber an das Verhöramt Nidwalden, 8. Mai 1900. StANW D 1245, Sch. 1282.

Wolfenschiessen den 18.V.1900 Nidwalden

Polizeirapport an das /Polizeiamt/ [Verhöramt] Nidwalden.

Titl. Herr Odermatt

Frau Bertha Scheuber geb. Christen ist am 16. ds. nach Maria Einsiedeln gewesen und am 17. wieder in Ihr Elternhaus sog. Lochrüti zurückgekerth. Ich glaube würklich ein vereisen dürfe man mit recht bezweifeln da genante Frau fast immer kränklich ist. Sie beschäftigt sich mit Seidenweben, deren Stüke Sie von Waldvogel in Steinen bezieht, welcher Wöchentlich einmahl in Buochs Ferggtag hält. Die Fotografie von obgenanter kann ich Ihnen leider nicht zuschicken, da mir von sicherer Quelle mitgetheilt wurde dass Bertha selbst keine solch besitze, da Sie sich noch nicht Fotographieren lies. Wenn Sie eine solche verlangen so würde es am besten sein wen Sie genante Frau nach Stans berufen würden, den auf mein begehren würde Sie dis nicht thun. Die eine Atresse von den Gebr. welche sich in der Fremde befinden, lautet.
Carl Scheuber Erustel, b. Fischingen Ct. Thurgau.
Die von Robert Scheuber kan ich Ihnen noch nicht genau mitheilen werde Ihnen dieselbe aber so bald möglich zusenden. Indem ich Sie versichere mein möglichstes zu thun um genante Frau genau zu überwachen und Adolf zu ermitteln.
zeichnet Hochachtungsvollst.

Frz Scheuber Polizist

Verhandelt vor Gerichtspräsidium Brugg
den 17. Dez. 1901.

———

In der Untersuchungssache gegen Adolf Schenker, Mörder auf Grossalp wird auf Requisition des Verhöramts Nidwalden als Zeuge einvernommen

Herr Heinrich Abt, Rektor der aarg. landwirtschaftl. Winterschule in Brugg von Bünzen geb. 1854.

Derselbe deponiert nach Ermahnung zur Wahrheit u. Vorhalt der Folgen falschen Zeugnißes:

Es ist richtig, daß ich mich in der angegebenen Weise anlässlich einer ~~Zuchttierschau~~ Vieh- schau im Ktn. Obwalden geäussert habe. Es hat sich in der Eisenbahn ein Reisender, der nach dem Dialekt ein Aargauer war, zu den Mitreisenden geäussert, ein Dritter, dessen Namen er gesagt hat, der mir aber entfallen ist, hätte den Adolf Schenker lange nach der That auf Nidwaldner gebiet getroffen u. es habe dieser die Bemerkung gemacht: „daß er den Vater Durrer ermordet, rene ihn nicht, aber daß er auch den Sohn getötet, das falle ihm schwer." Wie der Aargauer, der diese Mitteilung im Eisenbahnwagen machte, heißt, kann ich ebenfalls nicht sagen.

Abgelesen u. bestätigt
Heinr. Abt

Verfügung: Übermittlung an das Verhöramt
Nidwalden.
K. B.   Der Gerichtspräsident:

Der Gerichtsschreiber:

Die Gerüchte über den Aufenthalt Adolf Scheubers brechen nicht ab, dies zeigt die Einvernahme des Rektors der Landwirtschaftlichen Schule in Brugg am 17. Dez. 1901. StANW D 1245, Sch. 1282.

Verhandelt vor Gerichtspräsidium Brugg
den 17. Dez. 1901.

In der Untersuchungssache gegen Adolf Scheuber, Mörder auf Groubialp wird auf Requisition des Verhöramts Nidwalden als Zeuge einvernommen

Herr Heinrich Abt,
Rektor der aarg. landwirtschaftl. Winterschule in Brugg von Bünzen geb. 1854.
Derselbe deponiert nach Ermahnung zur Wahrheit und Vorhalt der Folgen falschen Zeugnisses:
Es ist richtig, dass ich mich in der angegebenen Weise anlässlich einer /Zuchttier/ [Vieh]schau im Ktn. Obwalden geäussert habe. Es hat sich in der Eisenbahn ein Reisender, der nach dem Dialekt ein Aargauer war, zu den Mitreisenden geäussert, ein Dritter, dessen Namen er gesagt hat, der mir aber entfallen ist, hätte den Adolf Scheuber lange nach der That auf Nidwaldnergebiet getroffen und es habe dieser die Bemerkung gemacht: «dass er den Vater Durrer ermordet, reue ihn nicht, aber dass er auch den Sohn getötet, das falle ihm schwer.» Wie der Aargauer, der diese Mitteilung im Eisenbahnwagen machte, heisst, kann ich ebenfalls nicht sagen.

Abgelesen und bestätigt

Heinr. Abt
Verfügung: Übermittlung an das Verhöramt
Nidwalden.

Z.B. Der Gerichtspräsident
Hübler
Der Gerichtsschreiber
Keller

Das
Polizei- und Militär-Departement
des
Kantons St. Gallen

St. Gallen den 13. Mai 1902.

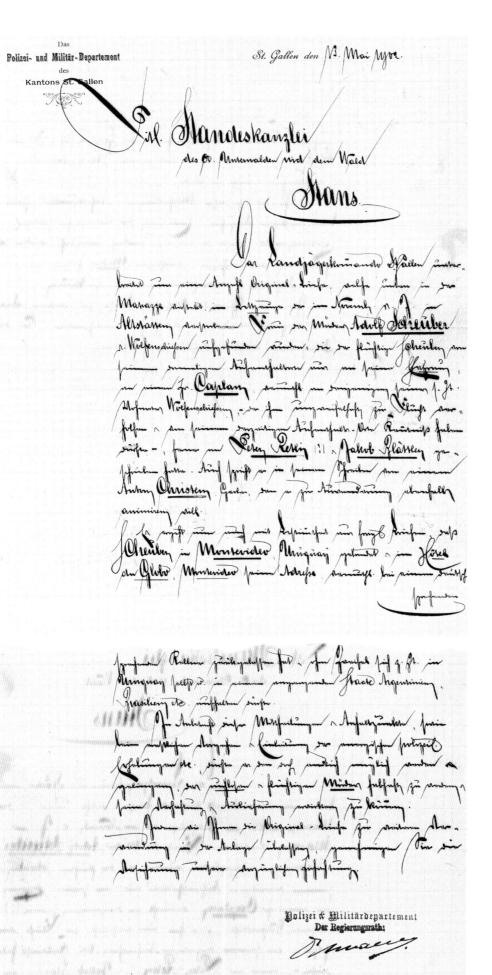

Polizei & Militärdepartement
Der Regierungsrath:

Der Vorsteher des Polizei- und Militärdepartements des Kantons St. Gallen übermittelt die Briefe Adolf Scheubers, welche die Kantonspolizei St. Gallen im Bettzeug der verstorbenen Bertha Scheuber-Christen gefunden hatte, 13. Mai 1902. StANW D 1245, Sch. 1282.

Das Polizei- und Militär-Departement des Kantons St. Gallen	St. Gallen den 13. Mai 1902 Titl. Standeskanzlei des Ct. Unterwalden nid dem Wald Stans

Das Landjägerkommando St. Gallen unterbreitet uns eine Anzahl Original-Briefe, welche unten in der Matrazze verstekt, im Bettzeuge der im Novembr. v. J. in Altstätten verstorbenen Frau des Mörders Adolf Scheuber v. Wolfenschiessen aufgefunden wurden, die der flüchtige Scheuber von seinem damaligen Aufenthaltsorte aus an seine Ehefrau, an einen Hr. Caplan, vermuthl. An denjenigen seines s. Zt. Wohnortes Wolfenschiessen, – der ihm unzweifelhaft zur Flucht verholfen u. von seinem derzeitigen Aufenthalts-Orte Kenntnis haben dürfte –, ferner an Peter Retlin (?) u Jakob Blättler geschrieben hatte. Auch spricht er in seinem Schreiben von einem Anton Christen, Gerber, den er zur Auswanderung ebenfalls animiren will. Es ergeht nun auch mit Bestimmtheit aus fragl. Briefen, dass Scheuber in Montevideo, Uruguay gelandet u. im Hotel de Globo, Montevideo seine Adresse, vermuthl. bei einem deutschsprechenden (/)

sprechenden Kellner zurückgelassen hat, ohne Zweifel sich z. Zt. in Uruguay selbst od. in einem angrenzenden Staate Argentinien, Brasilien etc. aufhalten dürfte. In anbetracht dieser Mittheilungen u. Anhaltspunkte, sowie beim ernstlichen Vorgehen u. Einleitung der energischen polizeil. Erhebungen etc. dürfte es den doch endlich möglich werden u. gelingen, des ruchlosen u. flüchtigen Mörders habhaft zu werden u. seine Verhaftung u. Auslieferung erwirken zu können.
Indem wir Ihnen die Original-Briefe zur weiteren Verwendung in der Anlage überlassen, genehmigen Sie die Versicherung unserer vorzüglichen Hochachtung.

Polizei & Militärdepartement
Der Regierungsrath:
(xxx)

Vorder- und Rückseite des kleinen Zettelchens mit der Ansicht des Hafens von Genua auf der Vorderseite, welches die Kantonspolizei St. Gallen in den Effekten der verstorbenen Bertha Scheuber-Christen gefunden und am 7. Nov. 1901 den Nidwaldner Untersuchungsbehörden gesandt hat. StAOW 616a.

Schnelldampfer /Savia/ Savoia
enthaltend 5300 Tonnen Gewicht und 146 m lang
fährt in 1 Stunde 18 Meilen weit.

Mein liebes Baisi es ist lang gegangen bis ich Alles sicher ausblaniert gehabt habe,
aber es ist besser langsam aber sicher. Du kannst mir nicht glauben wie ich auf unsere
Zusammenkunft sehne, den an Dir habe ich treues Blut und kühnen Mut erkannt welches
ich Dir niemals vergessen werde, und hoffe Dir das Alles mit einer gegenseitigen Treue
und mit einem anhänglichen Zusammenleben wieder zu vergelten. Grüsse richte Du an
jene wo Du willst ich einmal enden auf dieser Seite. Vorläufig die herzlichsten Grüsse
von Deinem immer treu liebenden unvergesslichen Sadi, Hudi
(Gält Du bist mis Selenbarädiseli Hudi?)

Steckbrief.

Scheuber, Adolf, von Wolfenschiessen, Schweiz, 33 Jahre alt, Zimmermann, mittelgross, von fester Statur, Haare und Schnäuzchen blond, linkes Auge etwas verzogen und ungleich dem andern, wurde vom Obergericht des Kantons Unterwalden ob dem Wald unter dem 1. Februar/22 März 1902 wegen des von ihm am 14. Oktober 1899 auf Grubialp, Melchthal, Kt. Obwalden begangenen Doppelmordes an den Wildhütern Werner und Josef Durrer in contumaciam zum Tode verurteilt.

Aus seither aufgefundenen Korrespondenzen ergiebt es sich, dass Scheuber gegen Ende des Jahres 1899 sich unter falschem Namen aus der Schweiz nach Italien flüchtete und — wahrscheinlich von Genua aus — sich nach Montevideo (Uruguay) einschiffte, wo er auch gelandet ist; er ist mit einem Hôtel „de Globo" in Montevideo bekannt. Mindestens bis Neujahr 1901 arbeitete Scheuber als Zimmermann, Schreiner und Wagner, vielleicht auch als Landwirt, in Uruguay.

Adolf Scheuber ist behufs Auslieferung an die schweizer. Behörden zu verhaften, und es ist von seiner Festnahme dem eidgen. Justiz- und Polizeidepartement in Bern oder der unterzeichneten Amtsstelle Kenntnis zu geben.

Sarnen, den 30. September 1902.

Die Polizeidirektion Obwalden:

Mandat d'arrêt.

Le 1er Février/22 Mars 1902, le nommé **Scheuber** Adolphe, de Wolfenschiessen, Suisse, âgé de 33 ans, charpentier, taille moyenne, corpulence forte, cheveux blonds, petite moustache blonde, œil gauche légèrement étiré et différent de l'autre, a été condamné à mort par le tribunal supérieur du Canton d'Unterwalden-le-Haut, par défaut, pour double assassinat commis à Grubialp, Melchthal, dans le même Canton sur la personne des gardes-chasse Werner et Joseph Durrer le 14 Octobre 1899.

De correspondances trouvées dès lors, il résulte que, vers la fin de l'année 1899, Scheuber s'est réfugié de Suisse en Italie sous un faux nom et s'est embarqué, — probablement à Gênes, — pour Montevideo (Uruguay) où de fait il a debarqué. Il est en relations avec un Hôtel „de Globo" à Montevideo.

Scheuber à travaillé dans l'Uruguay en qualité de charpentier, de menuisier et de charron, peut-être aussi d'agriculteur au moins jusqu'à Nouvel-an 1901.

Adolphe Scheuber doit être arrêté en vue de son extradition aux autorités suisses et avis de son arrestation être donné au Département fédéral de Justice et Police à Berne ou à l'office soussigné.

Sarnen, le 30 Septembre 1902.

Le Directeur de Police
du Canton d'Unterwalden-le-Haut:

Steckbrief, 30. Sept. 1902. StAOW 616.

Geburtsschein.

Schweizerische
Eidgenossenschaft

Kanton Nidwalden

Auszug aus dem Geburtsregister
des

Zivilstandskreises

_____, Seite *59*, Nr. *11*.

Den *siebengehnten März* tausend *acht* hundert *sieben-*
zig ___ um *2* Uhr *nachmittagen* mittags
ist geboren worden zu *Altgallen*, _____

Scheuber Adolf, _____

_____ eheliche _____ Sohn
Tochter

de*s* *Joakim Scheuber*, _____

Beruf: *Landwirt*, _____

von *Büren ob/nid dem Bach*, _____

wohnhaft in *Wolfenschiessen*, _____

und de*r* *Ursula Nuheim*. _____

_____

Für richtigen Auszug:

Wolfenschiessen, den *9. Dez.* 192*6*

Der Zivilstandsbeamte:

Christen

Adolf Scheuber,
verehlicht mit Berta Christen,
Den 11. Nov. 1898
Berta Christen verehlicht Scheuber
ist gestr. am 4. Nov. 1901 in Altstätten St. Gallen.

Geburtsschein von Adolf Scheuber. Auszug aus dem Geburtsregister vom 9. Dez. 1926, mit den Angaben zu seiner Frau Bertha und ihrem Tod am 4. Nov. 1901 in Altstätten, St. Gallen. StANW D 1245, Sch. 1282.

Verschollenheitsruf.

Das Kantonsgericht Nidwalden hat über Adolf Scheuber von Wolfenschießen, geboren den 17. März 1870, Sohn des Joachim und der Ursula Muheim, Witwer, auf Ansuchen seiner Geschwister hin die Einleitung des Verschollenheitsverfahrens beschlossen.

Der Genannte ist im Oktober 1899 ausgewandert und ist seither nachrichtenlos abwesend.

Der Genannte, sowie alle, welche über dessen Aufenthalt Auskunft geben können, werden hiemit gerichtlich aufgefordert, bezügliche Nachrichten bis spätestens 30. September 1929 der Gerichtskanzlei in Buochs zukommen zu lassen, ansonst die Verschollenerklärung mit allen gesetzlichen Folgen ausgesprochen wird, wie wenn der Tod bewiesen wäre.

Stans, den 19. September 1928.

Der Kantonsgerichtspräsident: **Lic. W. Kaeslin.**
Der Gerichtsschreiber: **Dr. Jos. Odermatt.**

Verschollenerklärung.

Das Kantonsgericht Nidwalden hat in seiner Sitzung vom 27. November 1929 nach erfolglosem öffentlichem Aufruf gemäß Art. 38 des Z. G. B. für verschollen erklärt:

Adolf Scheuber von Wolfenschießen,

geboren den 17. März 1870, Sohn des Joachim Scheuber und der Ursula Muheim, Witwer, ausgewandert im Oktober 1899.

Die Wirkung der Verschollenerklärung wird auf den 1. Januar 1900 festgesetzt.

Die Gerichtskanzlei Nidwalden.

Verschollenheitsruf, «Nidwaldner Amtsblatt», 19. Sept. 1928. StANW D 1245, Sch. 1282.
Verschollenenerklärung, «Nidwaldner Amtsblatt», 27. Nov. 1929. StANW D 1245, Sch. 1282.

Dr Heinrich Stockmann   4054 Basel, 2 Februar 1982

An das Zivilstandsamt
Wolfenschiessen

5386 Wolfenschiessen / NI

Betrifft: Hans Scheuber, geboren ca. 1875, gestorben nach 1955
_____

Sehr geehrter Herr Vorsteher des Zivilstandsamtes,

kürzlich hat mir Herr Dr. Viktor Umbricht, Basel, der bekannt-
lich im Dienste der UNO heute zahlreiche Missionen in der ganzen Welt, vor allem aber in Afrika, erfüllt, mitgeteilt, dass
er im Jahre 1955, als er noch im Dienste der Weltbank ebenfalls
in Afrika, d.h. im heutigen Gebiete von Ruanda Burundi, einge-
setzt war, eine interessante Begegnung mit dem obgenannten Hans
Scheuber gehabt hat. Umbrichts Equipe hatte auf schlechter
Pisten-Strasse noch eine lange Strecke zu absolvieren, als das
Fahrzeug einen Defekt erlitt und die Reisegesellschaft in der
Wüste stecken blieb. Wie üblich in diesen Ländern fiel die
Nacht rasch herein. Da sah Umbrichts Equipe in der Ferne ein
Licht, auf das sie nun in der Nacht zuging. Sie kam an eine
Kreuzung von Pisten-Strassen, wo auch eine Austauschstelle von
Produkten und Waren aller Art für die Einheimischen vorhanden
war. Leiter dieser Austauschstelle war ein alter verwitterter
Mann, der nach Meinung von Dr. Umbricht sicher seine achtzig
Jahre hatte. Im Laufe des Gesprächs zeigte es sich, dass es ein
Europäer, d.h. ein Schweizer war, der sich als Hans Scheuber zu
erkennen gab. Er sagte noch, dass sein Bruder Professor im Kol-
legium Schwyz sei, was Herrn Dr. Umbricht, der selber Schüler
in Schwyz war, besonders interessierte. Er hat diesen Bruder in
Schwyz gekannt. - Hans Scheuber, mit dem Umbricht nun die
Nacht im Gespräch verbrachte, erzählte, dass er einen Mord be-
gangen habe und deshalb hier in Afrika sei und die Tochter eines
Stammeshäuptlings geheiratet habe.

Da ich vermute, dass es sich bei diesem Hans Scheuber um den
Wilderer handelt, der um die Jahrhundertwende in der Alp Gruebi
oberhalb von Melchtal den Wildhüter Durrer und seinen Sohn erschossen hat, würde es mich interessieren, ob Ihnen über die
weiteren Schicksale des Hans Scheuber, der heute natürlich gestorben sein muss, weiteres bekannt ist. Kennen Sie das genaue
Todesdatum von Scheuber? Weiss man etwas über seine Ehe mit der
Häuptlingstochter? Bestanden Verbindungen mit der Heimat in der
Zeit nach seiner Flucht ins Ausland?

Erste Seite des Briefes von Dr. Stockmann an das Zivilstandsamt Wolfenschiessen, 2. Feb. 1982.
Gemeindearchiv Wolfenschiessen.

Damentaschenuhr, die der Wildhüter Werner Durrer bei seiner Ermordung am 14. Okt. 1899 auf sich getragen hat.
Durchmesser der Uhr: 28,5 mm. Privatbesitz, Otto Reinhard, Zürich.

Doppelmord auf der Gruobialp

Fall Scheuber

Vierzehnter Oktober 1899

Am Samstag, den 14. Oktober 1899, hörte die Familie des Wildhüters Werner Durrer um zwölf Uhr Schüsse im Lägerliwald, im obwaldnerischen Teil des Bannbezirks. Werner Durrer brach zusammen mit seinem ältesten Sohn Josef von zu Hause auf, um die Wilderer aufzufinden. Otto, der zweitälteste Sohn, war bereits im Auftrage seines Vaters auf einer Tour im Bannbezirk unterwegs. Einige Stunden, nachdem Werner und Josef Durrer aufgebrochen waren, wurden in Melchtal erneut mehrere Schüsse gehört. Gegen fünf Uhr nachmittags kam Otto Durrer von seiner Tour in der Gegend von Storegg und Lachen nach Hause. Die Geschwister erzählten ihm von den Vorkommnissen. Sein Vater und sein Bruder kamen am Abend nicht mehr zurück. Otto wollte am Sonntag frühmorgens nach ihnen suchen.[115]

Die Familie Durrer bewohnte in Melchtal das Heimwesen Plätzli. Sie lebte von der Landwirtschaft und daneben von der Wildhut. Die Wildhut war als Nebenverdienst gedacht und entsprechend bescheiden besoldet – weniger als 500 Franken im Jahr. Die Familie versteuerte ein geringes Vermögen von 2000 Franken. Werner Durrer war 52 Jahre alt, seine Frau war vor 13 Jahren, 1886, gestorben. Josef Durrer war mit 23 Jahren der älteste Sohn, er arbeitete als Schreiner in Sachseln. Otto Durrer, 21 Jahre alt, half seinem Vater gewöhnlich bei der Wildhut. Daneben gehörten die 25-jährige Tochter Maria und die beiden Söhne Karl und Albert, die 17 beziehungsweise 14 Jahre alt waren, zur Familie Durrer.[116]

Frau Bertha Scheuber-Christen, die Frau von Adolf Scheuber, befand sich am 14. Oktober in ihrem Haus in Wolfenschiessen. Der Wolfenschiesser Dorfpolizist Scheuber hatte Adolf Scheuber bereits am Freitag aufgesucht, um ihm eine amtliche Karte abzugeben, vermutlich die Karte mit der Aufforderung, am Montag, den 16. Oktober, in Sarnen zum Verhör zu erscheinen. Bertha gab ihm zur Auskunft, «ihr Mann sei nicht daheim und komme nicht vor Samstag nachts heim». Als Polizist Scheuber am Samstag erneut nach Adolf Scheuber suchte, teilte ihm Bertha mit, ihr Mann sei noch nicht gekommen. Bertha war 24 Jahre alt. Sie stammte vom Wolfenschiesser Heimwesen Loch in Büren ob dem Bach. Seit längerer Zeit war ihre Gesundheit angeschlagen. Sie litt an einem Magengeschwür. Bertha Scheuber-Christen bewohnte zusammen mit ihrem Mann Adolf ein erst vor einem Jahr neu errichtetes Haus in Büren ob dem Bach in Wolfenschiessen. Die beiden waren seit einem Jahr verheiratet und hatten noch keine Kinder. Adolf Scheuber war 29 Jahre alt und Bau- und Zimmermannsmeister in Wolfenschiessen. Er beschäftigte mehrere Arbeiter und hatte Aufträge im ganzen Kanton, manchmal sogar auf Alpen im Kanton Uri. Adolf Scheuber muss zum wohlhabenderen Teil der Bevölkerung gezählt werden, er war aber verschuldet. Sogar das «Nidwaldner Volksblatt» wusste einige Tage später zu berichten, dass Adolf Scheuber «in letzter Zeit finanziell etwas in Nöten war».[117]

Wildhüter Christen von Wolfenschiessen befand sich am Samstag, den 14. Oktober, nicht im Bannbezirk. Zusammen mit dem Nidwaldner Polizeidirektor Flüeler nahm er an einer Landsturminspektion in Stans teil.[118]

Am Samstag, den 14. Oktober, war Adolf Scheuber tatsächlich nicht zu Hause. Wie sich nachträglich herausstellte, befand er sich zusammen mit Johann Waser im obwaldnerischen Bannbezirk auf illegaler Jagd. Johann Waser war wie Adolf Scheuber 29 Jahre alt und wohnte zusammen

Das Dorf Melchtal 1895.
Schweizerisches Landes-
museum, Zürich.

mit Mutter und Vater im Heimwesen Schüpfen in der Gemeinde Wolfenschiessen. Er hatte bereits wiederholt für Adolf Scheuber gearbeitet. Johann Waser und Adolf Scheuber waren schon am Freitagmorgen, um zirka fünf Uhr von Wolfenschiessen in den Bannbezirk aufgebrochen. Den ganzen Freitag hatten sie keine Gämse geschossen. Es hatte geregnet. Die Nacht auf Samstag den 14. Oktober übernachteten sie in der Hütte auf der Alp Gruobi im obwaldnerischen Bannbezirk. Auf der Höhe der Alp Gruobi lag Schnee. Der war in der Nacht auf Samstag frisch gefallen. Es war ein kalter Morgen und hatte Nebel. Am Nachmittag sahen die beiden in der Nähe der Alp Gruobi einige Gämsen. Adolf trieb die Gämsen Johann Waser zu. Johann schoss einen Gäms-bock, Adolf Scheuber anschliessend zwei Gämskitzen. Nachdem sie die Tiere ausgeweidet hatten, gingen sie «aufwärts», d.h. in Richtung Nidwaldner Grenze. Johann Waser war Adolf Scheuber «etwa ein Steinwurf voraus», als sie die beiden herannahenden Wildhüter erblickten, die ihren Fussspuren folgten.[119]

Was darauf genau geschah, entzieht sich unseren Kenntnissen. Um es vorwegzunehmen: Am nächsten Tag wurden Werner und Josef Durrer erschossen aufgefunden, und Johann Waser und Adolf Scheuber hatten sich auf ein Alibi geeinigt. Dieses zentrale Ereignis der Geschichte, der Mord an den beiden Wildhütern, der damals so hohe Wellen warf und der bis heute in der Erinne-rung fortlebt, bleibt ein blinder Fleck. Die beiden Durrer lebten nicht mehr. Adolf Scheuber floh ohne Geständnis. Einzig Johann Waser schilderte in den kommenden Wochen gegenüber dem Verhörrichter eine – zu Beginn noch teilweise widersprüchliche – Version der Ereignisse. Wo er nur konnte, betonte Johann Waser, an der Tat selber nicht beteiligt gewesen zu sein, und aufgrund des Nebels nichts gesehen zu haben. Gehört habe er nur, neben den Schüssen, wie der Wildhüter gerufen habe: «Scheuber jezt thut's es.»[120]

Die Untersuchungsbehörden in Obwalden und Nidwalden sicherten die Spuren am Tatort, liessen eine Leichenschau und ballistische Untersuchungen durchführen, verhörten eifrig mögliche Mitwisser und Beteiligte, verfolgten jede mögliche Spur, überprüften die Angaben von Johann Waser, fanden die Tatwaffe, fanden ein Tatmotiv, legten sich ihre Version des Doppelmords zurecht. Der Sachverhalt des Mordes, die Identität des Mörders, sein Vorgehen und seine Schuld konnten strafrechtlich hinreichend geklärt werden. Die Übereinstimmung der einzelnen Untersuchungsergebnisse, Spuren und Verhöre erlaubten es den Obwaldner Gerichten, Adolf Scheuber zu überführen und schliesslich in Abwesenheit wegen Mordes zum Tode zu verurteilen.[121]

Strafrechtlich konnte alles geklärt werden. Das ist aber nur eine Seite der Ereignisse vom 14. Oktober. Bis heute taucht die Frage immer wieder auf, warum Adolf Scheuber den Mord begangen hat. Damals, wie heute, war es nicht selbstverständlich, dass ein in einer Gemeinde etablierter Mann wegen ein paar Gämsen zwei andere Männer umbringt. Dies zeigt sich an den Reaktionen der damaligen Behörden und Zeitungen, auch am heutigen Interesse an der Geschichte. In einem aktuellen Zeitungsartikel, der anlässlich des hundertjährigen Gedenkens an den Mord erschienen ist, wird die Geschichte sogar als mystisch, geheimnisvoll und dunkel beschrieben. Der Fall sei auch heute noch nicht in allen Details geklärt. Strafrechtlich ist der Sachverhalt aber seit dem Gerichtsurteil restlos geklärt. Eine Revision des Urteils hätte kaum eine Chance. Unklar ist einerseits aber der Verbleib Adolf Scheubers nach seiner Flucht. Unbeantwortet ist anderseits auch die Frage, weshalb Scheuber den Mord begangen hat. Als Tatmotiv – für die Verurteilung unerlässlich – wurde von den Untersuchungsbehörden Rache angenommen und vor dem Gericht auch der Beweis dafür erbracht. Dennoch existierte und existiert bis heute das Bedürfnis, «in den Kopf» von Adolf Scheuber zu schauen und Erklärungen für sein Verhalten zu finden. Dieses Bedürfnis war damals schon gross, und es ist heute nicht kleiner. Den Blick in Adolf Scheubers Kopf, ein psychologisches Gutachten, kann aufgrund des vorliegenden Materials niemand mehr zustande bringen. Daher rührt vermutlich das «Mystische» des Falls.[122]

An dieser Stelle ist es angebracht zu fragen, inwiefern man überhaupt imstande ist, Gewalt beziehungsweise einen Mord zu erklären. Auch wenn bei einem heutigen Mord die Motive oder gar die Psychologie des Mörders untersucht werden, ist es fraglich, ob wir verstehen können, warum jemand eine andere Person umbringt. Kaum je ist ein Mord populärpsychologisch derart einleuchtend und einfach erklärbar, wie dies der Kommissar in einem Kriminalfilm oder einem Kriminalroman gewöhnlich gekonnt darlegen kann.

Im Folgenden werden die Auswirkungen des Mordes im Vordergrund stehen: Wie reagierten die Behörden auf den Mord, wie ging die Bevölkerung damit um, wie sprach man darüber und wie wurde er von den Beteiligten und Betroffenen bewertet? Den Versuch, Adolf Scheubers Verhalten vermeintlich restlos zu verstehen oder gar die Tat psychologisch zu erklären, unterlasse ich bewusst. Solche Erklärungsversuche geraten zu leicht zu Rechtfertigungen des Mörders.[123]

Fünfzehnter Oktober

Nachdem Johann Waser und Adolf Scheuber am Samstagabend, versteckt unter einer Brücke bei Engelberg, bis Mitternacht gewartet hatten, marschierten sie nach Wolfenschiessen. Unterwegs versteckten sie die Gämsen in einem Stall.[124]

Otto Durrer machte sich am Sonntag, den 15. Oktober, bereits um sechs Uhr auf die Suche nach seinem Vater und seinem Bruder. Im Lägerliwald fand er ihre Fussspuren und daneben die Spuren von zwei Unbekannten. Den Spuren folgend kam er über die Waldgrenze hinaus zur Alp Gruobi. An einer Stelle mit wenig Schnee verlor er die Spuren seines Vaters und seines Bruders. Er folgte nun den Spuren der Unbekannten. Er fand Abdrücke abgelegter Gämsen und drei leere Patronen-hülsen. Die Spuren führten über die Grenze nach Nidwalden und von dort in Richtung Engelberg. Darauf kehrte er den Spuren der Unbekannten entlang zurück:

> Ich kam nun vom Widderfeld her etwas tiefer unten durch auf die erwähnte Stelle und bemerkte daher den Vater sofort. Ich liess mein Gewehr fallen und hob es nicht mehr auf, dann suchte ich den Bruder, fand aber zuerst nur seinen Stock und das Ordonnanzgewehr, die ich, wie alles Übrige, unberührt auf dem Platze liegen liess. Kurz darauf sah ich auch den Bruder. Vater und Bruder waren todt und wie ich oberflächlich bemerkte, durch mehrere Schüsse verletzt. Nun begab ich mich sofort ins Melchtal zurück, wo ich ungefähr um elf Uhr vormittags eintraf. Ich teilte das Geschehene dem Siegfried Michel mit und dieser übernahm es, die Behörden davon in Kenntnis zu setzen.[125]

Auffallend ist die nüchterne Sprache dieser Beschreibung. Otto Durrer hat diesen Text nicht selbst verfasst. Am nächsten Tag schrieb der Landschreiber im Gespräch mit Otto Durrer die für die Beweisaufnahme relevanten Informationen in erster Rede nieder. Emotionen, Trauer oder sonstige Hinweise auf eine Gefühlsregung fehlen, abgesehen vielleicht vom fallengelassenen Gewehr. Wie gross die Diskrepanz zwischen der juristischen Sprache der Beweisaufnahme und dem Erlebnis eines Betroffenen sein kann, lassen die Angaben von Bruderklausenkaplan Durrer, dem Sohn von Otto Durrer, erahnen: Als Otto Durrer von der Alp Gruobi ins Tal gerannt sei, habe man sein Aufschreien bereits von der Rütialp oberhalb von Melchtal gehört. Als er im Plätzli ange-kommen sei, habe sich dort bereits das ganze Dorf versammelt. Das Erlebnis hat ihn sein Leben lang begleitet. Seine Familie habe später nie mit ihm darüber sprechen können, «wil es ihn eifach z'fescht a'griffe hed».[126]

Nachdem die Nachricht gegen elf Uhr im Dorf angekommen war, brachen Alfred Michel und ein weiterer Melchtaler zum Tatort auf, um die Leichen zu bewachen und nach weiteren Spuren zu suchen. Alfred Michel entdeckte auf der Nidwaldner Seite auf den Resten einer Schneever-wehung den Abdruck eines Mannes, der auf dem Bauch gelegen war. Daneben entdeckte er den Abdruck eines Gewehrkolbens. Die beiden fanden auch die Reste der Mahlzeit der beiden Wil-derer, Brosamen von Käsekuchen oder «Kolermus».[127]

Um elf Uhr wurde die Polizeidirektion in Sarnen telefonisch benachrichtigt. Nach einer eilig ein-berufenen Sitzung sandten die drei versammelten Regierungsräte eine Gruppe von Amtspersonen und Ärzten los, um den Sachverhalt festzustellen und ein Visum et Repertum, d.h. die schrift-liche Tatbestandsaufnahme, anzufertigen. Mit einem Zweispänner brachen sie von Sarnen auf, nahmen in Kerns noch weitere Personen mit und kamen gegen halb drei in Melchtal an. Otto Durrer erklärte der Gruppe, wo sich die Leichen befinden. Verstärkt um elf weitere Männer aus dem Melchtal, versehen mit Lebensmitteln und Geräten zur Bergung der Leichen, marschierte die Gruppe bereits eine Viertelstunde nach ihrer Ankunft von Melchtal los.[128]

Die Nachricht vom Mord wanderte unterdessen weiter nach Nidwalden. Ein Kernser brachte die Neuigkeit nach Stans. In Stans war an jenem Sonntag Älplerkilbi. Als Gerücht verbreitete sich die Nachricht in Windeseile. Revierförster Bünter aus Wolfenschiessen begegnete auf dem Dorfplatz Adolf Scheuber, in Begleitung seiner Frau Bertha. Er schilderte die Begegnung am nächsten Tag folgendermassen:

> Ich traf ihn auf dem Dorfplatze in Stans und fragte ihn, ob er wisse, dass der [obw.] Wildhüt erschossen worden sei. Er fragte sofort darauf wohl 2 mal nacheinander «Ist er todt? Ist er todt?» Ich erwiderte ihm, man sage es so. Er fragte, wie man das am sichersten schnell vernehmen könne. Wie ich ihm sagte, dass man telephonieren könne, forderte er mich wiederholt auf, sofort in Melchthal anzufragen. Er möchte es sofort wissen, sagte er mir par Male und ersuchte mich zu telephonieren, was ich auch ausführte.

Auf die Bestätigung der Todesnachricht habe Scheuber nur «Sakrment, Sakrment» gesagt. Laut Bünter war Scheuber «bei der ersten Mitteilung erschrocken».[129]
Polizeidirektor Flüeler sass im Gasthaus «Stanser Hof», als ihm das Gerücht erzählt wurde. Kurz darauf begegnete ihm Revierförster Bünter, der ihm von seiner Begegnung mit Adolf Scheuber auf dem Dorfplatz und von der telefonischen Bestätigung der Todesnachricht berichtete. Flüeler reagierte, indem er per Boten folgende Anfrage an den Polizeiposten Wolfenschiessen sandte:

> Es heisst hier, Wildhüter im Melchtal und Sohn seien gestern beim Widderfeld erschossen worden. Fragen Sie nach und berichten durch Telegraphen, was dort vom Vorfall bekannt ist und ob das Unglück auf Obwaldner oder Nidwaldner Gebiet passiert ist. Namentlich fragen Sie nach, wo sich gestern Adolf und Conrad Scheuber befunden haben.

Als nächstes telefonierte er der Polizeidirektion Obwalden und bekam von Polizeidirektor Seiler ebenfalls die Bestätigung der Todesnachricht. Näheres sei noch nicht bekannt, aber es sei eine Untersuchung in Melchtal im Gange. Polizeidirektor Seiler verdächtigte insbesondere den Nidwaldner Wildhüter Christen. Flüeler antwortete, dies sei ein falscher Verdacht, da er am Vortage zusammen mit Wildhüter Christen an der Landsturminspektion gewesen sei.[130]
Schliesslich nahm Flüeler sich Adolf Scheuber vor und verhörte ihn gleich selbst. Die Fragen und Antworten sind in seiner eigenen Handschrift auf dasselbe Stück Papier notiert, auf welches er sich an jenem Nachmittag die ersten Notizen gemacht hatte. Nur er selbst, als provisorischer Verhörrichter, und Adolf Scheuber unterschrieben das Verhör. Es ist unklar, ob das Verhör im Rathaus oder in einem Hinterzimmer des «Stanser Hofs» oder sonstwo stattfand:

1. Gebt uns an, wo ihr auf gestern und gengestern befunden?	Beide Tage habe ich bei Al. Christ, zur Eintracht im Brand ob der Bettelrüthi geholzet; er hat dort Windbruchholz gekauft.
2. Ihr seid also nicht auf der Jagd gewesen?	Nein. Man kann Johann Waser, Schüpfen, Sohn, fragen, der mit mir in dieser Arbeit stund.
/durchgesehen und bestätet/	
3. Und wo war Euer Bruder Conrad?	Der war beide Tage bei Franz Zumbühl in Wallibalm im Holz. Dieser Zumbühl und mein Bruder Conrad haben den Holzakkord miteinander und bearbeiten das Holz noch viel miteinander Er wohnt im Geismattli, Humligen.[131]

Bulletin
des „Obwaldner Volksfreund"
vom 16. Oktober 1899.

Letzten Sonntag den 15. Oktober gegen mittag drang die Kunde eines schrecklichen Verbrechens unter das Publikum. Vom Melchthal kam die Meldung, daß Wildhüter Werner Durrer und sein Sohn Josef von Wilderern erschossen worden.

Der Tatbestand, soweit bisan bekannt, ist ungefähr folgender:

Samstag den 14. Oktober vernahm Wildhüter Durrer, daß im Freiberg ob Melchthal gegen Rothisand zu gewildert werde, daß man von dorten Schüsse gehört. Er machte sich alsdann pflichtgemäß mit seinem Sohn Josef auf den Weg, um die Wilderer zu entdecken. Als sie Samstag abends wider Erwarten nicht heimkamen, wurde die Familie besorgt. Sohn Otto Durrer machte sich des Sonntags nach der Frühmesse auf die Suche. Aufwärts marschierend, entdeckte er nichts; als er aber wieder bergabwärts gehend in die Alp Gruobi kam, entdeckte er vorerst die Leiche seines Vaters, den Kopf von zwei Kugeln eigentlich zerschmettert, so daß das Gehirn heraustrat. Halb besinnungslos sich umschauend, gewahrte er seines Bruder Ordonnanzgewehr, doch den Bruder nicht. Weiter forschend, fand er hinter einem ca. ofengroßen Stein auch die Leiche seines Bruders, ebenfalls durch den Kopf geschossen.

Vom Schrecken erfüllt, eilte Otto Durrer mit der Trauerbotschaft heim. Auf sofortige amtliche Anzeige machte sich eine regierungsrätliche Untersuchungskommission auf den Weg, um den Tatbestand zu konstatieren. Soweit sich aus Vermutungen Schlüsse ziehen lassen, erhellt, daß Vater und Sohn Durrer von unten kommend, von zwei oben auf einem sogen. Bödeli befindlichen Wilderern entdeckt und auf Distanz von 18—20 Metern niedergeschoßen wurden. Daß es sich nicht etwa bloß um einen zufällig treffenden Schreck- oder Drohschuß handelt, geht daraus hervor, daß leider der Wildhüter wie sein Sohn, von mehreren Schüssen getroffen wurden. Vater Durrer trug 4, Sohn Josef 3 Schußwunden, wovon je zwei tötliche im Kopf. Es handelt sich also, soweit anzunehmen, um vorbedachten Mord, ohne jede Entschuldigung.

In Bezug auf die Täterschaft fehlen dermalen sichere Anhaltspunkte gänzlich. Doch ist zu hoffen, daß die Urheber eines so schweren Verbrechens wie die Geschichte der obwaldnerischen Strafrechtspflege glücklicherweise bisan keines kannte, entdeckt und zur Ahndung gezogen werden können.

Wir fügen noch bei, daß Sohn Josef Durrer aus seinem Ordonnanzgewehr einen Schuß abfeuerte. Da aber das Gewehr von seiner Leiche einige Meter entfernt lag, ist anzunehmen, daß er das Gewehr fallen ließ, sich hinter den genannten Stein verbergen wollte, und daher wehrlos, wie ein wildes Tier, niedergeknallt worden.

Nach der Begegnung zwischen Adolf Scheuber und Revierförster Bünter waren die beiden Brüder Adolf und Konrad Scheuber für Polizeidirektor Flüeler sogleich die Hauptverdächtigen. Auch Flüeler wird sich an die Festnahme der beiden Brüder durch Wildhüter Werner Durrer vor fünf Jahren erinnert haben. Neben Adolf Scheuber wurde zwar auch ein Christen aus Dallenwil am gleichen Tag verhört, aber dieses Verhör spielte im weiteren Verlauf des Verfahrens keine Rolle mehr. Der vom Obwaldner Polizeidirektor Seiler verdächtigte Wildhüter Christen wurde durch Flüeler sogleich vom Verdacht befreit. Flüeler engagierte sich an jenem Nachmittag sehr, den Mord zu klären: Er liess den Polizisten in Wolfenschiessen benachrichtigen und verhörte nur kurze Zeit nach Bekanntwerden des Mordes schon den ersten Hauptverdächtigen. Wie aus dem Verhör klar wird, gab Adolf Scheuber für sich und den noch nicht verdächtigten Johann Waser wie auch für seinen Bruder Konrad ein Alibi an. Polizeidirektor Flüeler glaubte Adolf Scheuber das Alibi. Scheuber gab an, für den Wirt der «Eintracht», Alois Christen, im Holz gearbeitet zu haben. Alois Christen hatte Adolf Scheuber bereits 1894 ein Alibi bestätigt. Ehe das Alibi überprüft war, entliess Polizeidirektor Flüeler Adolf Scheuber nach Hause. Angesichts der Schwere des Verdachts und des noch nicht überprüften Alibis wäre Flüeler befugt gewesen, Adolf Scheuber in Untersuchungshaft zu nehmen.[132]

Polizist Scheuber in Wolfenschiessen berichtete etwas später aus Wolfenschiessen, dass dort von dem Unglücksfall noch nichts bekannt sei. Konrad Scheuber habe am Samstag im Holz gearbeitet. Adolf Scheuber sei am Freitag und am Samstag nicht zu Hause gewesen und er sei heute von Stans noch nicht zurückgekehrt. Er, Polizist Scheuber, wolle aber nachforschen, wo Adolf Scheuber am Samstag gewesen sei. Die Gelegenheit dazu bot sich Polizist Scheuber noch am selben Sonntagabend. Er traf Adolf Scheuber am Schützenrat im Gasthof Eintracht in Wolfenschiessen. Am nächsten Tag schilderte er diese Begegnung wie folgt:

> Wir hatten gestern abend Schützenrat. Bei seinem Erscheinen sagte Adolf Scheuber sofort, heute sei es ihm gut gegangen, dass er im Verhöre hab angeben können, wo er gestern (Samstag) gewesen sei, sonst hätte man ihn im Verdacht, er hätte die Wildhüter erschossen. (…) Ich fragte ihn darauf, wo er den Samstag gewesen sei, worauf ich keine Antwort erhielt. Als ich ihm dann die gleiche Frage wiederholte, sagte er endlich nach längerem Zögern, er habe im Joh. Zumbühl Brandwald mit Johann Waser gearbeitet.[133]

Gruppenbild aufgenommen an einem Rütlischiessen mit Wildhüter Anton Christen (erster von rechts) und Adolf Scheuber (vierter von links, das Bein angewinkelt). Privatbesitz, August Christen, Wolfenschiessen.

Nach dem Schützenrat begab sich Adolf Scheuber ins Gasthaus Kreuz, um sich dort mit dem Melchtaler Peter Röthlin, genannt Stolli, zu treffen. Adolf Scheuber wollte offenbar dem Peter Röthlin zwei Gülten verkaufen. Nach Auskunft von Bertha Scheuber in einem Verhör habe Peter Röthlin für die Gülten im Wert von je 1000 Franken nur je 600 Franken bezahlen wollen und deshalb sei der Handel nicht zustande gekommen. Die Gülten waren beim Nidwaldner Landschreiber hinterlegt und wurden schliesslich nicht mehr eingelöst. Adolf Scheuber versuchte jedenfalls, Bargeld zu organisieren. Am nächsten Tag wurde gesehen, dass er im Besitze von mindestens 100 Franken war.[134]

Auf den Sonntagabend hatten sich Johann Waser und Adolf Scheuber verabredet, um gemeinsam die versteckten Gämsen zu holen. Als Adolf nicht kam, nahm Johann seinen Gämsbock mit und versteckte ihn in der Nähe seines Heimwesens.[135]

Um Viertel nach fünf hatten die Obwaldner Amtspersonen zusammen mit ihrer Begleitung die Alp Gruobi erreicht. Der Tatort wurde untersucht, die Lage der Leichen, Patronenhülsen und Gewehre vermessen und die Leichenschau vorgenommen. Neben insgesamt zehn leeren Patronenhülsen wurde ein Stück Rockärmelfutter gefunden. Die Leichen wurden in Wolldecken gewickelt und auf Traggabeln gebunden. Gegen sechs Uhr machte sich die Gruppe wieder auf den Rückweg. Das letzte Stück wurden die Leichen auf Schlitten ins Tal gebracht. Die Gruppe kam um halb neun in Melchtal an. Die Leichen wurden im Schützenhaus aufgebahrt, die Hilfsmannschaft vorläufig entlassen, und die Amtspersonen quartierten sich für die Nacht im Hotel Melchtal ein.[136]

Sechzehnter Oktober

Im Gegensatz zu Polizeidirektor Flüeler schenkte Polizist Scheuber den Angaben Adolf Scheubers kein Vertrauen. Zusammen mit Revierförster Bünter machten sie sich am frühen Montagmorgen auf, um den Wald zu untersuchen, in dem Adolf Scheuber mit Johann Waser gearbeitet haben soll. Sie wollten das Alibi überprüfen. In dem am Wald angrenzenden Heimwesen wollte man am Samstag keine Arbeiter im fraglichen Wald gesehen oder gehört haben. Beim Durchstreifen des Waldes konnten der Förster und der Polizist nirgends Spuren entdecken, die davon zeugten, dass dort kürzlich gearbeitet worden war. Die letzten Arbeiten in diesem Wald schienen vor etwa einem Monat geleistet worden zu sein. Die beiden fanden keine Arbeitsspuren, aber sie hörten, wie sich zwei Personen durch Pfeifen mit leeren Patronenhülsen Signale gaben. Nach kurzer Zeit begegneten sie Joachim Scheuber, dem Vater von Adolf Scheuber, und gleich darauf Johann Waser. Beide waren in den Wald gekommen, um zu holzen. Gemäss Polizist Scheuber war Waser «bei unserer Ankunft sichtlich überrascht und konnte nur verlegen und stotternd antworten». Wie sich nachträglich in den Verhören herausstellte, hatte Adolf Scheuber am Montagmorgen seinem Vater und Johann Waser den Auftrag erteilt, in besagtem Wald zu arbeiten.[137]

Nach der Entdeckung von Adolf Scheubers falschem Alibi überstürzten sich die Ereignisse. Der Obwaldner Polizeidirektor Seiler hatte am Montagmorgen die Nidwaldner Polizeidirektion telegrafisch vom Mord unterrichtet. Er teilte mit, zwei Fussspuren führten von den Leichen nach Nidwalden. Seiler verlangte von Nidwalden «energische Nachforschungen und Unterstützung». Der Nidwaldner Regierungsrat tagte am selben Morgen und beauftragte das Verhöramt, eine Untersuchung in Nidwalden einzuleiten. Gegen Mittag traf in Stans die Nachricht von Polizist Scheuber und Revierförster Bünter ein, Adolf Scheuber habe ein falsches Alibi angegeben.

Der Nidwaldner Verhörrichter Odermatt, vom Regierungsrat mit der Führung der Untersuchungen beauftragt, begab sich unverzüglich nach Wolfenschiessen. Er vernahm zunächst den Dorfpolizisten und den Revierförster über ihre morgendliche Erkundung. Odermatt stellte fest: Adolf Scheuber hatte kein Alibi für den Tag des Mordes, und das Alibi hätte nachträglich hergestellt werden sollen. Odermatt wollte sogleich die beiden Verdächtigten, Johann Waser und Adolf Scheuber, verhaften lassen. Adolf Scheuber befand sich im Wolfenschiesser Bahnhofrestaurant. Verhörrichter Odermatt verhaftete ihn gleich selbst und beauftragte den Polizisten, ihn zu bewachen und mit dem Abendzug nach Stans in die Strafanstalt zu bringen.[138]

Ehe Polizist und Adolf Scheuber in Wolfenschiessen den Zug bestiegen, durfte Adolf noch einmal nach Hause gehen. Dort begegnete er seiner Frau Bertha. Sie beschrieb diese Begegnung einige Wochen später in einem Verhör:

> Am Montag abends sagte er nichts weiter, als er müsse wieder ins Verhör. Als ich in heftiges Weinen (/) ausbrach und ihn bei der Hand ergriff, kamen ihm auch die Tränen, worauf er mich bei Seite schob [und], mit den Worten; ich muss jezt gehen, dem Landjäger (dem Polizisten, M.B.) folgte.

Der Polizist Scheuber und der ungefesselte Adolf Scheuber bestiegen den Gepäckwagen, Verhörrichter Odermatt setzte sich in das Personenabteil des Abendzuges nach Stans. Kurz nach Wolfenschiessen, in der Nähe des Heimwesens Loch, wo Bertha Scheuber aufgewachsen war, fährt die Eisenbahn eine Kurve. Adolf Scheuber sprang unversehens aus dem Gepäckwagen, verlor seinen Hut und rannte davon. Polizist Scheuber sprang ihm nach und rannte ihm hinterher. Im Wald und Gestrüpp kam der Polizist bis auf kurze Distanz an ihn heran und forderte ihn auf, sich zu ergeben. Adolf Scheuber habe sich einmal kurz umgedreht und den Polizisten gebeten: «Der tusig Gottswillen, lass mich doch gehen.» Polizist Scheuber wollte ihn nicht gehen lassen und rannte ihm weiter nach. Im dichten Gestrüpp verlor er ihn dennoch.[139]

Das Bahnpersonal meldete dem Verhörrichter bei der nächsten Station, Adolf sei aus dem Wagen gesprungen und der Polizist ihm nachgerannt. Verhörrichter Odermatt liess sofort Revierförster Bünter und dem Gemeindepräsidenten von Wolfenschiessen mitteilen, dass sie eine Bürgerwehr aufstellen und versuchen sollen, den Entflohenen einzufangen. In Wolfenschiessen war aber niemand am Bahnschalter, der das Telefon abgenommen hätte. So wurde ein Eilbote nach Wolfenschiessen gesandt. Gleichzeitig benachrichtigte Verhörrichter Odermatt Polizeidirektor Flüeler. Dieser verfasste sofort, d.h. um halb sieben Uhr, im Namen der Polizeidirektion Nidwalden einen Steckbrief und ein Rundschreiben:

> Fahnden sofort und verhaften Adolf Scheuber, Zimmermeister, Wolfenschiessen, der heute aus dem Bahnwagen bei der Lochhöhe entsprungen und wahrscheinlich den Weg über Bärenfallen gen Emmetten genommen. Scheuber ist c' 30 Jahre alt, klein, rothbraune Haare und Schnäuzchen, ist rasiert, ein Auge etwas verzogen und ungleich dem anderen.

Das Rundschreiben sandte er sogleich per Telegraf an die Polizeiposten des Kantons, nach Bern und an die Polizeidirektionen der Kantone Uri und Schwyz. Der Steckbrief wurde am nächsten Tage vervielfältigt und an alle Kantone und die meisten schweizerischen Konsulate geschickt.[140]

Gegen sieben Uhr war Polizist Scheuber wieder nach Wolfenschiessen zurückgekehrt und telegrafierte seinerseits die Nachricht nach Stans: «Adolf ausgerissen, konnte nicht mehr eingefangen werden, Polizist.» Die Bürgerwehr zur Verfolgung und zur Wache hatte sich unterdessen aufgestellt.

Bulletin

des

„Obwaldner Volksfreund"

vom 17. Oktober 1899.

Betreffend die Ermordung des Wildhüters Werner Durrer und seines Sohnes teilen wir nachträglich mit, daß die Spuren der Täter über Rotisand und Arni gegen Nidwalden wiesen. Infolgedessen lenkte sich der Verdacht der Täterschaft auf **Adolf Scheuber,** von Wolfenschießen, der bereits einmal von Wildhüter Durrer wegen verbotener Hochwildjagd arretiert und dann gerichtlich bestraft worden. Scheuber wurde infolgedessen inhaftiert, sprang aber auf dem Transporte nach Stans aus dem Bahnwagen und machte sich davon.

Das bestärkt natürlich den Verdacht gegen Scheuber um so mehr, als bekannt ist, daß Scheuber wiederholt gegen Wildhüter Durrer Drohungen ausstieß. Ein der Mitwissenschaft oder Gehilfenschaft verdächtiger Waser sitzt in Stans in Haft. Scheuber hat schon bei der im Dezember 1894 erfolgten Verhaftung durch Wildhüter Durrer auf diesen angelegt, wurde dann aber von weiterem Vorgehen durch den damals mitverhafteten Bruder Conrad abgehalten.

Die Redaktion.

Sechs Mann hielten unter der Führung von Revierförster Bünter die gesamte Nacht in Wolfenschiessen Wache. Adolf Scheuber war entkommen. Aber Johann Waser war bereits am Montagnachmittag gemäss Verhörrichter Odermatts Befehlen von Wildhüter Christen zu Revierförster Bünter gebracht worden. Dort verhaftete Polizist Scheuber den Johann Waser und führte ihn nach Stans, wo er um halb zehn im Rathaus inhaftiert wurde. Der Polizist kehrte nach Wolfenschiessen zurück und benachrichtigte Adolf Scheubers Frau Bertha und seinen Vater Joachim, sie sollten am nächsten Tag am Mittag zum Verhör in Stans erscheinen.[141]

Die Obwaldner Amtspersonen hatten am Montagmorgen, den 16. Oktober, ihre Untersuchung im Melchtal fortgesetzt. Regierungsrat Küchler und Landschreiber Gasser notierten im Büro des Hotels Melchtal die Depositionen von Otto Durrer und weiteren Melchtalern, die bei der Bewachung und Bergung der Leichen geholfen hatten. Derweil nahmen die Ärzte Dr. Stockmann und Dr. Deschwanden die Leichensektion vor. Sie stellten bei Werner Durrer folgende Schussverletzungen fest: Einschuss auf der Innenfläche der linken Hand, Ausschussöffnung auf der Aussenseite der Hand, Einschuss oberhalb des Schlüsselbeines, Ausschussöffnung über dem linken Schulterblatt, Einschuss über dem linken Ohr, Ausschussöffnung am rechten Hinterhauptbein, Einschussöffnung beim Gesäss, die Kugel steckte zertrümmert zwischen Brustwirbelsäule und Herz. Die Verletzung an der Schulter muss Werner Durrer erhalten haben, als er noch stand. Die Schussverletzung in das Gesäss kann er dagegen nur erhalten haben, nachdem er bereits auf dem Boden lag. Josef Durrer hatte drei Schussverletzungen erlitten: durch einen Geschosssplitter, der sich noch in der Wunde befand, eine Wunde am Zeigefinger der rechten Hand, am Kopf zwei tödliche Schusswunden, beide Einschussöffnungen am Hinterkopf und die Ausschussöffnungen an der Nasenwurzel beziehungsweise am Unterkiefer. Der zweite Schuss in den Kopf muss auf den bereits toten Körper abgegeben worden sein. Beide Schüsse waren von hinten in den Kopf eingedrungen.

Alle Schüsse waren aus geringer Entfernung, aber doch einige Schritte von den Opfern entfernt, abgegeben worden – vermutlich von einer grosskalibrigen Ordonnanzwaffe.[142]

Fragment eines Vetterli-Stutzers mit der Nummer 7988, gefunden in der Werkstatt des Schmieds Clemens Mathis, Wolfenschiessen Adolf Scheuber hat den Mord mit einem Vetterli-Stutzer mit der Nummer 7997 begangen. Bemerkenswert ist der abgesägte Lauf. Die Waffe war damit leichter und konnte versteckt getragen werden. Privatbesitz, August Christen, Wolfenschiessen.

Die Lektüre des Berichts über die Leichenschau und die Leichensektion ist eine makabere Angelegenheit. Auf die bereits toten Körper von Werner und Josef Durrer wurden weitere Schüsse abgegeben. Gemäss der Leichenschau lag Josef Durrer etwa elf Meter von seinem Gewehr und seinem Bergstock entfernt, der Kopf talwärts gewandt. Er war von hinten erschossen worden. Aus dem Gewehr von Josef Durrer war nur ein einziger Schuss abgeschossen worden. Aus dem Gewehr von Werner Durrer war kein einziger Schuss abgegeben worden. Der Mörder hatte mindestens zehnmal geschossen. Zunächst vermutet man spontan im Mörder einen brutalen Gewaltverbrecher: «Ein wilder Dämon muss ihn geritten haben», kommentiert ein heutiger Zeitungsartikel den Bericht über die Leichensektion. Bei einer genaueren Lektüre der Leichenschau und der Leichensektion fällt die symbolhafte Sprache der Schüsse auf. Der Mörder schoss in die offene Handinnenfläche von Werner Durrer. Stellt man sich die möglichen Handstellungen vor, war Werner Durrer im Begriff, mit erhobener, offener Hand eine Geste auszudrücken. Entweder wollte Werner Durrer damit dem Wilderer Einhalt gebieten, oder Werner Durrer war bereits verwundet durch den Schuss in seine rechte Schulter und wollte mit der offenen Hand seine Schutzlosigkeit anzeigen, eine ergebene, um Gnade und Schutz bittende Geste. Wir wissen nicht, was Werner Durrer mit seiner erhobenen, gegen Adolf Scheuber offenen Hand aussagen wollte. Jedenfalls antwortete Adolf Scheuber, indem er direkt in die offene Handinnenfläche von Werner Durrer zielte und die Hand durchschoss. Auch der Schuss ins Gesäss des toten Körpers von Werner Durrer ist ein Zeichen, eine symbolhafte Handlung, womit der Täter gegenüber dem Opfer, beziehungsweise am Körper des Opfers eine Sprache gesprochen hat. Welche Aussage machte der Mörder mit dem Schuss in Werner Durrers Gesäss? Sollte der Schuss ins Gesäss das bereits getötete Opfer über seinen Tod hinaus erniedrigen? Die Ermordung von Vater und Sohn bedeutet nicht, dass der Mörder «zu einem Dämon» wurde, d.h. zu einem entmenschlichten und unverständlichen Wesen. Es kann dem Mörder nicht nur darum gegangen sein, ein menschliches Leben auszulöschen. Er sprach mit seinen Schüssen eine Sprache und er hatte etwas mitzuteilen, auch nachdem er die Opfer bereits zum Schweigen gebracht hatte. Es gibt eine symbolische Ordnung und eine Sprache der Gewalt, die unterschiedlich gesprochen werden kann und konnte.[143]

Obwaldner Volksfreund.

Abonnement
(Bei sämtlichen Post-Bureaux.)

Jährlich (franko durch die ganze Schweiz) . . Fr. 4.—
Halbjährlich . . . . „ 2.10
bei der Expedition abgeholt jährlich . . . . „ 3.60
„   „   halbjährlich . . „ 2.—

№ 42.

Erscheint jeden Samstag vormittags.

Einrückungsgebühr für Obwalden.
Die einspaltige Petitzeile oder deren Raum . . 10 Rp.
Bei Wiederholungen . . . . 8 „

Für Inserate von auswärts
Die einspaltige Petitzeile oder deren Raum . . 15 Rp.
Bei Wiederholungen . . . . 10 „

Sarnen, 1899.   21. Oktober   29. Jahrgang.

Inserate von Auswärts nehmen für uns entgegen die Anoncen-Expedition der Herren Haasenstein & Vogler, Rudolf Mosse und Orell Füßli & Cie. in Bern, Zürich, Luzern Basel, Lausanne, Genf, Berlin, Leipzig, Dresden, München, Hamburg, Frankfurt a M., Straßburg und Wien.

** Zur Nationalratswahl.

Das Obwaldnervolk hat eine Wahl, allerdings eine der wichtigsten, mittels geheimer Abstimmung zu treffen, es ist die Wahl seines Abgeordneten in den Nationalrat. Während den offenen Wahlen eine Diskussion vorangeht, ist es zunächst Sache der Presse, diese Diskussion bei geheimen Wahlen durch Wahlvorschläge zu ersetzen.

Im vorliegenden Falle halten wir eine längere Besprechung für überflüssig. Wir betrachten die Bestätigung des bisherigen Abgeordneten als selbstverständlich.

Er hat seine Wähler tüchtig und korrekt vertreten, und er ist vermöge seiner wissenschaftlichen Bildung und Beredsamkeit nicht nur bei seinen politischen Gesinnungsgenossen respektiert.

Er vermag darum auch ein wirksames Wort einzulegen für die Wahrung spezieller Landesinteressen.

Er studiert und kennt die für unser Land wichtigen Fragen der Land- und Volkswirtschaft.

Er hat für die Unfall- und Krankenversicherung gestimmt und dadurch, wie 102 seiner Kollegen und wie 39 Ständeräte, tatsächlich das Wort verpfändet, für dieses notwendige soziale Werk der Menschenliebe einzustehen.

Er vertritt den hochachtbaren Stand der Aerzte. Für die Abstinenz ist er in parlamentarischen Kreisen ein kampfesmutiger Minderheitsvertreter.

Dabei steht er grundsätzlich auf dem Boden der katholisch-konservativen Fraktion.

Wir lieben nicht die Diktatur und die Parteiausschließlichkeit, und bei kantonalen Wahlen ist uns keineswegs die Hauptsache die politische Parteifarbe. Die politischen Kämpfe werden auf eidgenössischem Boden ausgetragen. Darum gilt es in der gesamten Schweiz bei allen Parteien als durchaus selbstverständlich, daß den Wahlen in die eidgenössischen Räte eine hohe grundsätzliche Bedeutung zukommt. Wir wollen Frieden und Verträglichkeit im Lande, aber keine Verflachung der politischen Grundsätze. Wir sind Freund der Minderheitsvertretung, aber für letztere wird im Nationalrat durch eine konservative Wahl gesorgt.

Wir empfehlen zur Wiederwahl:

Nationalrat Dr. Ming.

Der Doppelmord auf Gruobi-Alp.

Sonntag den 15. Oktober abhin verbreitete sich das fast unglaubliche Gerücht, daß Wildhüter Werner Durrer und dessen Sohn Josef von Wilderern erschossen worden. Leider aber stellte sich bald die volle Richtigkeit dieses Gerüchtes heraus.

Wir haben zwar die Leser unseres Blattes durch zwei Bulletins über das Wesentliche des Falles in Kenntnis gesetzt, wollen aber gleichwohl das Tatsächliche nochmals bringen, soweit hierüber bis zur Stunde Sicheres verlautet.

Samstag den 14. Oktober vernahm Wildhüter Durrer, daß im Freiberg ob Melchtal, gegen Rothsand und Arni zu, gewildert werde. Pflichtgemäß machte er sich nachmittags im Begleit seines Sohnes Josef auf den Weg, um die Wilderer wenn möglich einzuholen, zu verhaften und nach Sarnen zu bringen, eventuell die Leiche seines verscheuchen; immerhin erwartete man sie auf den Abend wieder zurück. Sie kehrten aber nicht heim und das fiel der Familie auf, machte sie besorgt.

Infolge dessen entschloß sich Sohn Otto Durrer, welcher sonst den Vater auf seinen Touren zu begleiten pflegte, zu erforschen, warum Vater und Sohn nicht zurückgekehrt. Er stieg hinauf bis zum Rothsand, aber ohne etwas zu entdecken als unterwegs auf dem Marsche durch die Gruobi-Alp einige leere Patronenhülsen. Umkehrend hielt er bann dorten, wo die Hülsen sich fanden, nähere Umschau und nahm hier vorerst die Leiche seines Vaters wahr. Dieselbe bot einen schrecklichen Anblick; der Kopf war durch zwei Kugeln sozusagen zerschmettert

und das Gehirn hatte sich auf den Boden hinaus ergossen. Neben ihm lag sein Vetterligewehr, der Verschluß offen und eine Patrone daneben. Offenbar wollte derselbe auch schießen, war aber zu spät.

Eine kurze Strecke davon lag des Bruders Gewehr, mit abgeschossenem Lauf, vom Bruder selbst aber war nichts zu sehen. Bei Ausdehnung der Nachforschungen aber fand Otto Durrer hinter einem fast zimmergroßen Stein auch die Leiche seines Bruders, das Gesicht zerschossen, ebenfalls zwei Kugeln im Kopfe.

Halb betäubt von dieser furchtbaren Entdeckung, ging er heim und brachte den Seinen die schreckliche Botschaft. Hierauf wurde aber auch sofort die Polizei von dem verübten Doppelmorde telephonisch in Kenntnis gesetzt.

Eine amtliche Untersuchungskommission begab sich unter Leitung des Hrn. Regierungsrat Küchler und unter Assistenz des Hrn. Dr. Deschwanden, Kerns, sofort auf den Schauplatz des Verbrechens, um den Tatbestand möglichst frisch und genau konstatieren zu können. Die Leichen wurden untersucht; es zeigte sich, daß Vater Durrer 4, Sohn Josef 3 Schüsse erhalten; Vater Durrer erhielt sogar einen Schuß in den Leib, als er schon gefallen war; denn eine Kugel läßt darauf schließen, daß die Kugel den Körper liegend durchbohrt.

Bei den weiteren Nachforschungen ergab sich, daß zwei Personen die Täter sein mußten. Die Fußspuren derselben kamen von Rothsand her und führten wieder dahin zurück. Ebenso muß als sicher angenommen werden, daß die zwei Mörder den Wildhüter und seinen Sohn auf eine große Distanz herankommen sahen und es deshalb, wenn sie es gewollt, ihrer Verfolgung leicht hätten entziehen können. Denn die Wilderer befanden sich, wie die Spuren deutlich dartun, oben auf einem sog. Wöbeli, in gedeckter Stellung und konnten den Weg fast eine stundenlange Strecke hinunter überblicken. Daß sie sich aber bei Wahrnehmung der Wildhüter nicht davon gemacht, läßt auf die überlegte Absicht schließen, dieselben zu töten, sie zu ermorden. Das geht auch daraus hervor, daß sie die tötlichen Schüsse erst auf die außerordentlich kurze Distanz von 18—20 Meter abgegeben. Es ist deshalb auch als ausgeschlossen zu betrachten, daß der Wilderer etwa überrascht wurden und in der Aufregung etwa einen Droh- oder Schreckschuß abgegeben, der dann unglücklicherweise traf. Nicht die Wilderer, sondern Vater und Sohn Durrer wurden offenbar überrascht.

Der Mord erfolgte ungefähr zwischen 5 und ½ 6 Uhr abends; denn um diese Zeit hörte jemand, der in einem Berggut ob Melchthal sich befand, rasch hintereinander mehrere Schüsse, so daß er zu sich sagte, „das geht nicht in einem Gesechte."

Weil nun die Spuren der mutmaßlichen Täter über Widderfeld gegen Lutersee führten, lenkte sich der Verdacht auf nidwaldnerisch Wilderer und hier wieder zunächst auf Adolf Scheuber von Wolfenschießen. Derselbe war als leidenschaftlicher Jäger bekannt. Auch wußte man, daß dieser dem Wildhüter feindlich gesinnt war, weil Durrer im Dezember 1894 ihn und seinen Bruder Konrad auf der Gemsjagd im Freiberg ertappte und als Arrestanten geschlossen nach Sarnen abführte. Adolf Scheuber zeigte schon bei dem Renkontre vom Dezember 1894 große Lust, sich der Arretierung mit der Waffe in der Hand zu widersetzen. Wenigstens behauptete damals Wildhüter Durrer des Entschiedenen, es habe Adolf Scheuber auf ihn angelegt, bann aber auf Zureden und Abmahnung seines Bruders Konrad die Waffe sinken lassen und sich ergeben. Hätte damals Konrad Scheuber nicht abgewehrt, wäre vielleicht schon vor 5 Jahren eine Bluttat begangen worden.

Angesichts dieser Verdachtsgründe wurde Adolf Scheuber Montag den 16. Oktober, abends, von Hrn. Verhörrichter Arnold Odermatt inhaftiert und sollte von Polizist Scheuber pr. Bahn nach Stans eskortiert werden. Auf dem Transporte konnte Scheuber indessen aus dem Bahnwagen entweichen und flüchtete sich gegen Rickenbach zu. Ein ge-

wisser Joh. Waser, der mit dem Scheuber am kritischen Tage im „Holz" gewesen sein wollte, wurde ebenfalls inhaftiert, als sich die Angabe Scheubers infolge einer Untersuchung an Ort und Stelle als falsch erwies. Bis heute scheint soviel ausgemittelt, daß Scheuber und Waser Freitag den 13. Oktober mit einander auf die Hochwildjagd gingen und wirklich auch Gemsen schossen, Waser einen Gemsbock und Scheuber zwei „Gitti". Ebenso ist konstatiert, daß Scheuber und Waser mit Wildhüter Durrer und dessen Sohn zusammenkamen, wobei indessen an Hand der vorgefundenen Patronenhülsen ausgeschlossen scheint, daß auch Waser auf die Wildhüter gefeuert.

Es ist nun abzuwarten, ob die auf Scheuber angehobene Fahndung von Erfolg begleitet sein wird; hoffen wir es.

Wird Scheuber zur Haft gebracht und nach Obwalden ausgeliefert, so kommt er hier zur Aburteilung. Wird er in Nidwalden festgenommen, so handelt es sich dann um die Auslieferung. Nach Maßgabe des Bundesgesetzes über die gegenseitige Auslieferung von Verbrechen kann Nidwalden, sofern Scheuber als Nidwaldner Bürger selbst gegen die Auslieferung protestiert, das Strafrecht für sich beanspruchen.

Zum Schlusse fügen wir noch an, daß Wildhüter W. Durrer von Amteswegen gegen Unfall versichert war und zwar bei der „Schweiz. Unfallversicherungs-Gesellschaft in Winterthur". Dieselbe erledigte durch ihre Generalagentur in Luzern (HH. Mahler und Rynert) den Entschädigungsfall auf das coulanteste, was öffentlich erwähnt zu werden verdient.

Eidgenossenschaft.

— Finanzielles Gleichgewicht. Der Bundesbeschluß betreffend das finanzielle Gleichgewicht in den Bundesfinanzen und Beschaffung der Mittel zur Durchführung der Versicherungsgesetze ist bereits dem Referendum unterstellt. Die Frist zur Einreichung eines Referendumsbegehrens geht bis 9. Jan. 1900.

— Landsturm-Abrüstung. Kraft vorerwähnten Bundesbeschlusses werden auf 1. Januar 1900 die Uebungen der bewaffneten Landsturms aufhören und durch bloße Kleider- und Waffeninspektionen ohne Soldauszahlung ersetzt; auch hört die Verpflichtung des Landsturmes zur militärischen Schießübungen mitzumachen.

— Das Bundesgesetz über Unfall- und Krankenversicherung ist ebenfalls im Bundesblatte mit Ansetzung der Referendumsfrist bis 9. Jan. 1900 publiziert. In verschiedenen Blättern wird bereits dem Referendum gerufen, schon von dem Gesichtspunkte aus, daß in einer so wichtigen Angelegenheit das Volk sich sowieso aussprechen solle.

— Katholische Männer- und Arbeitervereine. Die Delegiertenversammlung findet Samstag den 21. Oktober in der „Linde" in Baden statt. Die Liste enthält u. a. folgende Traktanden: Jahresbericht, Antrag der Centralvorstandes betreffend schweiz. Katholikentag und Pilgerfahrt nach Rom, Statutenrevision, schweiz. Gewerkschaftsbund (Referent: Verbandssekretär Stöcklin). Das Centralkomitee stellt hier folgenden Antrag: „Sofern die im Sinne der Luzerner Beschlüsse im Entwurfe festgestellten Statuten vom Gewerkschaftsbund definitiv angenommen werden, soll der katholischen Arbeiterschaft der Eintritt in den Gewerkschaftsbund und in die demselben beitretenden Gewerkschaften angelegentlich empfohlen werden." Ein weiteres Traktandum bildet „Unsere Presse" von Prof. Dr. Beck; Kranken- und Unfallversicherung von Dr. Schmid, Korreferent: Arbeitersekretär Greulich). Revision des Fabrikgesetzes (Stöcklin), Wahlen.

Für die Generalsammlung Sonntag den 22. Okt. sind außer den Eröffnungs- und Begrüßungsreden von Feigenwinter und Wyrsch in Aussicht genommen: Vortrag von Prof. Dr. Beck über das Gewerkschaftswesen, Vortrag des schweiz. Arbeitersekretärs Greulich über Revision des Fabrikgesetzes; von Dr. Wannier über Parität;

Tatmotiv

Während die Obwaldner Amtspersonen den Bericht zur Leichenschau und zur Leichensektion verfassten, überführte sich der Mörder in Nidwalden mit seiner Flucht quasi selbst. Adolf Scheuber war an den langjährigen Auseinandersetzungen zwischen Wildhütern und Wilderern im Bannbezirk beteiligt gewesen. In diesem Konflikt waren bereits Schüsse gefallen, wenn auch nur Drohschüsse. Wie schon erwähnt, beinhalten Drohschüsse aber immer auch die Möglichkeit einer Ermordung. Adolf Scheuber machte eine Drohung wahr, die in den Auseinandersetzungen um die Wildhut schon mehrere Male ausgesprochen worden war. Die Tageszeitung «Vaterland» erwog in ihrem ersten ausführlichen Bericht sogar noch die Möglichkeit eines «zufällig treffenden Drohschusses», schied aber aufgrund der vielen Todesschüsse diese Möglichkeit gleich wieder aus. Dennoch, die Todesschüsse fielen in einem Kontext von gegenseitigen, den Beteiligten bereits bekannten Drohgesten.[144]

Am 17. Oktober wurden Werner und Josef Durrer in Kerns in allen Ehren beerdigt. Die Regierung, der Berner Wildhüter und viel Volk waren anwesend. Die Landesregierung hatte sogar einen Kranz gestiftet. Ein Korrespondent beschrieb die Beerdigung als «Volksmanifestation». Der «Obwaldner Volksfreund» bezeichnete die beiden Ermordeten als «Helden» und «Märtyrer der Pflicht», denen Gottes Lohn gewiss sei, da sie im Bewusstsein, dass ihr Leben in Gefahr war, ihre Pflicht erfüllt hatten.[145]

Angesichts der gegenseitigen Drohschüsse und der mehrfach ausgesprochenen Drohungen gegenüber seiner Person mag Werner Durrer wirklich bewusst gewesen sein, dass er sein Leben aufs Spiel setzte. Tatsächlich hatte auch Adolf Scheuber, der nach seiner Flucht aufs Schwerste des Mordes verdächtigt wurde, schon Morddrohungen ausgestossen. Um jemanden als Mörder zu verurteilen, war es unerlässlich, beweisen zu können, dass ein Tatmotiv vorlag, d.h. dass der Mord mit Absicht begangen wurde.[146]

Am Tage der Beerdigung konnte der Obwaldner Verhörrichter Omlin in zwei Verhören das Tatmotiv feststellen. Am Schützenfest in Kerns 1898 waren die Obwaldner Louis Durrer, Niclaus Ming, Johann Gasser und andere mehr mit Adolf Scheuber im Gasthaus Sonne beisammen gesessen. Gemäss Niclaus Ming verlief das damalige Gespräch in der «Sonne» wie folgt:

> Adolf Scheuber plagierte vom Wildern; er wurde dann aber wegen seinem Straffall betreffend Wilddieberei aufgezogen und dann fieng er zu schimpfen an, sagte unter anderem, die erwähnte Affäre koste ihn und seinen Bruder bei 1100 Franken. das nächste Mal aber, wenn er wieder mit dem Wildhüter zusammentreffe sei er nicht mehr so dumm wie das letzte mal und gehe mit ihm, sondern er erschiesse ihn. Auf dem Hute hatte er eine grössere Anzahl Mouchen (Zielscheiben bei Schützenfesten, M.B.) und darauf hindeutend wollte er zeigen, dass er gut treffe.

Damit übereinstimmend schilderte Louis Durrer die Aussagen Scheubers folgendermassen:

> …jedoch wolle er dieses Geld wieder einziehen, etwas habe er schon eingezogen und wenn er wieder einmal mit dem Wildhüter zusammentreffe, so sei er nicht mehr so dumm wie das letzte mal, und gehe mit ihm, er schiesse ihn dann zu Boden und er werde ihn ganz sicher treffen. Dabei sprach Scheuber so laut, dass man es im ganzen Restaurant deutlich hörte.

Aufgrund dieser Aussagen wurde Adolf Scheuber zwei Jahre später vor Gericht des Tatmotivs der Rache überführt:

(…) als Scheuber von da an über Wildhüter Durrer, Vater, tödlichen Hass fasste und jahrelang Rachsucht nährte. (…) Die diesbezügl. Depositionen der hierüber abgehörten Zeugen sprechen zu klar und deutlich, als dass man noch über den Sinn und die Tragweite seiner Äusserungen, resp. die im Rachedurst gewährten Absichten, in Zweifel sein könnte. Es handelte sich offensichtlich nur um die Gelegenheit zur Ausführung, die sich dann leider gezeigt und die höchst traurige Katastrophe herbeigeführt hat.[147]

Adolf Scheuber war nicht der Einzige, der gegenüber Werner Durrer Morddrohungen ausgestossen hatte. Nach dem Mord erinnerte sich ein Zürcher Geistlicher an Äusserungen, die er Anfang September 1899 im Melchtal und in Obwalden vernommen hatte, und berichtete der «Neuen Zürcher Zeitung» seine Beobachtungen:

Im Wirtshause hörte ich zufällig mehrere, mir natürlich unbekannte Personen über den Wildhüter sich unterhalten. Es wurde geäussert, der könne sich in Acht nehmen, dass ihn nicht einmal eine Kugel hinter einem Felsen hervor treffe. Als ich dann am 5. September heimreiste, schimpften verschiedene Landleute gewaltig über den erwähnten Mann. Einer sagte, man sollte ihn vergiften, worauf ein anderer beschwichtigend einwandte, das würde nicht viel helfen, da Durrer doch sofort wieder einen Nachfolger erhielte u.s.w.

Der Bericht in der «Neuen Zürcher Zeitung» stiess auf einige Resonanz und wurde anschliessend im «Luzerner Tagblatt», im «Vaterland» und im «Luzerner Tagesanzeiger» vollständig abgedruckt. Das Entsetzen über die Morddrohungen, wie auch das Interesse daran war angesichts des gerade geschehenen Mordes gross.[148]

Diese Drohungen passen aber gut in das Bild der Drohschüsse, die von Wilderern auf Wildhüter und umgekehrt abgegeben wurden. Angesichts der bereits in früheren Jahren rapportierten Drohschüsse, wie auch anderen vorgängigen Drohungen gegenüber Wildhüter Durrer, überraschen die von Adolf Scheuber ausgesprochenen und vom Zürcher Geistlichen beobachteten Morddrohungen nicht mehr. Die Beziehung zwischen Wilderern und Wildhütern war bereits seit mehreren Jahren von einer gewissen Gewaltbereitschaft geprägt gewesen. Die Presse nahm erst nach dem Doppelmord mit Entsetzen von dieser Eskalation der Gewalt Kenntnis.[149]

Am Tag der Beerdigung erwähnte Louis Durrer – auf die Nachfrage des Verhörrichters – noch eine weitere Person, die gegenüber Werner Durrer Drohungen ausgesprochen hatte:

Am Mittwoch den 11. Oktober begab ich mich ins Melchtal und da sagte mir Frau Britschgi-Schäli, dass sie vernommen habe, wie Peter Röthlin dem Wildhüter Durrer Drohungen gemacht, er erschiesse ihn einmal oder verbrenne ihm Haus und Heim.[150]

Kirchliche ✝ Gedächtnis.
Die zweite Gedächtnis für
Werner Durrer, Vater, Melchthal
und
Josef Durrer, Sohn „
wird Samstag, den 21. Oktober, in der Pfarrkirche in Kerns
abgehalten.   a1321   b373

Anzeige für das kirchliche Gedächtnis in «Obwaldner Volksfreund» 21. Okt. 1899. OV, 1899.

144

Frau Britschgi-Schäli war Wirtin im Melchtal. Demnach hat auch Peter Röthlin seine Drohungen in der Öffentlichkeit eines Melchtaler Gasthauses ausgestossen.

All die Drohungen, auch wenn die Presse darüber nach dem Mord entsetzt und überrascht war, müssen Werner Durrer und Polizeidirektor Seiler bekannt gewesen sein. Wurden diese Drohungen nicht ernst genommen? Die Art und Weise der Drohungen, wo und wie sie ausgesprochen wurden, waren in ländlichen Gebieten üblich. Solche Drohungen deuten weniger auf ein Komplott von Meuchelmördern hin, die Durrer tatsächlich umbringen wollten. Vielmehr weist die Öffentlichkeit, in der Scheuber und andere die Drohungen ausstiessen, darauf hin, dass es durchaus beabsichtigt war, dass der Bedrohte die Drohungen auch mitgeteilt bekam. Die Drohgebärden waren Teil einer öffentlichen Diskussion über das Verhalten Durrers. Durrer sollte wissen, dass sein Handeln nicht gutgeheissen wurde, er sollte dazu gebracht werden, sein Verhalten als Wildhüter zu ändern.[151]

Verhaftung von Peter Röthlin in Obwalden

Vor dem Mord war von offizieller Seite nicht auf die Drohungen reagiert worden, obwohl sie bekannt waren. Nach der Ermordung begannen die Obwaldner Untersuchungsbehörden aber zu handeln. Die Drohungen hatten nach dem Mord eine neue Bedeutung erlangt. Noch am Tage der Beerdigung, am 17. Oktober 1899, verhafteten die Obwaldner Untersuchungsbehörden den Melchtaler Peter Röthlin, weil «er öfters Drohungen gegen den Wildhüter ausstiess und man vermute, er könne vielleicht von der Tat wissen, um so eher, als er samstags nach Bekanntwerden des Todes von Wildhüter Durrer und Sohn nach Stans gereist sei und dorten mit Ad. Scheuber verkehrt».[152] Peter Röthlin wurde verdächtigt, «Urheber, Gehilfe oder Mitwisser» des Mordes an Vater und Sohn Durrer gewesen zu sein. In Wolfenschiessen hatte eine Kellnerin gesehen, wie Adolf Scheuber kurz vor seiner Verhaftung «aus seiner Hosentasche eine 100-Franken-Note heraus und selbe in sein Gilettäschchen hineinschob». Die Untersuchungsbehörden glaubten, darin einen Hinweis für einen bezahlten Auftragsmord zu entdecken. Zunächst vermuteten sie, Adolf Scheuber habe sich kurz vor dem Mord mit Peter Röthlin in Melchtal getroffen. Sowohl Peter Röthlin als auch Johann Waser stritten diese Unterstellung jedoch entschieden ab. Dann wollte Thadäus Flury, ein Nidwaldner, der in Obwalden lebte, am 8. Oktober gesehen haben, wie Adolf Scheuber und Peter Röthlin sich am Schützenfest in Hergiswil getroffen haben. Dieser Bericht erwies sich vor Gericht als blosse Behauptung. Schliesslich wurde Thadäus Flury wegen falschen Zeugnisses vom Gericht bestraft. Aber auch andere Personen aus dem Melchtal waren überzeugt, dass der Mörder der beiden Durrer zwar Nidwaldner, der Anstifter ein Melchtaler sei, und zwar Peter Röthlin. Nachdem die Mordwaffe gefunden und von einem Waffenspezialisten untersucht worden war, schien ein weiterer Beleg für einen Auftragsmord gefunden. Waffenkontrolleur Küchlin stellte fest: Adolf Scheuber hatte das Visier an seinem Vetterli-Stutzer mit einer Feile vertieft, «um auf kurze Distanz zielen zu können». Aufgrund all dieser Verdachtsmomente wurde Peter Röthlin während eines ganzen Monats in Sarnen in Untersuchungshaft verwahrt. Peter Röthlin stritt aufs heftigste ab, Adolf Scheuber an jenem Sonntagabend Geld bezahlt, die Gülten abgekauft oder auch nur zu einem halben Liter Wein eingeladen zu haben. Er habe ihm nur ein Glas Wein bezahlt. Vor Gericht konnte schliesslich der Verdacht, Peter Röthlin habe Adolf Scheuber zum Mord angestiftet, in keiner Weise bewiesen werden.[153]

Peter Röthlin wurde nur der Drohungen gegenüber Werner Durrer überführt. Diese waren allgemein bekannt. Sogar ein Freund von Peter Röthlin gab gegenüber dem Verhörrichter an:

> Er (Peter Röthlin, M.B.) sprach davon (vom Mord, M.B.) und sagte unter anderem auch, um den «Alten» (Werner Durrer, M.B.) sei es nicht schade und um den Sohn Otto wäre es auch nicht schade, er würde an diesem weniger reuen als an dem erschossenen Josef. In der Wirtschaft «Schlüssel» zu St. Niklausen sagte Röthlin ferner, er wollte die Täter schneller entdeckt haben als die Regierung.

Vor Gericht entspann sich aber ein Streit um die Bedeutung dieser Drohungen. Dies zeigt sich bereits in den Angaben seines Freundes:

> Röthlin schimpfte und drohte dann und wann etwas gegen den Wildhüter, aber dass er ihn eigentlich erschiessen wolle, hörte ich ihn nie sagen. Dagegen sagte er aus, er könnte einmal erschossen werden.

Auch Peter Röthlin selbst gab zu, «dass er sich über Wildhüter dahin ausgesprochen, er könnte, falls er sein Vorgehen fortsetzte, einmal erschossen werden». Vor Gericht deutete Peter Röthlin seine Aussagen nicht als Morddrohung, sondern als Warnung, die er Wildhüter Durrer habe zukommen lassen. Mit der Formulierung «könnte» wollte Peter Röthlin andeuten, andere Personen seien bereit, Durrer zu erschiessen, und er selbst wolle ihn nur wohlwollend warnen. Die Richter kauften ihm diese Deutung nicht ab. Sie attestierten zwar, dass «diese Äusserungen, nachdem letztere Tatsache (der Mord, M.B.) nun wirklich eingetreten ist, einen ganz andern Charakter gewinnen», aber in ihren Augen bedeuteten diese Äusserungen tatsächlich eine Drohung. Wenn es auch nicht eine Morddrohung gewesen sei, so sollte Durrer doch von der Erfüllung seiner Amtspflichten als Wildhüter abgeschreckt werden. Peter Röthlin wurde wegen Drohung gegenüber eines Staatsbeamten und der Beschimpfung desselben zu einer Geldstrafe von 120 Franken und der Begleichung von vier Fünfteln der angefallenen Gerichtskosten verurteilt. Der verbleibende Fünftel und eine Busse von 50 Franken hatte Thadäus Flury aufgrund seines falschen Zeugnisses zu bezahlen.[154]

Im Zusammenhang mit den Drohungen, denen Werner Durrer ausgesetzt war, wird die Sprache verständlicher, die Adolf Scheuber mit den Schüssen auf den Wildhüter und seinen Sohn gesprochen hatte. Die Wildhüter waren in der Handhabung ihrer noch relativ jungen Aufgabe einem massiven Druck ausgesetzt. Den Druck übten einerseits die Wilderer mit ihren Drohschüssen, den angelegten Gewehren und den öffentlich ausgestossenen Drohungen aus. Der Kanon der Drohungen reichte von Erschiessen, Vergiften bis zum Anzünden des Heimwesens, d.h. der Vernichtung der bäuerlichen Existenz. Andererseits verlangte Durrers Vorgesetzter von einem Wildhüter, dass er Wilderer überführe. Die Gerichte und Untersuchungsbehörden in Obwalden setzten das eidgenössische Jagdgesetz und die kantonale Jagdverordnung getreu den Vorgaben um und setzten gefasste Wilderer in die als entehrend empfundene Untersuchungshaft. Wildhüter Werner Durrer und der Wilderer Adolf Scheuber fochten einen Stellvertreterkrieg aus. Denn beide waren mit ihrer Position nicht alleine, und beide standen unter Druck, dem Druck der Ehre, dem Druck der Vorgesetzten, und vor allem unter dem Druck, den sie gegenseitig aufeinander ausübten. Der eine sollte vom Wildern lassen, der andere von der ernsten Handhabung der Wildhut. Beide hielten sie Waffen in den Händen, die bereits für Drohschüsse oder Drohgesten gegeneinander verwendet worden waren. Adolf Scheuber machte die Drohungen wahr. Wie seine Schüsse zeigen, ging es nicht einfach darum, seinen Gegner umzubringen, sondern auch an ihren

Körpern ein Zeichen zu setzen. Scheuber widersprach der Handgeste mit einem Schuss durch dessen Hand, er erniedrigte die Opfer über ihren Tod hinaus und sprach damit eine weitere Drohung aus, eine Warnung: Er demonstrierte, was auch künftigen Wildhütern widerfahren könnte. Vermutungen über die Psyche Adolf Scheubers oder Werner Durrers, über ihre verwerflichen oder guten Eigenschaften, Tugenden oder Untugenden greifen zu kurz und beantworten die Frage, weshalb der Mord begangen wurde, kaum befriedigend. Viel wichtiger ist das Umfeld, in dem der Mord geschah: das vielschichtige Beziehungsnetz zwischen Wilderern, Wildhütern und den Behörden, die jahrelange Konfliktsituation, die gegenseitige Gewaltbereitschaft, die lukrativen Preise für eine Gämse und vor allem die gefährdete Ehre. Adolf Scheuber war bereits einmal durch Werner Durrer verhaftet und in die entehrende Untersuchungshaft gesteckt worden. Er hatte seine Ehre zu verteidigen.

Verhöre des Nidwaldner Verhörrichters Odermatt

Der Nidwaldner Regierungsrat hatte Verhörrichter Odermatt mit der Untersuchung beauftragt. Durch seine Flucht hatte sich Adolf Scheuber als mindestens mitschuldig zu erkennen gegeben. Strafrechtlich genügte diese plausible Annahme jedoch nicht. Im Gegenteil, durch die Flucht des Hauptverdächtigen war es für Verhörrichter Odermatt ziemlich schwierig geworden, den Tathergang zu rekonstruieren, relevante Geständnisse zu erwirken, die Tatwaffe zu finden und weitere Spuren des Verbrechens zusammenzutragen. Odermatt musste sich in den folgenden Wochen und Monaten gehörig anstrengen, um den Schuldigen zu überführen. Er gab sich alle Mühe und verfolgte alle möglichen Spuren und Hinweise. Er verhörte Bertha Scheuber-Christen, Adolfs Vater Joachim, einen Ofenbauer, der über Adolf Scheubers Wildfrevel berichten wollte, Johann Wasers Mutter und mehrere weitere Personen. Er korrespondierte mit den anderen kantonalen Polizeidirektionen, der Bundesanwaltschaft in Bern, mit den Schweizer Konsulaten in Le Havre und Paris und liess Hausdurchsuchungen durchführen. Seine Arbeitsschritte und Verhöre protokollierte er fein säuberlich, aber alle Reflexionen, Verdachtsmomente und Vorgehensweisen, alle Denunziationen, Versprecher oder Verheimlichungen in den Verhören nachzuzeichnen, würde den Rahmen dieses Kapitels sprengen. Im Folgenden werde ich nur auf die Verhöre eingehen, die er mit Johann Waser durchführte. Da er der Kronzeuge des Mordes war, befasste sich Odermatt sehr ausführlich mit ihm und seinen Aussagen. Entsprechend aufschlussreich ist es, sich mit seinen Verhören zu befassen.

Johann Waser befand sich seit Montagabend, den 16. Oktober, im Rathaus Nidwalden in Untersuchungshaft. Am Morgen des 17. Oktobers wurde er zum ersten Mal verhört. Johann Waser behauptete, überhaupt noch nie mit Adolf Scheuber auf der Jagd gewesen zu sein, und hielt sich tapfer an das mit Adolf Scheuber vereinbarte Alibi.[155]

Bereits am nächsten Tag verlangte Johann Waser aber ein neues Verhör und begann dem Verhörrichter in einem Zug die Ereignisse jener Jagd zu schildern. Wie nicht anders zu erwarten, betonte Waser seine geringe Beteiligung am Mord: Er sei 200 Meter von Adolf entfernt gewesen, als sie die Wildhüter entdeckt hätten. Gleich darauf habe jemand geschossen, zuerst der Wildhüter. Er sei dann auf den Grat, d.h. über die Grenze gerannt und habe dort auf Adolf gewartet, der etwa eine Stunde später gekommen sei. Johann Waser gab auch an, wo er den Gämsbock, sein Gewehr und seine Schuhe versteckt hatte. Der Gämsbock, seine Jagdflinte und seine Schuhe wurden am gleichen Tag auch gefunden. Als aber der Obwaldner Regierungsrat Küchler am selben Abend mit Verhörrichter Odermatt zusammenkam, um die obwaldnerischen und nidwaldnerischen Untersuchungsergebnisse zu vergleichen, erwiesen sich Johann Wasers Aussagen als sehr ungenau. Zwei Tage später warf Verhörrichter Odermatt Johann Waser vor, dass seine Angaben mangelhaft seien. Waser änderte seine Version darauf leicht ab. Er sei nur «etwa steinwurfweit» oberhalb von Adolf Scheuber gewesen, als dieser die beiden Wildhüter entdeckt habe. Adolf sei in eine gedeckte Stellung gegangen. Er, Johann, habe wegen des Nebels darauf nichts mehr gesehen, sei aufwärts gerannt, habe die Schüsse gehört und habe auf dem Grat gewartet. Bereits nach einer Viertelstunde sei Adolf bei ihm gewesen. Dass die Wildhüter zuerst geschossen hätten, erwähnte er nicht mehr.[156]

Am Morgen des nächsten Tages, sieben Tage nach dem Mord, ergriff Catharina Waser, die Mutter von Johann Waser, die Initiative. Sie scheint realisiert zu haben, wie schwer der Mordverdacht auch auf ihrem Sohn lastete. Sie übergab dem Polizisten Franz Scheuber etwas Munition von Adolf Scheuber und die Gämsfelle der beiden von Adolf Scheuber geschossenen Gämskitzen, die Johann Wasers Vater aus dem Versteck zu sich nach Hause gebracht hatte. Vor allem aber informierte sie den Polizisten, dass ihr Sohn am Sonntag die Waffe von Adolf Scheuber und eine blutbefleckte Jacke in der Nähe ihres Heimwesens vergraben hatte. Nachdem diese Nachricht bei Odermatt angelangt war, verhörte er am Nachmittag Johann Waser erneut. Gemäss den Vorgaben der Strafprozessordnung hatte er Suggestivfragen, um die Beweiskraft der Aussagen nicht zu schmälern, möglichst zu vermeiden. So fragte er als Erstes nur, ob Johann Waser dem letzten Verhör etwas beizufügen habe. Johann Waser fügte nur ein weiteres Detail seiner tags zuvor erzählten Version hinzu und betonte ein weiteres Mal, wie dick der Nebel gewesen sei. So formulierte Verhörrichter Odermatt folgende Suggestivfrage: «In Schüpfen soll ein Gewehr und ein Rock vergraben sein?» Johann Waser muss begriffen haben, dass nur seine Mutter den Untersuchungsbehörden diese Information gegeben haben kann, dass seine Mutter also bereit gewesen war, alle Informationen preiszugeben.[157]

In diesem Moment änderte Johann Waser seine Strategie radikal. Er antwortete «Jetzt will ich bekennen, alles wie es ist»:

Bis zum Schiessen der Gemsen ist alles gegangen, wie ich angegeben. Auch die beiden Gitzi schossen wir beide zusammen; ich fehlte. Adolf schoss beide nacheinander und ich hatte Mühe, mein Geschoss in den Lauf zu bringen und versäumte mich. Dort muss noch eine Hülse von mir liegen, ich würde sie finden. Auf den Bock schossen wir ennet dem Egg, wie ich angegeben. Wir schossen beide, aber getroffen habe ich ihn. Wir trugen die Tiere ein Stück weit, wie ich angegeben und weideten sie aus. Dann giengen wir aufwärts. Ich war dem Scheuber einen (/) Steinwurf weit voraus, als wir die Männer erblickten. Scheuber sagte mir, ich solle den Bock aufs Grätli hinauftragen und dann wieder kommen, seine zwei Tiere zu holen. Er /gieng/ [gehe] unterdessen den beiden abluogen. ich trug den Bock bis zu einem Tössli hinauf und legte ihn dort in ein Loch. /Kaum war/ Wie ich mit dem Bock dort ankam, wo es wieder aufwärts gieng, giengen einige Schüsse los, ca 4–5 wie ich angegeben. Ich gieng wieder hinunter die zwei Tiere zu holen, trug sie hinauf und als ich an die gleiche Stelle kam, wo es aufwärts geht, krachten wieder einige Schüsse, etwa 10. Ich trug diese 2 Tiere bis aufs Grätli, wo mich dann Adolf einholte. Er trug meinen Tschoppen und (/) mein Jägerranzli. Er sagte, er hätte einen Fetzen von meinem Tschoppen gerissen und liegen gelassen. Der Tschoppen gehörte eigentlich Adolf, aber ich trug ihn. Wie wir auf dem Grätli ankamen, sagte ich zu ihm, ich getraue mir nicht, den Bock aus diesem Loch hinauf zu holen, worauf Adolf erwiederte: Hole ihn nur ruhig, sie thun Dir nichts zu Leid, sie sind «derdurab». Wir giengen abwärts, rasteten dann auf einem Egg, wo ich [zu] Scheuber sagte: Aber wenn es dann Grampol gibt, wegen dem Wildern? Worauf Scheuber sagte: Diese werden nicht mehr viel reden.

An dieser Stelle unterbrach Verhörrichter Odermatt das Verhör. Er brach sofort auf, um noch gleichentags das Gewehr und die Jacke zu holen. Zwei Amtsdiener und zwei ortskundige Freiwillige begleiteten ihn in das Heimwesen Schüpfen in Wolfenschiessen. Sie fanden prompt das Gewehr, einen Vetterli-Stutzer, den Adolf im Sommer im Zeughaus gekauft hatte, nur die Jacke war nicht auffindbar.[158]

Johann Wasers Mutter, Catharina Waser, wurde auf den nächsten Tag nach Stans ins Verhör beordert. Sie schilderte genau die Bemerkungen ihres Sohnes, die Begegnungen mit Adolf Scheuber und das Vergraben von Gewehr und Jacke. Auch sie betonte die zurückhaltende Rolle ihres Sohnes in der ganzen Angelegenheit. Anschliessend führte Verhörrichter Odermatt das tags zuvor unterbrochene Verhör mit Johann Waser fort und liess ihn weiter erzählen:

> Da dachte ich bei mir: Hat er sie vielleicht erschossen! aber ich durfte ihn nicht mehr fragen. Während dem Abstieg sagte Adolf, wir wollen dann angeben, wir seien in Eintrachtlers Holz gewesen. Unrichtig habe ich angegeben, dass Adolf sein Gewehr heimgenommen. Beim Schwibogen bat er mich, sein Gewehr heimzunehmen. Ich weigerte mich lange, nahm es dann aber mit, weil er mir befahl, es im Heustock zu verstecken.[159]

Im weiteren Verhörablauf zeigt sich, dass Johann Waser bei der veränderten Strategie blieb. Wo er nur konnte, lieferte er genaue Informationen, half mit möglichst genauen Angaben die von ihm vergrabene Jacke zu finden. Konfrontiert mit kleineren, widersprechenden Aussagen, zeigte er sich konsterniert und verblüfft und versuchte den Sachverhalt zu klären. Er gab sogar folgenden Sachverhalt zu. Auf die Frage: «Hättet Ihr beim ersten Gewahren der Wildhüter entweichen können?» antwortete er:

> Ja ich glaube, wir hätten uns flüchten können und habe desshalb Adolf auch aufgefordert, schnell aufwärts zu kommen. Wir sassen, als wir die Wildhüter erblickten. [Ich war etwa steinwurfweit ob Adolf.] Er nahm die Gemsen noch auf und kam bis zum Platze, wo ich gerastet hatte, warf dort die Gemsen ab und gieng /auf/ dann links auf das Eggeli. Alles Andere verhält sich so wie ich angegeben habe.[160]

Johann Wasers Strategie könnte man als «Flucht nach vorne» bezeichnen, nachdem er zuerst möglichst wenig Informationen preisgegeben hatte, überhäufte er bisweilen den Verhörrichter mit Details, auch mit solchen, nach denen der Verhörrichter gar nicht gefragt hatte. Wie ernst es Johann Waser mit seinen Geständnissen war, zeigt folgendes Beispiel. Im Schlussverhör wurde Johann Waser abschliessend gefragt, ob er ausser dem besagten Jagdfrevel keinen anderen Jagdfrevel begangen habe. Er gestand sogleich, vor zwei oder drei Jahren einen Gämsbock geschossen zu haben. Er hatte diesen Bock alleine geschossen und wäre nie überführt worden, wenn er sich nicht selber verraten hätte. Seine Aussagen erinnern nun stark an eine Beichte, als ob er gleichsam alle seine «Sünden» bekennen wollte, um für eine eventuelle Mitschuld Vergebung zu erlangen. Ob dies eine neue Strategie war oder ob er tatsächlich wie in einer Beichte «alles wie es ist» bekennen wollte, ist im Nachhinein kaum mehr auszumachen.[161]

Verhörrichter Odermatt vertraute auf den Wahrheitsgehalt von Johann Wasers Aussagen. Die Angaben stimmten mit dem Befund der Leichenschau und den Untersuchungen an den Gewehren, Patronenhülsen wie auch an der in Werner Durrers Körper gefundenen Kugel überein. Vor allem wurde Johann Waser vom Mordverdacht entlastet, als der Waffenkontrolleur den Nachweis erbringen konnte, dass alle für den Mord relevanten Schüsse aus Adolf Scheubers Vetterli-Stutzer und nicht aus Johann Wasers Jagdflinte abgefeuert worden waren. Im Urteil zeigte sich, wie sehr die Richter bei der Überführung Adolf Scheubers auf die Aussagen von Johann Waser angewiesen waren. Hätte sich Johann Waser mit seinen Bekenntnissen in zu viele Widersprüche mit anderen Untersuchungsergebnissen verstrickt und hätte er dadurch seine Glaubwürdigkeit verloren, wäre der Beweis, dass Adolf Scheuber den Mord begangen hatte, äusserst schwierig geworden. Erst durch das Eingreifen der Mutter hatte Johann Waser seine Strategie geändert, an Glaubwürdigkeit gewonnen und schliesslich auch sich selbst vom Mordverdacht befreit.[162]

Am 30. November 1899 wurde Johann Waser durch das Nidwaldner Strafgericht wegen «Gehilfenschaft bei Verheimlichung eines schweren Verbrechens (Mord)» und wegen der begangenen und gestandenen Jagdfrevel verurteilt. Für das Verbrechen der «Gehilfenschaft bei Verheimlichung» wurde er mit 44 Tagen Haft bestraft. Die Zeit der Untersuchungshaft wurde ihm aber angerechnet, so dass er nach dem Urteil nur noch vier Nächte in Haft zu bleiben hatte. Für den Jagdfrevel musste er – da es sich um einen Rückfall handelte – eine Busse von 150 Franken und insgesamt 150 Franken Gerichts-, Haft- und Untersuchungskosten bezahlen. Anders als 1895, bei der Verurteilung der Brüder Scheuber, verfällte dasselbe Gericht nun eine Busse in der Höhe der gesetzlichen Vorgaben.[163]

Fahndung nach Adolf Scheuber

Am 2. Dezember veröffentlichte das «Nidwaldner Volksblatt» einen Bericht über einen Beamten des eidgenössischen Finanzdepartementes, der 6000 Franken unterschlagen hatte. Der Mann sei zunächst aufgefordert worden, das fehlende Geld einzubringen, obwohl er sogleich hätte verhaftet werden können. Aufgrund eines Verfahrensfehlers habe ihm ein anderes Departement einen kurzen Urlaub gewährt, den der Beamte namens Kurz sogleich benutzt habe, um zu fliehen. Das Finanzdepartement und die Bundespolizei seien nicht imstande, Kurz wieder einzufangen. Die Redaktion des «Nidwaldner Volksblattes» betitelte den Bericht über den Vorfall: «Nicht in Nidwalden beim Scheuberfall, sondern in Bern». Der Bericht ist von einer gewissen Erleichterung geprägt, dass auch andernorts die Hauptverdächtigen sich davonmachen können. Die abschliessende Bemerkung des Berichts klingt sogar schadenfroh:

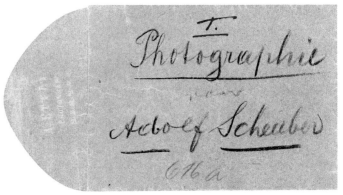

Fotografie und Couvert Adolf Scheubers in der Akten der Obwaldner Untersuchungsbehörde StAOW 616a.

Es dürfte der Bundesbehörde nicht so leicht gelingen, zu Kurz zu kommen. Jedoch zu kurz kommen wird sie in dem Handel sicherlich![164]

Als der Artikel erschien, sechs Wochen nach Adolf Scheubers Flucht, war es den Nidwaldner Behörden immer noch nicht gelungen, den Flüchtigen wieder zu fassen, geschweige denn eine brauchbare Spur über seinen Verbleib auszumachen.

Seit Adolf Scheubers Flucht sahen sich die Nidwaldner Behörden mit fortwährenden Vorwürfen von Seiten der schweizerischen Zeitungen konfrontiert. Bereits vier Tage nach Adolf Scheubers Flucht berichtete das freisinnige Blatt «Der Eidgenosse»:

> Es ist zu hoffen, dass es der Polizei gelinge, die Uebeltäter zu fassen. Dazu scheint allerdings das Vorgehen der nidwaldnerischen Behörden wenig geeignet. Der gefasste Scheuber wurde trotz der dringendsten Verdachtsmomente nicht einmal gefesselt transportiert. So wurde es ihm leicht möglich, von dem langsam fahrenden Zuge der Engelberger Bahn abzuspringen und zu flüchten. Seither ist Scheuber nach Hause gegangen, hat sein Gewehr geholt, Munition und Proviant eingepackt und ist verschwunden. Die Justiz wird ihn kaum mehr in ihre Hände bekommen. Gelingt es ihm nicht über das Gebirg zu entkommen, dass werden die Gletscher und Felsen ihn behalten. Die nidwaldnerische Polizei wird sich jedenfalls hüten, mit dem baumstarken, gewandten Manne und trefflichen Schützen einen Kampf auf Leben und Tod zu führen.[165]

Dem offiziellen Nidwalden waren derart offenkundige Vorwürfe nach Adolf Scheubers Flucht äusserst peinlich. Das zeigt sich in der Berichterstattung über den flüchtigen Bundesbeamten Kurz, wie auch in offiziellen Dementi der Nidwaldner Regierung. Ersichtlich wird dies aber auch in den Akten, welche die Anstrengungen der nidwaldnerischen Behörden dokumentieren, des flüchtigen Adolf Scheubers habhaft zu werden.[166]

Insbesondere Verhörrichter Odermatt, der Nidwaldner Regierungsrat und Polizeidirektor Flüeler und der Polizist Scheuber mühten sich, Adolf Scheuber wieder einzufangen. Gleich nach der Flucht Adolf Scheubers hatten Flüeler und Odermatt die Fahndung in Wolfenschiessen, in den Gemeinden des Kantons und in anderen Kantonen der Schweiz organisiert. In Wolfenschiessen bewachten mehrere Männer nächtelang Adolf Scheubers Haus und weitere Heimwesen. Von der Nidwaldner Gemeinde Emmetten aus wurde der Dorfpolizist mit einigen Männern wiederholt auf die Suche nach Adolf Scheuber gesandt. Revierförster Bünter und Polizist Scheuber machten sich von Wolfenschiessen auf, um mögliche Spuren zu entdecken. Wildhüter Christen von Wolfenschiessen und sein Gehilfe Remigi Christen meldeten sich freiwillig, um bei der Suche nach Hinweisen über den Verbleib Scheubers behilflich zu sein. In Wolfenschiessen und in der benachbarten Gemeinde Dallenwil wurden mehrere Häuser und Heimwesen von der Polizei und den Gemeindepräsidenten untersucht. Polizist Scheuber berichtete, wie sich die Verwandten Adolf Scheubers bei einer dieser Hausdurchsuchungen verhielten:

> Genannte Familie war eben beim Mittagessen als Zimmermann und ich in dessen Wohnung eintraten. (…) Die Leute waren niedergeschlagen und traurig, jedoch gegen uns freundlich und sofort bereit, unserm Befehl zu unterziehen.

Polizist Scheuber und Wildhüter Christen machten sich freiwillig auf, in Zivil, um weniger erkannt zu werden, einige Tage und Nächte die Alphütten zu durchstreifen. Auch Remigi Christen, der Gehilfe des Wildhüters, half bei der Suche nach möglichen Spuren von Adolf Scheuber. In St. Gallen und Thurgau überwachte die Polizei die Wohnungen von Adolf Scheubers Brüdern Karl und Robert. Ein enger Freund Adolf Scheubers in Aarau wurde befragt und überwacht. In Bern, Uri und Le Havre, in Basel und Luzern wurde nach Adolf gefahndet. Auf die Auslieferung Adolf Scheubers setzte die Nidwaldner Regierung eine Prämie von 500 Franken aus, und Adolf Scheuber wurde international ausgeschrieben.[167]

Nicht nur Behörden und Amtspersonen fahndeten nach dem Flüchtigen. Auch die Bevölkerung suchte nach Adolf Scheuber. Jemand wollte ihn drei Tage nach seiner Flucht in Stansstad in Nidwalden gesehen haben, was sich jedoch nachträglich als übereifrige Reaktion der Stansstader Bevölkerung herausstellte. In Oberägeri, im Kanton Zug, glaubten die Dorfbewohner in einem Fahrenden aus dem Kanton Bern, der ebenfalls Scheuber hiess, den Flüchtigen zu erkennen. Gerüchte kursierten immer wieder, Adolf sei beispielsweise im Kanton Schwyz gesehen, mit dem Schiff über den Vierwaldstättersee geflohen oder in Nizza festgenommen worden. Im Tessin an der italienischen Grenze wollte man Scheuber erkannt haben. Man erzählte sich sogar, Scheuber sei über Brindisi in Italien entkommen, «um als geübter Schütze und jovialer Teufelskerl bei der englischen Regierung in Transvaal, bei den Highlender Riflemen» im südafrikanischen Burenkrieg Dienst zu nehmen. Schliesslich kursierte das Gerücht, Adolf Scheuber sei gleich nach seiner Flucht in Isenthal im Kanton Uri gesehen worden. Der Mann, der Adolf gesehen haben wollte, war aber so lange nicht aufzufinden und konnte entsprechend so lange nicht verhört werden, dass seine Angaben schon reichlich veraltet waren, bis das nidwaldnerische Verhöramt die Angaben überprüfen und schliesslich bestätigen konnte. Adolf Scheuber war tatsächlich am Tag nach seiner Flucht in Isenthal gewesen. Dass er aber einen Revolver bei sich gehabt hätte, wie die Gerüchte behaupteten, erwies sich als blosse Behauptung eines Angetrunkenen.[168]

Am 31. Oktober kam in Wolfenschiessen auf dem Postamt ein Brief an mit unleserlichem Poststempel, versehen mit einer französischen Postmarke, adressiert an Bertha Scheuber-Christen in Wolfenschiessen. Der Postbeamte schickte den Brief sogleich ans Verhöramt weiter, wo er geöffnet wurde. Der Brief stammte von Adolf Scheuber, der als Absender Paris angegeben hatte:

> Meine liebe Frau Bertha
>
> Endlich kann ich dier mit par Zeilen dein Kummer ein wenig Erleichtern trage nur keine Sorge umher für mich den ich glaube jetzt geretet zu sein. Kann Dir aber sagen dass diese Reise ein hartes Unternemmen gewesen ist Reise dienstag den 31ten wieder weiter ich hoffe das mich [Gott] an ein Ort her führe dass ich dir bald eine Narungsquelle bereiten kann dass wir wieder ein so glükliches Leben führen können wie bisher. Kann dir erklärung geben warum ich zum bann herausgesprungen bin erstens wegen deinem bitterlichen weinen 2tens fürchtete ich untter die Obwaldner Regierung zu kommen wo ich lieber sterben wollte als noch einmal dorthin da kam mir alles schwer vor und ich hatte den entschluss (xxx) (/) zu flüchten.
> Mehr will ich das nächste mal Schreiben die Anntresse kann ich dir noch nicht schreiben bis ich am richtigen Ort bin und ein guter Freund gesucht habe wo uns die Briefwechselstelle besorgt.
> die Herzlichsten An alle verwante und Bekannte Sonst wars an Dich von deinem
>
> (xxx)
>
> Adolf

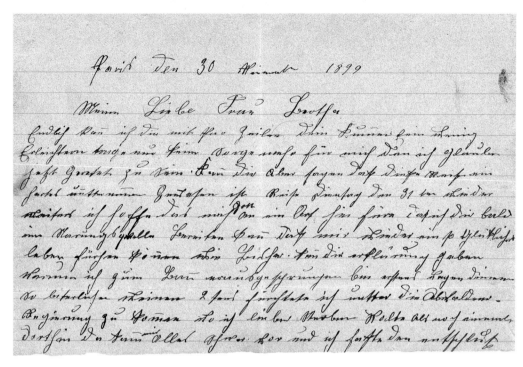

Verhörrichter Odermatt und Polizeidirektor Flüeler liessen sofort die steckbriefliche Verfolgung Adolf Scheubers in Paris organisieren, aber ohne Erfolg. Ist Adolf Scheuber überhaupt je in Paris gewesen? Adolf Scheuber blieb verschwunden.[169]

Die Obwaldner Regierung warf unterdessen Nidwalden vor, Adolf Scheuber im Steckbrief zu ungenau beschrieben zu haben. Die Gerüchte über den Verbleib Adolf Scheubers versiegten nicht. Selbst in Wolfenschiessen tauchten noch Jahre nach dem Mord Gerüchte auf, Adolf Scheuber habe sich bis vor kurzem in Wolfenschiessen aufgehalten. Als man diesem Gerücht nachging, stellte es sich aber, wie so viele andere, «als einfaches Gassengeschwätz» heraus.[170]

1894 und 1895 hatten die Nidwaldner Gerichte Adolf und Konrad Scheuber äusserst milde bestraft, und die Nidwaldner Regierung hatte sich sogar geweigert, Adolf und Konrad Scheuber an Obwalden auszuliefern. Aber die Vergehen von damals waren von ganz anderer Bedeutung als das Verbrechen, um das es sich 1899 handelte. Der Mord Adolf Scheubers hatte definitiv die Grenzen des Tolerierbaren überschritten. Gerade die Nidwaldner Behörden strengten sich ausserordentlich an, Adolf Scheuber wieder zu fassen. Auffallend ist auch das Engagement vereinzelter Wolfenschiesser, zum Beispiel der Eifer des Nidwaldner Wildhüters Anton Christen. Er war bekannt als Freund Adolf Scheubers, er hatte Adolf einige Monate vor dem Mord sogar ein Gewehr abgekauft. Die Auseinandersetzungen zwischen ihm und Wildhüter Werner Durrer waren bekannt. Vermutlich hat Anton Christen sogar gewusst, dass Werner Durrer kurz vor seinem Tod noch ein Verfahren gegen ihn angestrebt hatte. Er war der Erste, den der Obwaldner Polizeidirektor des Mordes an Werner und Josef Durrer verdächtigt hatte. Nach dem Mord hatten seine Auseinandersetzungen mit Werner Durrer eine andere Bedeutung bekommen. Er war in die Nähe eines Mörders gerückt. Vermutlich wollte er sich mit der Hilfe an der Fahndung von dieser Nähe lösen.[171]

Adolf Scheuber wurde nicht mehr gefasst. In Wolfenschiessen und in Nidwalden wird nicht die gesamte Bevölkerung bei der Verfolgung Adolf Scheubers mitgeholfen haben. Einige Verwandte oder enge Freunde sollen ihn bei der Flucht unterstützt haben. Aber es war unmöglich geworden, öffentlich zugunsten Adolf Scheubers und seiner Tat Stellung zu nehmen. Im «Luzerner Tagblatt» wurde nach der Tat eine Zuschrift aus Wolfenschiessen abgedruckt, die einen Sturm der Entrüstung in der Presselandschaft auslöste. Der Verfasser der Zuschrift hatte versucht, Adolf Scheubers Verhalten zu erklären und zu rechtfertigen. Doch selbst in der Zuschrift wurde der Mord ausdrücklich als Verbrechen verurteilt. Von der Wolfenschiesser Bevölkerung behauptete der Verfasser, dass sie die Flucht des Verdächtigen nicht unterstütze, dass sie aber Mitleid mit dem Mörder habe:

> Schwer ward die Tat verurteilt, und keine Rede davon, dass irgend jemand die Flucht des Verdächtigen begünstigt hätte. Aber dennoch sucht man den Täter nicht, man bedauert ihn als einen tief Unglücklichen.

Auf die Einsendung schickte ein anderer Wolfenschiesser eine heftige Entgegnung an das «Nidwaldner Volksblatt»:

> Überall, wo man hinkommt in der Gemeinde, wird die That Scheubers verurteilt. Ich habe mit Personen gesprochen, die früher mit Scheuber viel verkehrt haben, sie haben alle ihre Abscheu über dieses Verbrechen ausgesprochen. Wer ruhig und leidenschaftslos urteilen will, der muss ein solches Verbrechen verabscheuen und Sühne und Genugtuung fordern.

Auch wenn einige wenige noch zu Adolf Scheuber hielten, eine Szene der gegenseitigen Solidarität und Verschwiegenheit, wie sie F. Rettig für das Jahr 1892 geschildert hatte, in der offen in einem Gasthaus über eine illegal geschossene Gämse verhandelt werden konnte, war angesichts des Mordes nicht mehr möglich. Ein Mord war im Rechtsempfinden der Bevölkerung ein Verbrechen und von anderer Qualität als ein blosses Wildereivergehen.[172]

Die Schweizer Presse, auch das «Nidwaldner Volksblatt», forderten noch Monate nach dem Mord eine energische Verfolgung des Mörders Adolf Scheuber. Die Öffentlichkeit war sich unterdessen gewiss, im flüchtigen Adolf Scheuber den Mörder von der Gruobialp zu kennen.

Auch im Obwaldner Kantonsparlament wurde im Juni 1900 darüber beraten, wie es anzustellen sei, Adolf Scheuber endlich zu fassen. Die Regierung gab bekannt, man sei daran, ein Verfahren gegen den flüchtigen Adolf Scheuber einzuleiten. Man vermutete, dass Adolf sich «in überseeischen Ländern» befinde. Da man ebenfalls annahm, dass eine internationale Fahndung einfacher sei, wenn nach einem verurteilten Mörder, und nicht nur nach einem des Mordes Verdächtigen, gefahndet wird, wollte man eine Verurteilung anstreben. Im Frühling 1901 begannen die Obwaldner Untersuchungsbehörden, alle vorgenommenen Verhöre amtlich beglaubigen zu lassen, um das Gerichtsverfahren gegen Adolf Scheuber beginnen zu können.[173]

Verurteilung

Der Obwaldner Regierungsrat überwies die Untersuchungsakten zum Doppelmord auf der Gruobi-alp dem Kriminalgericht. Dieses hatte «in contumaciam», d.h. in Abwesenheit des Angeklagten, über den Fall zu richten. Die Angehörigen Adolfs wurden aufgefordert, einen Verteidiger zu stellen. Als sie dieser Forderung nicht nachkamen, bestellte der Obwaldner Regierungsrat den Anwalt Dr. Niederberger als Pflichtverteidiger. Die Anklage übernahm der Regierungsrat und Staatsanwalt Küchler. Der langjährige Regierungsrat und Polizeidirektor Seiler war unterdessen gegen seinen Willen von der Landsgemeinde aus seinem Amt abgewählt worden. Das Amt des Staatsanwalts, das er auch schon als Regierungsrat wahrgenommen hatte, konnte er weiterhin beibehalten. Als der Fall vor der zweiten Instanz des Obwaldner Obergerichts seinen Abschluss fand, trat Seiler als Staatsanwalt auf. Verteidiger Niederberger war zugleich Redaktor in dem liberalen und oppositionellen Blatt «Der Unterwaldner». Die Berichterstattung im «Unterwaldner» über diesen Fall ist entsprechend umfangreich. Einige Akten, z.B. der Brief Adolf Scheubers an seine Frau Bertha Scheuber-Christen, sind sogar im Wortlaut abgedruckt.[174]

Am 29. und 30. Oktober 1901 kam der Fall vor das erstinstanzliche Kriminalgericht des Kantons Obwalden. Ein grosser Teil der zu diesem Fall entstandenen Akten wurde von der Anklage zitiert und vom Gerichtsschreiber zusammengefasst. Da der Aktenbestand ziemlich umfangreich war, dauerte die Gerichtsverhandlung zwei Tage, allein die Zusammenfassung der Untersuchungs-ergebnisse umfasst mehr als acht beschriebene Foliantenseiten. Die Urteilsbegründung des Gerichts erstreckt sich über weitere vier Seiten. Der Staatsanwalt plädierte auf Mord, d.h. auf absichtliche Tötung, der Sachverhalt sei genügend geklärt und der Tatbestand erfüllt. Die Verteidigung dagegen beantragte die Rückweisung des Falles, bis Adolf Scheuber gefasst sei. Nur durch ihn könne der Sachverhalt genügend aufgeklärt werden. Es sei eventuell nur Totschlag anzunehmen. Scheuber habe offenbar «in aufgeregtem Zustande gehandelt».

Das Gericht übernahm aber im Wesentlichen die Argumentation der Anklage: Eine andere Möglichkeit als absichtlicher Mord sei auszuschliessen. Die von Adolf Scheuber in früheren Jahren gegenüber Werner Durrer öffentlich geäusserten Morddrohungen wurden als Beweis für einen «tödlichen Hass» und «jahrelange Rachsucht» und damit als Tatmotiv angenommen. Die Leichenschau und die Leichensektion belegten den Tatbestand der Ermordung und schlossen Selbstmord, Unfall, gegenseitige Tötung oder Notwehr aus. Die Untersuchungen des Waffenexperten an Adolf Scheubers Gewehr, an den Patronenhülsen und an der im Körper von Werner Durrer aufgefundenen Kugel belegten eindeutig, dass die Schüsse aus Adolf Scheubers Waffe abgefeuert worden waren. Dass Adolf Scheuber die Waffe auch benutzt hatte, ergab sich aus der Zeugenaussage von Johann Waser und mehreren weiteren Indizien. Obwohl Johann Wasers Aussagen nicht von Beginn weg eindeutig gewesen waren, wurden seine Aussagen als vollgültiger Zeugenbeweis angenommen. Die Untersuchungsbehörden liessen einen Eid auf seine Aussagen schwören, und das Gericht übernahm seine Aussagen als glaubhafte Indizien, die durch «andere Beweis-momente» unterstützt wurden. Schliesslich wurden Adolf Scheubers Versuch, sich ein Alibi zu verschaffen, und seine Flucht als weitere Belege und indirekte Schuldbekenntnisse aufgefasst. Aufgrund dieser Argumente befand das Obwaldner Kriminalgericht Adolf Scheuber des Mordes an Werner und Josef Durrer für schuldig und verurteilte ihn zur Todesstrafe.[175]

Die Todesstrafe konnte nur das Obwaldner Obergericht endgültig verhängen. Deshalb kam der «Fall Scheuber» zur definitiven Beurteilung am 1. Februar 1902 vor das Obwaldner Obergericht.

Die Verteidigung hatte vor dem Kriminalgericht zwar Zweifel an der Glaubwürdigkeit Johann Wasers geäussert und dafür plädiert, dass ein Urteil erst nach der Vernehmung Adolf Scheubers gefällt werden darf. Aber Johann Waser einen Meineid vorzuwerfen, für Totschlag oder gar für Notwehr oder unschuldig zu plädieren, erwog Verteidiger Niederberger angesichts der Aktenlage nicht, und so appellierte er auch nicht gegen das Urteil des Kriminalgerichts. Vor dem Obergericht kam es entsprechend zu keiner Verhandlung, sondern nur noch zur begründeten Bestätigung des Todesurteils. Das Obergericht machte sich dennoch die Mühe, noch einmal ausführlich zugunsten der Glaubwürdigkeit Johann Wasers Stellung zu nehmen. Ohne die Aussagen Johann Wasers wäre die Verurteilung Adolf Scheubers tatsächlich sehr schwierig gewesen.[176]

Dem Obergericht unterlief aber ein gewichtiger Verfahrensfehler. Die beiden Ärzte, Julian Stockmann und Gallus Deschwanden, welche für die Leichenschau und die Leichensektion verantwortlich zeichneten, hatten als Mitglieder des Obergerichts das Todesurteil mitbestätigt. Das widersprach der Strafprozessordnung. Richter durften in keiner Weise bei der Untersuchung beteiligt gewesen sein. Verteidiger Niederberger legte sogleich eine Beschwerde ein. Staatsanwalt Seiler war über die Angelegenheit ausgesprochen aufgebracht. Das Kassationsgericht hob das Urteil formell wieder auf, und das Obergericht bestätigte – in anderer Zusammensetzung – erneut das Urteil des Kriminalgerichts. Dieses juristische Schlussgeplänkel änderte nichts an der Verurteilung Scheubers, und es fand in der Presse – abgesehen von einem kleinen Hinweis im liberalen Blatt «Der Unterwaldner» – auch kein weiteres Echo.[177]

Über das Urteil des Kriminalgerichts wurde in der Presse landesweit berichtet. Die «Neue Zürcher Zeitung» sandte sogar einen Korrespondenten nach Sarnen. Die meisten Zeitungen nahmen die Verurteilung Scheubers zum Anlass, anhand der verlesenen Akten die Ereignisse rund um den Mord noch einmal detailliert abschliessend zu schildern, in bisweilen unterschiedlichen Nuancen. Allgemein wurde aber die Verurteilung als «das Ende der Tragödie» oder als die «Erledigung» des «Falls Scheuber» begrüsst.[178]

Extra-Bulletin des «Obwaldner Volksfreund» zum Todesurteil von Adolf Scheuber, 30. Okt. 1901. OV, 1901.

Nidwaldnerismus

Die Berichterstattung über den «Fall Scheuber» hatte aber noch ein aufschlussreiches mediales Nachspiel. Der «Obwaldner Volksfreund» berichtete in einem Extra-Bulletin über das Urteil des Kriminalgerichts und schloss den Bericht mit folgendem Hinweis ab:

> Wo mag der Mörder weilen? wird sich indessen wohl Jedermann fragen. Leider konnte diesfalls bis zur Stunde nichts erheblich gemacht werden. Und auf die allerdings mit auffallender Hartnäckigkeit sich erhaltenden Gerüchte, es habe sich Scheuber sogar bis vor kurzer Zeit, jedenfalls aber lange nach der Tat, noch in Nidwalden aufgehalten, treten wir hier und heute nicht ein.[179]

Beim «Nidwaldner Volksblatt» stiess man sich sehr an diesem Schlusssatz des Obwaldner Blattes und kommentierte ihn mit einiger Bitterkeit. Das peinliche Entkommen des Hauptverdächtigen und die darauf folgenden Vorwürfe im Jahr 1899 waren noch nicht vergessen:

> Wir bedauern, dass man solche Gerüchte in dieser Form in einem Extra-Bülletin kundgibt, und dann gleichzeitig erklärt, darauf nicht eintreten zu wollen. Hält man diese Gerüchte für begründet und hat man irgendwelche Anhaltspunkte dafür, dann stelle man Klage und verlange Untersuchung an richtiger Stelle, – wir in Nidwalden sind die ersten, die in diesem Falle ein energisches, entschiedenes Vorgehen fordern, – hält man diese Gerüchte nicht für begründet, dann bringe man sie nicht in solch auffälliger Weise in die Öffentlichkeit.[180]

Der blosse Hinweis, Gerüchte würden kursieren, dass sich Adolf Scheuber noch in Nidwalden aufgehalten habe, empfand die Redaktion des «Nidwaldner Volksblatts» als Vorwurf und Beleidigung, auf den sie im Namen von «wir in Nidwalden» antworteten und sich verteidigten, indem sie ihrerseits der Redaktion des «Obwaldner Volksfreunds» vorwarfen, sich nicht rechtens zu verhalten. In der nächsten Ausgabe benutzte die Redaktion des «Obwaldner Volksfreunds» einen Kommentar über einen tödlichen Jagdunfall in Wolfenschiessen als Anlass, auf den Vorwurf aus Nidwalden zu antworten:

> Unter der Bevölkerung von Wolfenschiessen sollen einige seit kurzer Zeit vorgekommene plötzliche Todesfälle Stoff zu allerlei Bemerkungen gegeben haben. Wir unterlassen es, diejenigen zu nennen, ansonst wir leicht nochmals das «Bedauern» des Hrn. Kollegen vom «Nidwaldner Volksblatt» hervorrufen könnten. Immerhin müssen wir uns vorbehalten, das eine oder andere Material über unsere Bülletin-Bemerkung, welche letzthin das Bedauern des vorgenannten Blattes weckte, aus unserer wohlversehenen Mappe hervorzunehmen und das Benehmen gewisser Leute und Blätter mit Bezug auf den Scheuberfall näher zu illustrieren, selbst auf die Gefahr hin, unangenehm zu werden. Der «Obwaldner Volksfreund» hat sich bisan in der Scheueraffäre solch weitgehender Reserve beflissen, dass diese ihm bereits den Vorwurf des «Nidwaldnerismus» eintrug. Wenn's aber sein muss, können wir uns auch auf den obwaldnerischen Standpunkt stellen; es dürfte das hierorts sogar ebenso dankbar sein. Sapienti sat.[181]

Das «Nidwaldner Volksblatt» liess die Sache nicht auf sich beruhen und veröffentlichte in ihrer nächsten Ausgabe «ein ruhiges Wort der Erwiderung»:

> Veranlasst durch die nun zweimal nacheinander erfolgten Äusserungen der Redaktion des «Obwaldner Volksfreund», dass sie über den Aufenthalt Scheubers in Nidwalden Material in wohlversehener Mappe besitze, hat der Regierungsrat von Nidwalden in seiner letzten Sitzung beschlossen, die Regierung von Obwalden zu ersuchen, die erwähnte Redaktion in einem amtlichen Verhör über ihr diesbezügliches Material einzuvernehmen, um eventuell gestützt hierauf sofort eine eingehende Untersuchung veranstalten zu können. Warten wir also ruhig vorerst das Resultat derselben ab.

> Wir stellen uns in dieser Angelegenheit weder auf den obwaldnerischen noch auf den nidwaldnerischen Standpunkt, sondern auf denjenigen, den wir immer eingenommen, und der für begangenes Unrecht Sühne verlangt, ohne Rücksichten irgend welcher Art, der aber zugleich auch Behörden, die ihre Pflicht erfüllen, nicht mit zweideutigen Bemerkungen in ein falsches Licht stellen lassen will. – Wir lassen auch trotz der lieblichen neuen Wortbildung: «Nidwaldnerismus» uns nicht in eine Kantönlifehde hineinzerren, so bescheiden sind unsere politischen Gesichtspunkte und unsere Auffassung von den Aufgaben der Presse nicht.[182]

Mit diesem Artikel verabschiedete sich das «Nidwaldner Volksblatt» von der Auseinandersetzung, mit dem Hinweis, weder «den obwaldnerischen» noch «den nidwaldnerischen Standpunkt» einnehmen zu wollen. Offenbar gab es bezüglich des Mordes zwei verschiedene Standpunkte, die sich je einem der beiden Kantone zuweisen liessen. Mindestens lassen die zitierten Artikel annehmen, dass in Obwalden und Nidwalden je eine qualitativ unterschiedliche öffentliche Meinung über den «Fall Scheuber» verbreitet war. Worin bestanden aber die «Standpunkte» und wie unterschieden sie sich?

Ein Obwaldner warf dem «Obwaldner Volksfreund» «Nidwaldnerismus» vor, also zu sehr auf den «nidwaldnerischen Standpunkt» einzugehen und zu wenig den «obwaldnerischen Standpunkt» zu vertreten. Als die Schweizer Presse 1899 wegen Scheubers Flucht mit Kritik an Nidwalden nicht zurückhielt, wies der «Obwaldner Volksfreund» dem Nachbarkanton tatsächlich keine Schuld zu. Der «Obwaldner Volksfreund» betonte damals sogar:

> Das brave Nidwaldnervolk und seine Behörden verurteilten so scharf wie wir die Tat des Mörders; wir waren nie Freund gegenseitiger Eifersüchteleien, und solch bejammernswerte Vorkommnisse dürfen den freundnachbarschaftlichen Beziehungen keinen Schaden bringen.[183]

Eine vorwurfsvolle Verurteilung der nidwaldnerischen Behörden formulierte hingegen ein Korrespondent aus Obwalden im «Vaterland»:

> Wenn die zuständigen nidwaldnerischen Behörden, wir nennen da niemanden speciell, stetsfort so ihre Pflicht betreffend die Wildhut getan, wie die obwaldnerischen, dann wäre aller Voraussicht nach, die Bluttat vom 14. Oktober unterblieben.[184]

Der «obwaldnerische Standpunkt» warf dem «Nidwaldnervolk und seinen Behörden» vor, an der Ermordung der Obwaldner Wildhüter und an der Flucht des Mörders mindestens mitschuldig zu sein. Der obwaldnerische Standpunkt beinhaltete also einerseits den alten Vorwurf, Nidwalden komme seinen Pflichten, sei es in der Wildhut oder der Ahndung von Verbrechen, nicht nach. Andererseits zeichnete er sich dadurch aus, dass man sich in Obwalden mit den Opfern solidarisierte, sogar identifizierte.

Wie schon der Obwaldner Alphirt den Nidwaldner Wildhüter mit dem Vorwurf konfrontiert hatte, «es hätten Nidwaldner auf unserem Gebiete geschossen», so konnte man in Obwalden offenbar auch die beiden Erschossenen als «unsere», d.h. als obwaldnerische Opfer bezeichnen. Der Täter war ein Nidwaldner.[185]

Der «nidwaldnerische Standpunkt» ist schwieriger zu fassen. Er zeigt sich vor allem indirekt, in der Rückweisung der Vorwürfe. Offenbar war es der Nidwaldner Regierung ein ernstes Anliegen, den Verdacht zu bekämpfen, sie würden mit dem Mörder Adolf Scheuber sympathisieren und hätten ihm deswegen die Flucht ermöglicht. Der «nidwaldnerische Standpunkt» bestand gemäss den Vorwürfen darin, sich mit Adolf Scheuber zu solidarisieren und so die Tat gutzuheissen. Offene Sympathiebekundungen tauchen in den Quellen kaum auf. Die einzigen überlieferten Äusserungen, in denen Adolf Scheubers Tat explizit gutgeheissen wurde, formulierten Obwaldner. Der eine war Peter Röthlin, der andere der Sohn des Engelberger Wildhüters Feierabend.[186] Selbst die Adolf Scheuber wohlwollend gesinnte Einsendung an das «Luzerner Tagblatt», die wie erwähnt eine Welle der Entrüstung hervorrief, wollte Adolf Scheubers Tat nicht offen gutheissen. Der Einsender aus Wolfenschiessen betonte zunächst, dass in Nidwalden und Wolfenschiessen gewissenhaft nach Adolf Scheuber gefahndet wird. Darauf versuchte er, den Mord, den er als solchen schwer verurteilte, zu erklären, und endete schliesslich bei einer Rechtfertigung der Tat von Adolf Scheuber:

> In Wolfenschiessen macht sich bei aller Schärfe, mit der man die unglückliche Tat verurteilt, doch eine entschiedene und bei Hoch und nieder ungeteilte Stimmung dahin geltend, dass dem Täter gewaltige Milderungsumstände zuzubilligen seien und dass selbst auf einer andern Seite eine grosse moralische Mitverantwortung laste. Es ist nun einmal Tatsache, dass Wildhüter Durrer seine Stellung allzu rücksichtslos ausübte und schon wiederholt auf Wilderer ohne Not geschossen.
> Doch von den Toten wollen wir nur Gutes reden.
> Auch in der Verfolgung eines gesetzlichen, an sich gerechten Zweckes gibt es eine Grenze, über die hinaus Wohltat zur Plage wird. Für das Leben eines Gemsbocks, der wild im Gebirge irrt, heute hier und morgen dort, vielleicht weit weg vom Schongebiet, darf man ein Menschenleben nicht aufs Spiel setzen – niemals. «Ich lebte still und harmlos, das Geschoss war auf des Waldes Tier nur gerichtet, meine Gedanken waren rein von Mord.»
> Wir könnten unsere Ausführungen noch weiter spinnen, aber wir haben keine Lust, ebenfalls mit der Strafjustiz in Berührung zu kommen. Wer mehr will wissen, dem wird Auskunft unter dem unverfälschten Bergvolk von Wolfenschiessen. (…) – Man kann einen Menschen auch zum Mörder – hetzen.[187]

Dieser Text schiebt die Schuld am Verbrechen zurück auf die Ermordeten, zurück nach Obwalden, wo die Wildhut übertrieben gehandhabt wurde. Gemäss dem Schlusssatz sei Adolf Scheuber vom Obwaldner Wildhüter zum Mord getrieben worden. Das in der Korrespondenz angeführte Zitat entstammt Friedrich Schillers «Wilhelm Tell», dem Drama, in dem der Gämsjäger Tell um der Freiheit willen den Vogt Gessler umbringt. Gerade diese Anspielung wurde als schrecklicher Affront empfunden. Die Obwaldner Regierung liess darauf eine amtliche Richtigstellung veröffentlichen, in der die Vorwürfe der unangemessenen Amtsführung Werner Durrers, insbesondere bei der Festnahme der Brüder Scheuber 1894, minutiös dementiert wurden. Auch Korrespondenten aus Nidwalden und Wolfenschiessen stiessen sich sehr an der veröffentlichten Einsendung und wehrten sich heftig gegen den darin vertretenen Standpunkt. Allerdings könnte es sich dabei wirklich um den «nidwaldnerischen Standpunkt» handeln, von dem das «Nidwaldner Volksblatt» sprach. Dieser Standpunkt wäre demnach der Versuch, Adolf Scheubers Verhalten zu erklären, zum Beispiel durch den Hinweis auf die Amtsführung von Werner Durrer oder durch Vergleiche mit dem mythologischen Freiheitshelden – und Mörder – Wilhelm Tell, bis Adolf Scheubers Tat nicht nur erklärt, sondern auch gerechtfertigt war. Wie bereits erwähnt, ob der «Nidwaldner Standpunkt» weit verbreitet war, ist mehr als fraglich. Häufig waren vor allem die Bemühungen, sich davon zu distanzieren.[188]

Auf alle Fälle belastete der Doppelmord auf der Gruobialp die Beziehung zwischen den beiden Halbkantonen Obwalden und Nidwalden. Voraussetzung für den «Nidwaldner Standpunkt» wie auch für den «Obwaldner Standpunkt» war eine emotionale Verbundenheit mit den Opfern in

Obwalden beziehungsweise dem Täter in Nidwalden. Die Ehre sowohl der Obwaldner wie auch der Nidwaldner war durch den Mord in Frage gestellt und wollte verteidigt werden.

Wie im «Nidwaldner Volksblatt» angekündigt, verlangte die Nidwaldner Regierung von der Obwaldner Regierung durch ein Rechtshilfegesuch, dass der Redaktor des «Obwaldner Volksfreunds» über das erwähnte «wichtige Material» zum Verbleib Adolf Scheubers verhört wurde, um selbst «unverzüglich» mit der Suche nach Adolf Scheuber fortfahren zu können. Die Nidwaldner Regierung betonte im Gesuch erneut, dass sie selbst unermüdlich nach dem Flüchtigen fahnde. Der Redaktor des «Obwaldner Volksfreunds» war übrigens gleichzeitig Obwaldner Landschreiber. Er hatte selbst mit dem «Fall Scheuber» als Amtsperson zu tun gehabt. Der Redaktor wurde verhört, und die Obwaldner Regierung sandte das Verhör nach Nidwalden. Das Verhöramt Nidwalden konnte darauf drei weitere Personen verhören, aber die Untersuchung verlief ohne Ergebnis. Die Hinweise über den Verbleib Adolf Scheubers erwiesen sich als blosse Gerüchte.[189]

Bertha Scheuber-Christen

Die einzigen Frauen, die in den Akten zur Wildhut und zum «Doppelmord auf der Gruobialp» vorkommen, sind Catharina Waser, Johann Wasers Mutter, und Bertha Scheuber-Christen, die Frau von Adolf Scheuber. Die Jagd, das Wildern, die Wildhut und die Auseinandersetzungen zwischen Obwalden und Nidwalden, die gegenseitigen Drohschüsse, der Mord an den Wildhütern und die darauf folgenden Untersuchungen und Berichterstattungen waren Männerangelegenheiten. Dennoch beeinflusste Catharina Waser durch ihre Angaben den Verlauf der Untersuchungen wesentlich und aktiv. Aufgrund ihrer Angaben änderte Johann Waser seine Strategie im Verhör und wurde schliesslich vom Verdacht der Mitschuld befreit. Hätte Johann Waser seine Strategie nicht geändert, wäre eine Verurteilung Adolf Scheubers sehr schwierig geworden. Bertha Scheuber-Christen hatte dagegen einen viel geringeren Spielraum. Sie konnte die Ereignisse weniger beeinflussen und mitbestimmen, obwohl sich ihr Leben durch die Ereignisse dramatisch veränderte.

Am Tag nach der Flucht von Adolf Scheuber wurde auch Bertha Scheuber-Christen von Verhörrichter Odermatt in Stans verhört. Sie bestätigte das Alibi ihres Mannes: Er habe zu Hause übernachtet, im Wald gearbeitet, und sie habe ihm entsprechend die Arbeitstage eingeschrieben. Der Verhörrichter schenkte den Angaben keinen Glauben. Am 20. Oktober 1899 musste Bertha Scheuber-Christen erneut zum Verhör nach Stans. Sie änderte ihre bisherigen Aussagen mit dem Hinweis, beim letzten Verhör «in Angst und verwirrten Sinn» geraten zu sein. Adolf habe tatsächlich am Freitag vor dem Mord nicht zu Hause übernachtet. Im weiteren Verlauf der Verhöre aber gab sie nur sehr wenige Informationen preis. Verhörrichter Odermatt hakte immer wieder nach und wiederholte bisweilen eine Frage oder stellte Suggestivfragen. Bertha Scheuber machte keine Angaben, nach denen sie nicht gefragt wurde. Nie ergriff sie das Wort ungefragt und begann – wie beispielsweise Catharina Waser oder Johann Waser – ihre Version der Ereignisse in einem Fluss zu berichten.[190]

Als Bertha Scheuber-Christen einige Tage darauf wieder nach Stans zitiert wurde, erschien sie nicht zum Verhör. Polizist Scheuber meldete später, sie sei krank im Bett. Ihre Krankheit wurde durch ein ärztliches Zeugnis bestätigt. Dr. Ferdinand Jann stellte fest, dass Bertha Scheuber-Christen bereits seit längerer Zeit an einem Magengeschwür litt. Nach einem zunächst befriedigenden Verlauf der Krankheit habe sich ihr Zustand aber «seit circa drei Wochen» verschlechtert.[191]

Zwei Wochen später musste sie dennoch, zum letzten Mal, nach Stans ins Verhör. Sie blieb bei ihrer Strategie und gab nur zurückhaltend Auskunft. Verhörrichter Odermatt suchte Hinweise über den Gültenhandel ihres Mannes mit Peter Röthlin, die als Beweise im in Obwalden laufenden Verfahren gegen Peter Röthlin hätten verwendet werden können. Vor allem wollte der Verhörrichter von ihr hören, dass Adolf Scheuber ihr vom Mord erzählt habe. Adolf Scheuber war ohne Geständnis geflohen. Hätte nun Bertha berichtet, dass Adolf auch nur in einem Hinweis die Ermordung erwähnt hätte, so hätte Verhörrichter Odermatt auf indirektem Wege ein Geständnis Adolfs erhalten. Bertha Scheuber-Christen war sich dessen offenbar bewusst. Sie verneinte, irgend etwas vom Mord gewusst oder von Adolf mitgeteilt bekommen zu haben. Verhörrichter Odermatt wurde geradezu ungehalten darüber, und als Bertha vom Abschied mit Adolf berichtete, dass sie dabei geweint habe, fragte er nach:

> Euer Weinen lässt darauf schliessen, dass Ihr ihn doch für schuldig hieltet?

Bertha antwortete darauf:

> Es ist doch begreiflich, dass mir seine Verhaftung durch die Polizei wehtat. Ich hielt ihn nie für schuldig und glaube auch jetzt nicht an seine Schuld.

Um ihren Mann Adolf zu decken, gab sie an, dass er ihr gegenüber nichts erwähnt habe. Bis zum Ende des Verfahrens gab sie an, immer noch an seine Unschuld zu glauben.
Gemäss der Nidwaldner Strafprozessordnung konnten Ehegatten des Beklagten das Ablegen eines Zeugnisses, also ein Verhör, verweigern. Weshalb hat Bertha Scheuber-Christen von diesem Recht nicht Gebrauch gemacht? Adolf Scheuber war zum Zeitpunkt der Verhöre zwar direkt verdächtigt, aber noch nicht angeklagt. Deshalb konnte Bertha Scheuber-Christen ein Verhör zu jenem Zeitpunkt noch nicht verweigern.[192]

Couvert des abgefangenen und an das Verhöramt Stans weitergeleiteten Briefes Frau Bertha Scheuber-Christen vom 20. Okt. 1899. StANW D 1245, Sch. 1282.

Kurze Zeit nach der Flucht Adolf Scheubers wurde gegen ihn das Konkursverfahren eingeleitet. Als sein Vertreter wurde sein Bruder Konrad Scheuber bezeichnet. Das Konkursverfahren wurde eröffnet, indem die Schuldner durch das Amtsblatt aufgefordert wurden, bis Ende November 1899 ihre Forderungen zu stellen. Dabei kam einiges zusammen. An Darlehen und Gülten schuldete Adolf Scheuber Privatpersonen und Nidwaldner Banken noch 15 000 Franken. Die beiden Gülten, über die Adolf Scheuber und Peter Röthlin noch am Sonntagabend, den 15. Oktober, miteinander verhandelt hatten, tauchten nicht mehr auf.[193]

An offenen Rechnungen schuldete Adolf Scheuber insgesamt 6732.54 Franken. Die Rechnungen rührten von den Zimmermannsgeschäften her und waren teils Materialkosten, teils noch nicht ausbezahlte Lohnforderungen. Die meisten Rechnungen waren bereits einige Monate, einige sogar mehrere Jahre alt, eine stammte noch von 1894. Auch Peter Röthlin stellte eine Forderung von 200 Franken, die er Adolf Scheuber im August 1899 ausgeliehen hatte. Auch die Rechnung für ein Bett vom Herbst 1898 taucht in der Zusammenstellung der Forderungen auf. Bertha Scheuber-Christen übernahm die Rechnung für das Bett unaufgefordert. Sie war nicht mit den Forderungen konfrontiert und hätte keine der gestellten Rechnungen begleichen müssen. Das Bett war aber offenbar das gemeinsame Hochzeitsbett von Adolf und Bertha. Indem sie die Kosten davon übernahm, konnte sie zumindest den Betrag begleichen, der sie – wenn auch nicht rechtlich – emotional direkt betraf. Bertha Scheuber-Christen war nicht in der Lage, den Betrag alleine aufzubringen. Die Familie ihrer Eltern im Heimwesen Lochrüti half ihr, das Ehebett zu bezahlen.[194]

Das 1898 neu erbaute Haus wurde anlässlich des Konkursverfahrens öffentlich versteigert und bei der zweiten Versteigerung am 22. Januar 1900 verkauft. Schliesslich blieben 9115.39 Franken der Forderungen ungedeckt, und 6100 Franken an Kapital musste gelöscht werden.[195]

Bevor das Konkursverfahren Anfang November 1899 eröffnet wurde, hatte Bertha Scheuber-Christen bereits das Haus verlassen und wohnte bei ihrem Schwager Konrad Scheuber. Die Untersuchungsbehörden befürchteten, der Umzug sei eine Vorbereitung auf die Ausreise aus Wolfenschiessen. Der Landammann von Nidwalden und Verhörrichter Odermatt gaben dem Polizisten von Wolfenschiessen den ausdrücklichen Befehl, Bertha Scheuber an einer Abreise zu hindern.[196]

Von da an berichtete der Polizist Scheuber von Wolfenschiessen gegenüber Verhörrichter Odermatt minutiös jeden Schritt von Bertha Scheuber-Christen. Noch ein halbes Jahr nach der Flucht Adolf Scheubers, im Mai 1900, berichtete er, dass Bertha eine Wallfahrt nach Einsiedeln unternahm, und er versicherte seinem Vorgesetzten, sein «Möglichstes zu thun um genannte Frau zu überwachen und Adolf zu ermitteln». Bertha Scheuber schien die Überwachung durch den Polizisten nicht zu schätzen. Polizist Scheuber gab an, dass Bertha nur auf Aufforderung des Verhörrichters nach Stans kommen würde, um sich dort vorsorglich fotografieren zu lassen, «denn auf mein Begehren würde sie dies nicht thun».[197]

Unterdessen war Bertha in das Heimwesen Lochrüti zu ihren Eltern gezogen. Sie finanzierte ihren Lebensunterhalt mit Seidenweben, wofür ihre Mutter das Rohmaterial beschaffte. Als ihre Mutter ein aussergewöhnlich grosses Quantum Seide einkaufte, kursierte in Wolfenschiessen sogleich das Gerücht, Bertha wolle auswandern. Der Polizist Scheuber verschärfte darauf seine Überwachungen. Kurz darauf stellte Bertha Scheuber-Christen das Gesuch um einen Heimatschein. Der Heimatschein galt damals als Reisedokument und genügte, um auszuwandern, war aber auch notwendig, um sich in einem anderen Kanton niederzulassen. Die Regierung zögerte, ihr diesen Ausweis auszustellen und beauftragte das Verhöramt, das Gesuch zu prüfen. Als Bertha Scheuber-Christen

Verlustschein infolge Konkurses.

Schuldner *Scheuber Adolf Zimmermann Wolfensch.*

Gläubiger *Tit. Vehörand Nidwalden*

Vom Schuldner anerkannte und zugelassene Forderung Fr. *227.*

Mangels Guthaben nichts aus der Masse erhältlich

~~Aus der Konkursmasse erhältlich~~

~~Ausbezahltes Massabetreffniss~~ . . . . . Fr. _____

Ungedeckt gebliebener Betrag . . . . . Fr. *227.*

Für obigen ungedeckt gebliebenen Betrag von (in Worten) Franken

Zwei Hundert Sieben u. Zwanzig

wird hiemit dem Gläubiger in Gemässheit von Art. 265 des Betreibungsgesetzes der gegen-

wärtige Verlustschein ausgestellt.

Besondere Bemerkungen.

1. Ungedeckt gebliebene Gesammt-Schuldenlast Fr. *9115.39.*

2. Abgezogene Uebersendungskosten . . . „ _____

Ausgefertigt, **Wolfenschiessen**, den *7. April 1900*

Für das **Konkursamt Nidwalden**,

Nach seiner Flucht wurde über das Geschäft von Adolf Scheuber der Konkurs eröffnet. lustschein, 7. Nov. 1899. StANW D 1880, Konkurs 54.

zwei Tage später ihren Schwager im Kanton Thurgau besuchen wollte, wurde die Luzerner Polizei sofort aufgefordert, sie mit einem Geheimpolizisten zu observieren. Polizist Scheuber bat sogar seinen Bruder in St. Gallen, Nachforschungen über Berthas Reise anzustellen. Bei seinem eifrig betriebenen Überwachen von Bertha wurde Polizist Franz Scheuber vom Wolfenschiesser Wildhüter Anton Christen unterstützt. Obwohl die Untersuchungsbehörden feststellten, dass Bertha Scheuber-Christen immer kränklich war und entsprechend eine Abreise unwahrscheinlich sei, hatten sie grosse Angst, Bertha würde ausreisen und ihren Mann aufsuchen, ohne dass sie es wissen würden. Es galt, die Flucht Adolf Scheubers wiedergutzumachen. Bertha argumentierte in ihrem Gesuch um einen Heimatschein, dass ihre Gesundheit es nicht mehr zulasse, ihren Lebensunterhalt mit Seidenweben zu verdienen. Sie müsse sich über ein Vermittlungsbüro eine Stelle suchen.[198]

Schliesslich gewährte der Regierungsrat Nidwaldens das Gesuch um einen Heimatschein. Aber gleichzeitig ergriffen die Nidwaldner Untersuchungsbehörden vorsorgliche Massnahmen. Sie beauftragten sämtliche Auswanderungsagenturen in Basel und Luzern und – über das eidgenössische Justiz- und Polizeidepartement – das schweizerische Konsulat in Le Havre, bei einer Ausreise von Bertha Scheuber-Christen Anzeige zu erstatten und ihre Schriften zu beschlagnahmen. Gleichfalls wurden die Eisenbahnstationen in Nidwalden aufgefordert, sofort Anzeige zu erstatten, wenn Bertha Scheuber-Christen, einer der Gebrüder Scheuber oder jemand der Familie Christen Gepäck aufgeben wollte. Das schweizerische Justiz- und Polizeidepartement antwortete mit der Anfrage, ob denn Bertha Scheuber-Christen eines Deliktes angeklagt oder eines Verbrechens verdächtigt sei, da sonst die französischen Behörden in Le Havre einem solchen Gesuch gegenüber einer unbescholtenen Person sicher nicht Folge leisten würden. Polizeidirektor Flüeler gab darauf zu, dass auf Bertha zwar kein Verbrechen laste, «wohl auf ihrem Manne ‹Adolf Scheuber›, der Doppelmörder auf Gruobialp». Er gab sich zufrieden, wenn man in Le Havre nur die Adresse des Adolf Scheuber feststellen würde. Bertha müsse nicht unbedingt festgenommen werden.[199]

Nachdem Adolf Scheuber den Nidwaldner Behörden hatte entkommen können, versuchten sie den Makel wettzumachen, indem sie Bertha Scheuber observierten, als ob sie selbst ein Verbrechen begangen hätte. Sie wollten offenbar beweisen, dass sie es im «Fall Scheuber» ernst meinten. Vor lauter Jagdeifer auf den Flüchtigen müssen den Nidwaldner Behörden die Skrupel im Umgang mit Bertha abhanden gekommen sein. Bertha musste gleichsam das Verbrechen und die Flucht ihres Mannes büssen.

Bertha Scheuber-Christen bekam schliesslich eine Stelle als Dienstmagd und zog von Wolfenschiessen nach Altstätten im Kanton St. Gallen.[200]

Eine Woche nach der erstinstanzlichen Verurteilung ihres Mannes starb Bertha Scheuber-Christen im Krankenhaus in Altstätten nach kurzer Krankheit an den Folgen einer Bauchfellentzündung. Die Leiche wurde nach Wolfenschiessen überführt und dort bestattet. Die Redaktion des «Unterwaldners» kommentierte ihren Tod: «Sie die schuldlose Frau hat nun einen Teil der Schuld ihres Mannes gebüsst.» Die Redaktion konnte es nicht unterlassen, anlässlich ihres Todes zu bemerken, «die einst schönste Maid von Wolfenschiessen» habe Adolf Scheuber nur dank «seines gesellschaftlichen und agitatorischen Talentes» geheiratet, als ob Bertha bloss durch Adolf Scheuber verführt worden sei. Sogar die Nachricht über Bertha Scheuber-Christens Tod bot der Redaktion Anlass, auf den in ihren Augen verwerflichen Charakter Adolf Scheubers hinzuweisen.[201]

Der Besitz der Verstorbenen wurde von der Kantonspolizei St. Gallen untersucht. Es fand sich ein Zettelchen, mehrmals sorgfältig gefaltet, ausgerissen aus einem Prospekt. Auf der Vorderseite ist das Hotel Royal vor dem Hafen von Genua zu sehen, auf der Rückseite ist mit Bleistift notiert:

> Schnelldampfer /Savia/ Savoia enthaltend 5300 Tonnen Gewicht und 146 m lang fährt in 1 Stunde 18 Meilen weit.

Die Polizei St. Gallen sandte das Zettelchen nach Nidwalden. Der Regierungsrat ersuchte das eidgenössische Justiz- und Polizeidepartement, beim schweizerischen Konsulat in Genua Erkundigungen über das Schiff «Savoia» einzuziehen. Diese ergaben, dass der Dampfer «Savoia» am 24. Oktober 1899 von Genua abgefahren war, mit den Zielhäfen Barcelona, Las Palmas, Montevideo, Buenos Aires. Ein Passagier namens Adolf Scheuber war – was aber nicht weiter überraschte – nicht auf den Passagierlisten eingetragen. Der Nidwaldner Regierungsrat nahm die Untersuchungsergebnisse zur Kenntnis und hoffte, die Spur würde weiterführen, da das Verhör mit dem Redaktor des «Obwaldner Volksfreunds» keinen brauchbaren Hinweis gebracht hatte.[202] Einige Wochen nach dem letzten Urteil des Obwaldner Obergerichts im Frühling 1902 wurden in der Matratze der verstorbenen Bertha Scheuber-Christen versteckte Briefe gefunden, die Adolf Scheuber geschrieben hatte und die aufschlussreiche Anhaltspunkte enthielten. Die in den Briefen erwähnten Personen wurden von den Nidwaldner Untersuchungsbehörden zunächst nicht verhört, weil man fürchtete, Adolf Scheuber könne dadurch gewarnt werden, seinen in den Briefen angegebenen Aufenthaltsort wechseln und die Spur könnte wieder ganz verloren gehen. Da das definitive Urteil bereits gefällt worden war, sandte der Nidwaldner Regierungsrat die Originalbriefe nach Obwalden, damit die dortigen Behörden die weitere Fahndung betreiben konnten. Die Regierung von Obwalden ersuchte das Justiz- und Polizeidepartement um Hilfe. Um die Fahndung zu erleichtern, liess sie einen Steckbrief herstellen. Die schweizerische Gesandtschaft in Buenos Aires begann mit ihren Nachforschungen und organisierte eine mögliche Festnahme und Auslieferung. In den Briefen war die Rede von einigen Örtlichkeiten in Montevideo in Uruguay.[203]

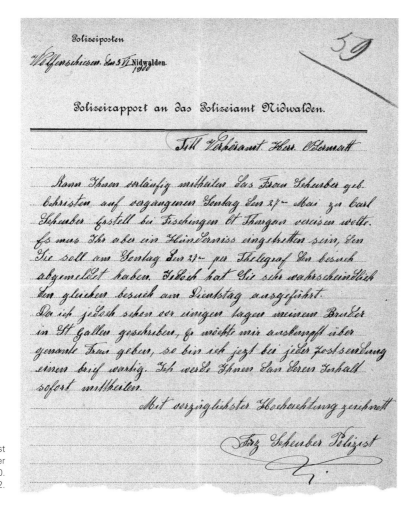

Polizeirapport von Polizist
Scheuber an Verhörrichter
Odermatt, 3. Juni 1900.
ANW D 1245, Sch. 1282.

Prompt fand die «Police secrete de Montevideo» eine Spur. Der Polizist Edouard Alberti hatte sich in Montevideo mit dem Foto, einer Beschreibung von Adolf Scheuber und den Angaben aus den Briefen auf die Suche gemacht und Überraschendes gefunden. Der Patron des «Hotel del Globo» in Montevideo erinnerte sich an den Mann auf dem Foto, der häufig in seinem Hotel gegessen habe. Später habe er noch gehört, der Mann sei weiter nach Paraguay gereist. Joaquin Heydorn, der Besitzer der Bar «Stadt Hamburg» konnte sich ebenfalls an den Mann erinnern, den er auf dem Foto und gemäss der Beschreibung ohne Zweifel wiedererkannte. Er habe sich aber nicht Scheuber, sondern Koller genannt. Joaquin Heydorn wusste auch, dass der Mann namens Koller regelmässig mit seinem Freund Pedro Zachebeca die Bar «Stadt Hamburg» besucht habe. Schliesslich durchsuchte Edouard Alberti die Passagierlisten der Schiffe, die unterdessen von Montevideo nach Paraguay ausgelaufen waren. Er entdeckte, dass sich zwei Passagiere auf dem Dampfer «Rivadavia», der von Montevideo am 14. Juni 1901 abgelegt hatte, unter dem Namen «Pedro Zachebeca» und «Zénor Koller» eingetragen hatten. Edouard Alberti kam zum Schluss, dass seine Untersuchung belege, dass Adolf Scheuber sich bis im Juni 1901 unter dem Namen Koller in Montevideo aufgehalten habe. Der Vorsteher der «Police secrete» verfasste über die Untersuchungen des Polizisten einen Bericht. Das schweizerische Justiz- und Polizeidepartement übersetzte diesen Bericht und sandte ihn nach Obwalden. Adolf Scheuber war also tatsächlich zehn Tage nach dem Mord, am 24. Oktober 1899, mit dem Dampfer «Savoia» von Genua nach Montevideo gefahren. Der Brief aus Paris vom Herbst 1899 war demnach eine Finte gewesen.[204]

Briefe Adolf Scheubers aus Montevideo

Die Originalbriefe Adolf Scheubers, welche nach dem Tod seiner Frau Bertha, im Frühjahr 1902, in ihrem Bettzeug entdeckt worden waren, wurden von den Untersuchungsbehörden in St. Gallen nach Nidwalden, von dort nach Obwalden und schliesslich an die Schweizerische Bundesanwaltschaft in Bern gesandt. Im Original sind sie nicht mehr vorhanden. Im Staatsarchiv Nidwalden befindet sich aber in einem Couvert der Schweizerischen Bundesanwaltschaft eine Abschrift der Briefe. Da der Weg der Originalbriefe durch die verschiedenen Untersuchungsbehörden gut dokumentiert ist und zudem die Angaben in der Abschrift sehr genau dem Bericht des Ermittlers Edouard Alberti der «Police secrete de Montevideo» entsprechen, kann von der Echtheit der Briefe und ihrer Abschrift ausgegangen werden. Die Briefe waren ursprünglich ineinander gefaltet und mehrseitig beschrieben, einzelne Briefe an Drittpersonen waren direkt in die Briefe an Bertha integriert. Da die Briefe linear in einem Zug abgeschrieben wurden, erscheint die Abschrift heute gleichsam zerstückelt.[205]

Die Abschrift beinhaltet sieben Briefe. Eine erste Sendung verschickte Adolf offenbar noch Ende 1899 mit je einem Brief an seine Frau Bertha, an einen «Freund Blättler» und an Peter Röthlin. Ein zweiter Brief an Bertha ist nicht datierbar. Eine dritte Sendung enthielt einen weiteren Brief an Bertha und einen mit der Anrede «geehrter Herr Caplan». Den siebten und letzten Brief schrieb er gegen Ende 1900 mit der Anrede «getreuer Menelik».

Erklärt Adolf Scheuber in diesen Briefen, warum er den Mord begangen hat? Zeigt er Reue für seine Tat, versucht er sich zu erklären oder zu rechtfertigen? In den Briefen findet sich fast nichts Derartiges.

In seinem ersten Brief an seine Frau Bertha bedankt er sich zuerst für einen Brief, den er von ihr erhalten hat. Anschliessend erzählt er ihr den Verlauf seiner Reise nach Südamerika und von seiner Arbeit, die er dort gefunden hat. Es handelt sich demnach um den ersten Brief aus Südamerika, den er an Bertha geschrieben hat. Er schreibt ihr, er habe bei seinem Arbeitgeber auch für sie eine Arbeit gefunden und glaube deshalb, dies könnte «beste Gelegenheit sein für Dich zu mir zu kommen». Um sie zu überzeugen, wie gut und wie billig man in Südamerika leben könne, schwärmt er ihr vor von den guten Löhnen, den billigen Fleischpreisen, der guten Milch, den billigen Landpreisen und guten Renditen in der dortigen Landwirtschaft:

> Hier habe ich noch keinen armen Bauern gesehen.

Er träumt sogar davon, selbst Land zu kaufen und mit ihr zusammen Landwirtschaft zu betreiben. Sein Bruder Konrad solle am besten sein Haus verkaufen und auch zu ihm kommen. Anton Christen, der Wolfenschiesser Wildhüter, könne in seinen Augen in Südamerika als Gerber mehr verdienen und «wenn er kommen will, mag er auch». Adolf scheint nicht gewusst zu haben, wie eifrig sich der Wolfenschiesser Wildhüter unterdessen bei der Fahndung nach dem Flüchtigen engagierte. Für Adolf war der Wolfenschiesser Wildhüter immer noch ein Freund, dem er trauen konnte. Adolf stellt sich zudem vor, wie sein vermögender Freund namens Blättler Bertha zu ihm begleiten könnte, um mit ihm zusammen Land zu kaufen und Landwirtschaft zu betreiben, «dann hätten wir das schönste Leben wo man haben könnte». Adolf scheint aber nicht sicher gewesen zu sein, ob er Blättler trauen konnte. Er wies Bertha an, «Blättler soll man nur mit der Bedingung kommen lassen, wenn er uns mit Geld beisteht», und vor allem «soll er von der Adresse nicht vernehmen, bis in der Hafenstadt». Den beigelegten Brief solle Blättler nur bekommen, wenn er wirklich mitkommen wolle.

Berthas Reise nach Montevideo hat sich Adolf bis ins kleinste Detail ausgedacht. Adolfs jüngerer Bruder Josef, der auch ihn auf der Flucht bis in die Hafenstadt, offenbar Genua, begleitet hatte, solle nun auch Bertha bei ihrer Reise helfen. Er beschreibt ihr minutiös, wie sie vorgehen soll, wie die Reise verlaufen werde, wie viel ein Billett nach Montevideo kostet (225 Franken), dass sie sich am besten mit einem ausgeliehenen Heimatschein auf die Passagierliste eintragen soll, welches Handgepäck sie für die Reise mitnehmen soll. Adolf bittet Bertha, ihm verschiedenste Zimmermannswerkzeuge, weiteres Gerät und auch seine Harmonika im verschifften Gepäck mitzunehmen. Vor allem vereinbart er mit ihr ein Zeichen, durch welches er im Hafen von Montevideo erkennen kann, ob Bertha verfolgt wird oder nicht:

> Und kannst Du nichts verdächtiges merken, dass du das Nastuch nicht in der Hand hast, so werde ich dich begrüssen, welches die grösste Freude meines Lebens sein wird.

Adolf verabschiedete sich, indem er ihr ein glückliches neues Jahr und eine gute Reise wünschte und anmerkt «für das andere sorge ich dann schon wieder». Adolf unterschrieb mit «Sadi».

Die minutiösen Angaben zu ihrer Reise, wie er ihr vorschreibt, was sie alles mitnehmen soll, mit wem sie sich besprechen soll, seine Träume von der Landwirtschaft und dem – finanziell und materiell – wunderbaren Leben und insbesondere der letzte Satz, dass er «dann schon wieder» für sie sorgen werde, wenn Bertha einmal bei ihm sei: Alle diese Beschreibungen zeigen, dass sich

Adolf sehr wohl bewusst war, wie sehr er ihr bisheriges gemeinsame Leben durch seine Tat verunmöglicht hatte. Man könnte in den Ausführungen ein schlechtes Gewissen gegenüber seiner Frau erkennen. Adolf hatte offenbar das starke Bedürfnis, alles zu organisieren und aus der Ferne für seine Frau zu sorgen. Er malte ihre gemeinsame Zukunft in Südamerika so idyllisch und so begehrenswert aus, als ob trotz seiner Tat und seiner Flucht sich schliesslich alles doch noch zum Besten wenden könnte, als ob es ihnen gerade dank dem Mord und seiner Flucht schliesslich besser ergehen könnte.[206]

Dem Brief an Bertha legte Adolf zwei Briefe bei, einen an seinen Freund Blättler, einen anderen an Peter Röthlin. Dass diese beiden Briefe sich noch bei Bertha befanden, macht stutzig. Hatte Bertha die Briefe nicht weitergegeben, weil der Doppelmord die freundschaftlichen Beziehungen und das gegenseitige Vertrauen zerstört hatte? Oder hat Bertha die Briefe als Andenken von den beiden – gerade aus Freundschaft – wieder zurückerhalten? Aber diese Fragen lassen sich nicht mehr klären.

Im Brief an Blättler schwärmt Adolf von den lohnenden Renditen in der südamerikanischen Landwirtschaft. Er schlägt den Handel vor, mit Blättlers Geld in Uruguay gemeinsames Land zu kaufen. Adolf schien Blättler wirklich nicht ganz zu trauen, er verabschiedete sich mit der Bemerkung: «Aber Du weisst, dass ich die grösste Verschwiegenheit von Dir verlange sonst alles Geld keinen Werth hätte. Viele Grüsse von Deinem Freund Sadi.»

Der Brief an Peter Röthlin ist kurz. Auch ihm gegenüber schwärmt er von den vorteilhaften Bedingungen und den guten Löhnen in Uruguay. Adolf bittet Röthlin dennoch, Bertha Geld vorzuschiessen, falls sie das nötige Reisegeld nicht zusammenbringe. Adolfs Bruder Konrad würde die Sicherheit leisten und über «den Kaplan» würde Adolf das Geld zurückzahlen. Ein Hinweis auf den Gültenhandel am Abend vor der Flucht oder darauf, dass Peter Röthlin Adolf bereits Geld geliehen oder ihn gar für den Mord bezahlt hatte, wie dies die Untersuchungsbehörden vermutet hatten, findet sich nirgends.[207]

Der zweite Brief an Bertha ist ein eigentlicher Liebesbrief. Er beginnt mit der Anrede «Mein innigst geliebtes Frauen Hudi», und er endet mit den Zeilen:

> Du kannst mir nicht glauben wie ich auf unsere Zusammenkunft sehne, den an Dir habe ich treues Blut und kühnen Mut erkannt welches ich Dir niemals vergessen werde, und hoffe Dir das Alles mit einer gegenseitigen Treue und mit einem anhänglichen Zusammenleben wieder zu vergelten. (…) Vorläufig die herzlichsten Grüsse von Deinem immer treu liebenden unvergesslichen Sadi, Hudi, (Gält du bist bis Sehenbarädiseli (wohl: mis Selenbarädiseli, M.B.) Hudi?)»

Er erzählt ihr von seiner neuen Stelle, wie viel er verdient, dass er bereits Vorarbeiter sei, dass er Land in Aussicht habe, und vor allem, dass er eine deutsche Familie gefunden habe, wo Bertha wohnen könnte und vorläufig nicht arbeiten müsste. Er verändert ein wenig die Pläne für ihre Ausreise. Als Erkennungszeichen am Hafen von Montevideo hat sich Adolf ein komplizierteres, versteckteres Zeichen ausgedacht. Er malt sich aus, wie Bertha zu ihm kommt, und stellt sich vor:

> Dann gehen wir weiters wo es für uns ist wie vor zwei Jahren --- Du kannst Dich an die schöne Zeit vielleicht noch erinnern, mir kommt sie alle Tage in den Sinn – aber diese Zeit kommt wieder und noch viel schöner als sie gewesen ist.

Wieder versucht Adolf die Lage so darzustellen, dass ihr Glück durch den Mord und seine Flucht sich letzten Endes noch verbessern würde. Er beschreibt Bertha, wie beliebt er sei, und dass sich bereits «viele Leute» auch nach Berthas Ankunft sehnten: «denn gute Leute und Wohlergehen findest Du erst hier». Adolf hatte offenbar keine Ahnung, welch grosse, traurige Berühmtheit er in seiner Heimat unterdessen erlangt hatte, und dass alle Zeitungen über ihn und seine Tat berichtet hatten. Er erklärt stolz gegenüber seiner Frau:

> Den hier bin ich viel berühmter als daheim.[208]

Adolfs dritter Brief an seine Frau Bertha hängt mit dem Brief an den Kaplan zusammen. Gegenüber Bertha listet Adolf noch einmal detailliert die Gegenstände auf, die sie mitbringen sollte. Adolf beabsichtigt, mit ihr zusammen in Südamerika einen neuen Hausstand zu gründen. Er geht noch einmal auf den Plan ein, mit Blättler Landwirtschaft zu betreiben und eine Käserei zu gründen. Er will auch zusammen mit einer Schweizer Familie ein Fest veranstalten, sobald Bertha komme. Sie soll deswegen noch «4–5 Flaschen guten Waadtländerwein mitbringen». Der Brief ist gezeichnet mit «Euer Freund Menelik».[209]

Gegenüber dem Kaplan teilt Adolf mit, dass Bertha nun abreisen könne:

> Ihr braucht keinen Kummer mehr um sie zu haben. Die Reise und alles ist ihr vorgeschrieben.

Innigst bittet Adolf den Kaplan als seinen «Vater der Welt», Bertha «auch eine so glückliche und sichere Reise» zu veranstalten und er erwähnt den geistlichen Beistand, den er durch den Kaplan erhalten hat:

> Den ich weis das Eure Gebete und Gedanken viel wirken können. Ich glaube sie zu selber Zeit ich letztes Jahr mein Freund erhalten habe – auch Ihn Empfangen zu nehmen welches mein grösstes Verlangen meines Lebens ist.[210]

Der letzte Satz ist unklar. Vermutlich unterlief dem Abschreiber an dieser Stelle ein Fehler, der den Sinn etwas verdeckt. Adolf weist darauf hin, bereits vor einem Jahr die Gebete und Gedanken des Kaplans erhalten zu haben, und auch «Ihn» empfangen zu haben, was das grösste Verlangen seines Lebens sei. Der Kaplan könnte der Josef Moos von Maria Rickenbach in Nidwalden sein. Gemäss den Angaben von Bruderklausenkaplan Durrer hatte dieser Kaplan Adolf Scheuber die Beichte abgenommen, ehe er das Land verliess. Der letzte, unklare Satz könnte ein Hinweis dafür sein, dass der Kaplan ihm tatsächlich die Beichte abgenommen hatte. «Ihn» bedeutet dann Gott, den Adolf vom Kaplan in der Kommunion empfangen hat. Nach Begehen einer schweren Sünde darf die Kommunion erst empfangen werden, nachdem die Sünde gebeichtet worden war. Bedingung für eine erfolgreiche Beichte, d.h. für eine Vergebung der Sünde, ist die echte Reue des Beichtenden. Der Geistliche erteilt darauf in Stellvertretung Gottes die Absolution und erlegt dem Beichtenden entsprechend der Schwere der begangenen Sünde eine Busse auf, die der Beichtende zu leisten hat. Diese undurchsichtige Stelle ist der einzige Hinweis dafür, dass sich Adolf Scheuber mit dem begangenen Mord auseinandergesetzt hat und dass er – entsprechend den Vorgaben der Beichte – auch Reue empfunden hat. Gleichzeitig könnte eine Beichte erklären, warum er sich im übrigen Text nicht mehr zum Doppelmord äussert. Durch eine Absolution wäre Adolf mit seinem Gewissen wieder ins Reine gekommen und hätte das weitere Leben planen können.[211]

Der religiöse Aspekt eines Mordes erscheint in den Akten zum Doppelmord sonst nirgends. Für die Zeitungsredaktionen und für die Untersuchungsbehörden in Obwalden und Nidwalden war Mord ein Verbrechen, das nach einer entsprechenden Strafe verlangte. Für einen gläubigen Katholiken war Mord gleichzeitig eine schwere Sünde, die man aber bereuen, beichten und büssen konnte, und für die man von Gott die Absolution erhalten konnte.

Ob Adolf Scheuber tatsächlich gebeichtet hat oder nicht, und ob sein Gewissen tatsächlich befreit war oder nicht, wie seine Gefühlslage während oder nach dem Mord aussah, kann und wird in diesem Buch auch nicht rekonstruiert werden. An dieser Stelle soll aber darauf hingewiesen sein, dass es neben dem strafrechtlichen Aspekt eines Mordes für die Beteiligten und Betroffenen noch andere Möglichkeiten und Perspektiven gab, mit dem Mord umzugehen. Bruderklausenkaplan Durrer, Enkel und Neffe der Ermordeten, bemerkte, wie beruhigt er sei, dass Adolf Scheuber damals nicht gefasst und hingerichtet worden ist. Dadurch, dass Adolf Scheuber am Leben geblieben sei, hätte er die Möglichkeit gehabt, seine Tat zu bereuen und die notwendige Busse zu leisten. Es war für Bruderklausenkaplan Durrer ein ernstes Anliegen zu erfahren, ob Adolf Scheuber tatsächlich gebeichtet hatte. Er gab an, «aus sicherer Quelle» erfahren zu haben, dass Adolf bei Kaplan Moos gebeichtet hatte, und er sei «froh darüber».[212]

Der siebte Brief trägt die Anrede «Getreuer Menelik». Der Name Menelik scheint ein Deckname zu sein, da er schon den dritten Brief an Bertha mit diesem Namen unterschrieben hatte. An wen dieser Brief gerichtet ist, ist unklar. Am Schluss des Briefes gibt Adolf gegenüber diesem «Menelik» die Anweisung, er dürfe den Brief Bertha geben. Im Brief ist die Rede von einer katholischen Kirche, die «danke Gott» in seiner Nähe sei und in die er jeweils sonntags gehe. Der Brief könnte demnach an den Kaplan gerichtet sein. An den Schluss des Briefes fügt Adolf einen gereimten Vierzeiler an, nach dem Hinweis, er vermute, es werde allerhand geplaudert:

> Nun lassen wir jetzt die Hunde bellen:
> Und wir wollen in der Ferne ein Häuslein stellen.
> Mit Gott und seinen treuen Dienern gut versehen,
> kan man die ganze Welt durchgehen.

Adolf hatte sich dem Arm des Gesetzes entzogen, dagegen vertraute er auf Gottes Hilfe. Ein weiterer Hinweis, dass sich Adolf bewusst von der strafrechtlichen Bedeutung eines Mordes distanziert und sich auf die katholische Auffassung des Mordes als Sünde, die man beichten konnte, festgelegt hatte.[213]

In diesem Brief ist ausführlich von der Jagd in Südamerika die Rede. Adolf Scheuber erwähnt eine abenteuerliche Jagd, auf der er eine Tigerkatze geschossen habe, deren Fell er dem «Menelik» als Teppich schicken werde. Adolf erzählt über die Jagd unter anderem folgenden aufschlussreichen Satz:

> Es ist alle Freiheit mit jagen und Fischen hier, aber trotzdem gebe ich mich nicht mehr auf dasselbe ab, den ich habe viel zu arbeiten und das Gewild hat keinen Wert.

Er gehe nicht mehr auf die Jagd, weil das Wild in Uruguay keinen Wert habe. Dieser Satz zeigt eine Motivation für die Jagd: der Wert des erlegten Wildes. Auf die Frage, weshalb denn Wilderer Ende des 19. Jahrhunderts so unverdrossen in den Freibergen auf die Jagd gingen, ist dies eine Antwort. Die Vermutung wird bestätigt, dass ein wichtiger Grund für das Jagen der grosse materielle Wert der erlegten Tiere war. Die Einführung des Bundesgesetzes für Jagd- und Vogelschutz wird mit dem Hinweis auf die volkswirtschaftliche Bedeutung der Jagd begründet und die Jagd als Gewerbe bezeichnet. Die ständerätliche Kommission spricht sogar von der «Gewinnsucht der Jäger». Adolf Scheuber selbst hat 1898 in der Kernser Gastwirtschaft, ehe er die Morddrohung gegenüber Werner Durrer vorbrachte, auf die hohe Busse hingewiesen, die er wegen Durrer hatte bezahlen müssen, jedoch wolle er dieses Geld wieder einziehen, etwas habe er schon eingezogen, und zwar durch die Jagd auf Gämsen. Der oben aus dem Brief zitierte Satz passt gut in dieses Bild. Die Jagd, auch die illegale, wurde betrieben, weil die Gewinnaussichten hoch waren. Die heute immer wieder geäusserte Erklärung für das damalige Wildern, man habe halt damals gewildert, um endlich nicht mehr hungern zu müssen, sondern nahrhaftes Fleisch auf dem Teller zu haben, erweist sich gerade im Fall Adolf Scheubers als blosses Klischee. Die ständerätliche Kommission hatte gar nicht so Unrecht, als sie von der «Gewinnsucht der Jäger» sprach.[214]

Auswirkungen des Doppelmords

Zeitgenössische Bewertung des «Doppelmords auf der Gruobialp»

Der «Unterwaldner» begann seine Berichterstattung über den Doppelmord auf der Gruobialp mit den Worten:

> Noch nie hatte ein Ereignis die hiesige Bevölkerung so in Aufregung gebracht, wie am Sonntag als die Kunde von Mund zu Mund ging: Wildhüter Werner Durrer (/) und sein Sohn Josef seien von Wilderern erschossen worden.[215]

Das Ereignis beschäftigte die Bevölkerung von Obwalden und Nidwalden sehr. Das zeigen neben den Gerüchten, die über den Verbleib Scheubers kursierten, die vielen Artikel und Leserbriefe, die zu diesem Fall in den Zeitungen gedruckt wurden. Die Berichterstattung der Zeitungen beschränkte sich nicht nur auf Nachrichten über die Fahndung und die Rekonstruktion der Ereignisse. Die Redaktoren und Korrespondenten äusserten sich auch über den Charakter des Mörders. Um den Mord erklären zu können, schien es den Zeitungsschreibern offenbar notwendig, den Mörder als einen stereotypen verwerflichen Menschen zu sehen. Die «Neue Zürcher Zeitung» und der «Luzerner Tagesanzeiger» bezeichneten Adolf Scheuber als «ein frecher Wilderer, gegen die Ermordeten von früher her mit Hass erfüllt» und als «Mordbuben». Die «Basler Nachrichten» beschrieben ihn als «jungen Mann von ganz leidenschaftlicher Natur», der «überhaupt alles zusammenschiesst, was ihm an Wild vor die Rohre kommt». Der Gemeinderat von Engelberg schrieb an das «Nidwaldner Volksblatt», dass Adolf Scheuber «in Engelberg zu gut als ein moralisch ganz verkommener und verrohter Mensch bekannt geworden (sei, M.B.), um in hiesiger Gemeinde grosse Sympathien zu besitzen». Selbst der Staatsanwalt argumentierte in der Anklage gegenüber dem Gericht mit dem Hinweis auf Adolf Scheubers Charakter. Er habe im Rufe «eines verwegenen Wilderers» gestanden. An anderen Stellen ist in den Zeitungen die Rede vom: «schiesswütigen», «hasserfüllten», «frechen», «moralisch ganz verkommenen», «verrohten» oder «verwegenen» Wilderer.[216]

Heute sind nur noch wenige Stimmen verbürgt, die dem entgegen sprachen. Peter Röthlin und der Sohn des Engelberger Wildhüters, beides Obwaldner, äusserten öffentlich ihre Zustimmung zum Mord.[217]

Ansonsten sind Sympathiebekundungen selten und nur indirekt fassbar. Die bereits besprochene Einsendung eines Wolfenschiessers an das «Luzerner Tagblatt» rechtfertigte den Mord mit dem Verhalten von Wildhüter Werner Durrer und schob die Schuld und «moralische Mitverantwortung» wieder zurück über die Grenze nach Obwalden. Zwischen die rechtfertigenden Worte zur Ermordung von Wildhüter Durrer setzte der Korrespondent aus Wolfenschiessen kommentarlos ein Zitat:

> Ich lebte still und harmlos, das Geschoss war auf des Waldes Tiere nur gerichtet, meine Gedanken waren rein von Mord.[218]

Ein anderer Korrespondent des «Luzerner Tagblatts» erkannte das Zitat als Aussage des Gämsjägers, Freiheitshelden und Tyrannenmörders Wilhelm Tell in Schillers gleichnamigem Theaterstück:

Auch Schillers Worte (...) sind bei Adolf Scheuber übel angebracht; denn Scheuber war ein leidenschaftlicher Wilderer und als solcher mehrere male vorbestraft. Er glaubte, das Wild sei nur für ihn geschaffen, und darum hasste er den treuen Hüter des Gesetzes und tötete ihn schliesslich auf eine hinterlistige Art. Aus dem Hinterhalt vernichtete Scheuber kaltblütig zwei Menschenleben, einzig darum, weil sie ihre Pflicht taten.

Der Korrespondent wehrte sich gegen die Mythologisierung Adolf Scheubers, indem er dessen Habgier, Hass und Kaltblütigkeit betonte.[219]

In einem redaktionellen Beitrag wehrte sich die Redaktion des «Obwaldner Volksfreunds» ebenfalls vehement dagegen, Adolf Scheubers Tat zu glorifizieren und ihn als Freiheitshelden im Stile von Wilhelm Tell zu bezeichnen:

> Hochmut versteinert und brutalisiert das Herz; Hochmut kommt vor dem Fall, er ebnet die Wege zum Verbrechen. Der Mörder war von Haus aus kein grundverdorbener Mensch; wohl aber war er, wie er uns geschildert wird, ein Blageur, ein Rennommist, dem aus verschiedenen Gründen zu sehr geschmeichelt wurde. Man kann auch grosse Kinder verwöhnen und verhätscheln, und wer dann solch künstlich aufgebauschten Duodez-Majestäten aus Amts- und Gewissenspflicht entgegentritt, der ist in ihren Augen ein Landvogt oder ein verächtlicher Scherge von Despoten.
> Hochmut, Leidenschaft, Hass und Rache bewirken dann, dass solche Menschen, denen vielleicht die Demagogie den Kopf verdrehte, mit oder ohne die Kunst des Schützen und des Jägers als eine moderne Art von Tell sich fühlen, der den ihm unbequemen Gessler mit Bramarbasaden moralisch vernichten und «im Notfall» zusammenknallen darf. Wer darf solchen Mannen sagen, dass Bubereien und Schurkereien von Heroismus himmelweit entfernt sind (...)?

Der Obwaldner Redaktor schiebt die Verantwortung für den Mord wieder zurück auf den Korrespondenten aus Wolfenschiessen. Indem dieser Adolf Scheuber mit Wilhelm Tell vergleiche und ihn «als eine moderne Art des Tell» sich fühlen lasse, verdrehe er einem Adolf Scheuber demagogisch den Kopf und liefere die Legitimation für den Mord. Der Redaktor unterlässt es nicht, die Untugenden Adolf Scheubers aufzuzählen, als ob er beweisen müsste, dass Adolf Scheuber auf gar keinen Fall ein Held sein kann. Er geht im Weiteren auf die Notwendigkeit ein, in einer Demokratie die Gesetze zu achten. Zum Schluss formuliert er – in mythologischer Sprache – einen Gegenvorschlag:

> Die zwei braven Männer (...) sind Helden und Marthyrer der Pflicht geworden; denn nachdem der Mörder schon einmal auf Vater Durrer zielte, wussten sie, dass sie in dieser Bergeinöde gegen verwegene Wilderer ihr Leben in die Schanze schlagen. Sie haben es aus Gewissenhaftigkeit getan, Gott wird ihnen lohnen. Es gehört ihnen aber auch ein würdiges Ehrendenkmal, und zwar nicht von kaltem Stein, sondern ein Denkmal im Herzen des Volkes. Und (...) nachdem zwei Ernährer einer grundbraven, aber nicht begüterten Familie im Dienste des Landes sich geopfert haben, (...) sollte man sich zu Gunsten der Hinterlassenen der Worte des sterbenden Winkelried erinnern.

Dem mythologischen Schlachtenhelden Winkelried wurde nachgesagt, die Worte «Sorget für mein Weib und Kind» ausgerufen zu haben, als er sich für den Sieg der Eidgenossen opfernd, in die Lanzen der Gegner geworfen habe. Der Redaktor des «Obwaldner Volksfreunds» übernahm die Logik des Korrespondenten aus Wolfenschiessen, dass sich die eine oder andere Seite auf der Gruobialp als heldenhaft erwiesen habe. In seinen Augen entsprach aber nicht Adolf Scheuber dem Wilhelm Tell, und die beiden Wildhüter dem Tyrannen Gessler. Seiner Ansicht nach haben sich die beiden Wildhüter wie der Held Winkelried verhalten: als Märtyrer für die Sache des Landes hatten sie ihr Leben geopfert.[220]

In der gleichen Ausgabe des «Obwaldner Volksfreunds» meldete sich ein anderer Redaktor ebenfalls zur Korrespondenz aus Wolfenschiessen zu Wort und verdeutlichte die Position des ersten Artikels. Nachdem der Redaktor zunächst betonte, nicht in die Debatte eingreifen zu wollen, äussert er sich sehr pointiert:

> Einzig (…) bemerken wir, dass, wenn es so fort geht, Scheuber demnächst als «Tell» gefeiert und Wildhüter Durrer und sein Sohn als «Gessler» verflucht werden müssen. Der betreffende Einsender hätte nur noch Tells Monolog einschalten sollen, dann könnte Scheubers Mord getrost als patriotische Tat geschildert werden. Ja, wenn man die Sache so anschaut, dann ist es unnütz, auch nur ein Wort zu verlieren. Von sehr angesehener Seite aus Nidwalden wird uns auch mitgeteilt, dass es mit den Sympathien Scheubers in Nidwalden schon lange nichts mehr sei; dieselben erstreckten sich höchstens auf eine kleine Zahl gleicher «Gesinnungslumpen», lautet der lakonische Befund.

Dem Redaktor geht es um die Deutung des Doppelmords, auch um die künftige Deutung. Er befürchtet, dass «wenn es so fort geht», bald der Mörder als Held gefeiert werde.[221]

In diesem Streit, den die Einsendung aus Wolfenschiessen ausgelöst hatte, geht es weder um den strafrechtlichen Aspekt der Ereignisse noch um eine religiöse Sicht auf Schuld und Sünde. Ebenso wenig geht es um tatsächliche Handlungen oder Charaktereigenschaften der Beteiligten. Vielmehr werden hier die mythologischen Rollen verteilt. Es ist weniger ein Streit um Tatsachen als ein Streit um die rechte Deutung. Zu Recht befürchteten die Zeitungsschreiber, dass, wenn man Scheuber als Tell betrachtet, der Mord einfach erklärt und gerechtfertigt werden kann. Dagegen setzten sie die Deutung, dass die Wildhüter dem damals mindestens so populären und ebenso mythologischen Helden Winkelried entsprechen. Sobald man sich auf mythologische Figuren beruft, wird die Geschichte des Mordes als Mythos erzählt. Die Gegenspieler des «Helden» können nur die «Schlechten» sein. Die Begegnung auf der Gruobialp, mit ihrer komplizierten und vielschichtigen Vorgeschichte, wird so einfach und klar: wer die Guten sind, wer die Schlechten sind. Vor allem wird gleichzeitig eine einfache Erklärung auf das «Warum?» gegeben. Dadurch verändert sich auch die Bedeutung der Geschichte grundlegend. Werden die beiden Wildhüter mit der Figur des Winkelrieds gleichgesetzt, so erhält die Wildhut die Bedeutung eines Kampfes gegen einen fremden Eindringling und Angreifer. Um das Volk von dieser Bedrohung zu bewahren, lohnt sich der Märtyrertod. Wird Adolf Scheuber dagegen als ein Wilhelm Tell gedeutet, werden dadurch die Wildhüter zum Tyrannen Gessler, und so erscheint die Wildhut von Werner Durrer ebenso unrechtmässig und tyrannisch wie die Herrschaft des Landvogts Gessler.

In den folgenden Jahren, als die Geschichte des «Doppelmords auf der Gruobialp» literarisch verarbeitet wurde, setzte sich die Deutung, Adolf Scheuber sei wie Wilhelm Tell ein Held gewesen, eher durch. Die Deutung der Wildhüter als Winkelried geriet in Vergessenheit. Eine literarische oder journalistische Schilderung des Doppelmords ausserhalb dieser beiden vorgegebenen Deutungsmuster, dass entweder die eine oder andere Seite sich heldenhaft verhalten hätte, wird erst fast 100 Jahre nach dem Doppelmord das erste Mal geschrieben.[222]

Wildhut im Bannbezirk nach dem Doppelmord

Gleich nach dem Doppelmord an Wildhüter Werner Durrer und dessen Sohn Josef informierte die Obwaldner Polizeidirektion das Eidgenössische Departement des Innern in Bern über die Ereignisse. Polizeidirektor Seiler sandte aber nicht nur die Todesnachricht der Amtspersonen nach Bern. Nachdem die Obwaldner Regierung jahrelang darauf gedrängt hatte, den Bannbezirk von der Nidwaldner Grenze weg zu verlegen, stellte Seiler in seinem Schreiben fest, dass unter den vorliegenden Umständen der Jagdbannbezirk «sozusagen von selbsten aufhöre». Für die Obwaldner Polizeidirektion war mit dem Tod des Wildhüters auch der Bannbezirk hinfällig geworden. Das Eidgenössische Departement des Innern war damit alles andere als einverstanden. Die Wildhüterstelle sollte sogleich wieder besetzt werden:

> Nach obenerwähnter, grässlicher, allgemein verabscheuter Tat und nachdem wenigstens der eine der des Mordes verdächtigen Wilderer dingfest gemacht, darf ein neugewählter Wildhüter sicherlich unbesorgt seinem Dienst obliegen.[223]

Nach einigen Tagen besann sich der Obwaldner Polizeidirektor eines anderen. Noch ehe die Antwort aus Bern eingetroffen war, beschloss der Obwaldner Regierungsrat, den zweitältesten Sohn von Werner Durrer, Otto Durrer, provisorisch mit der Wildhut seines Vaters zu beauftragen. Zugleich sollte die Versicherung der Wildhüter neu geregelt werden und der Wildhüter eine «gute und sichere», neue Schusswaffe bekommen. Die Versicherungsleistungen, die der Familie Durrer aufgrund des Todes von Werner und Josef ausbezahlt wurden, betrugen 5000 und 1600 Franken. Da sich das Vermögen der Familie Durrer aber nur auf 2000 Franken belief und noch zwei Kinder minderjährig waren, beschloss der Regierungsrat, zusätzlich 1000 Franken an die Familie Durrer auszuzahlen. Der schweizerische Bundesrat beteiligte sich mit weiteren 1000 Franken.[224]

Der junge, erst 21 Jahre alte Otto Durrer machte sich sogleich mit Eifer an seine Aufgabe. Drei Wochen nach dem Mord wurden in Melchtal wieder Schüsse von jagenden Wilderern gehört. Otto Durrer machte sich mit einem Begleiter auf die Suche und fand nach einiger Zeit die Spuren von drei Wilderern, die von Nidwalden her gekommen und auch wieder dorthin zurückgekehrt waren. Otto Durrer kam zum Schluss:

> Also wir waren im bestimmtesten überzeugt, dass wieder das nidwaldnerische Wilderergesindel in unserm Schongebiet ihr Unwesen getrieben.

Als sie unterwegs einen Mann trafen, der auf der benachbarten Nidwaldner Alp Laucheren arbeitete, erklärte er ihnen, «es interessiere ihn nichts wegen dem Wildern und er achte nicht darauf, wer da umher gehe». Er weigerte sich also konsequent, sich durch Denunziation eines Nidwaldners beim Obwaldner Wildhüter in die Auseinandersetzungen zwischen Wilderern und Wildhütern auf der Grenze einzumischen. Otto Durrer schloss seinen Rapport mit einer Bemerkung ab, wie sie auch sein Vater hätte anbringen können, nur ist Ottos Formulierung um einiges schärfer:

> Nachdem sich nun fest stellt, dass die Gesetzes und Ordnungswidrigen, charakterlosen Wilderer v. Nidwalden ihr Handwerk nach wie vor treiben, ist hier die Stelle eines Wildhüters zu versehen, eine schwierige Aufgabe. Möchte doch auch Nidwalden dahin zu wirken suchen, dass solchem Unwesen einmal abgeholfen würde.[225]

Die Obwaldner Justizkommission unterrichtete die Nidwaldner Regierung von den Vorkommnissen im gemeinsamen Jagdbanngebiet. Die Nidwaldner Regierung unterbreitete darauf der Obwaldner Regierung einen überraschenden Vorschlag. Acht Jahre nachdem der Obwaldner Regierungsrat vergeblich eine gemeinsame Wildhut mit den Kantonen Nidwalden und Uri angestrebt hatte, und nach all den Jahren gegenseitiger Querelen über die Wildhut zwischen Obwalden und Nidwalden, erklärte sich die Nidwaldner Regierung bereit zu einem gemeinsamen Vorgehen. Die Nidwaldner Regierung meinte es sehr ernst und erklärte, «weder Kosten noch Gefahren zu schonen, um den unverbesserlichen Wilderern ihr Handwerk gründlich zu verleiden, kommen sie, woher sie wollen». Die Ermordung des obwaldnerischen Wildhüters hatte die Bewertung des Wildfrevels im Bannbezirk und die Bedeutung von rapportierten Fällen dramatisch verändert. Der Nidwaldner Regierungsrat wollte ein neues Instrument zur Verfolgung der Wilderer schaffen und begründete dies mit dem Hinweis auf den «Doppelmord auf der Gruobialp»:

> Ausserordentliche Verhältnisse erfordern aber auch ausserordentliche Massnahmen. Einzelnen Wildhütern ist es nicht mehr zuzumuten, um einen blossen Taglohn ihr Leben aufs Spiel zu setzen. Es gilt nun einmal die Frage praktisch zu lösen, ob die Polizeigewalt (/) oder die Wilddiebe die Oberhand behalten.

Der Vorschlag der Nidwaldner Regierung beinhaltete folgende Punkte. Die beiden Regierungen sollten im Geheimen je einen Vertrauensmann bestimmen, der mit den «notwendigen Krediten und Vollmachten» ausgestattet sei. Die beiden Delegierten sollen dann nach eigenem Ermessen eine «erforderliche Anzahl ehrhafter unerschrockener Männer» anstellen, welche darauf nach den Vorgaben der Vertrauensmänner «mit Abteilungen planmässig den Wilddieben auf den Leib (…) rücken». Den beiden Vertrauensmännern sollte «ganz freie Hand» gelassen werden. Die Planung und entsprechende Anordnungen sollten «ängstlich» geheim gehalten werden, da dies eine «nicht gerade angenehme Aufgabe» sei. Mit anderen Worten: Nidwalden schlug vor, im grossen Stil eine gemeinsame, unabhängige, mit den «notwendigen» Vollmachten und Finanzmitteln ausgestattete, geheim geplante und von zwei Regierungsräten frei geführte Einsatztruppe aufzubauen. Die Nidwaldner Regierung bestimmte Regierungsrat Blättler als Vertrauensmann und bat die Obwaldner Regierung, ihrerseits einen Delegierten zu bestimmen, der mit Regierungsrat Blättler – im Geheimen – in Verbindung treten soll.[226]

Der Obwaldner Regierungsrat wählte Polizeidirektor Seiler als Vertrauensmann, wollte aber die Vorschläge der Nidwaldner Regierung zuerst genauer besprechen, ehe der gesamte Regierungsrat etwas beschliesse.[227]

Am 15. Dezember 1899 trafen sich der Nidwaldner Regierungsrat Blättler und der Obwaldner Regierungsrat und Polizeidirektor Seiler, begleitet vom Obwaldner Regierungsrat Küchler, zu einer Konferenz. Blättler erläuterte den Nidwaldner Vorschlag und betonte, es gehe nicht darum, die Wildhut abzuschaffen. Im Gegenteil, die «vielseitigen und schwierigen Verstösse» und die «in jüngster Zeit vielseitig vorgekommenen Jagdfrevel» im gemeinsamen Bannberg würden zeigen, dass es nicht genüge, wenn nur zwei Wildhüter angestellt seien. Deshalb sollten beide Kantone «einige Revierwächter (…) auf Piquet stellen», die jederzeit zu Streifzügen «unter militärischer Führung» aufgeboten werden könnten. Für die militärisch geführte Truppe von Revierwächtern dürften allerdings keine Jäger aufgeboten werden. Der Nidwaldner Regierungsrat wollte also eine neue Form einer gemeinsamen, beamteten und militärischen Einsatztruppe für die Aufsicht im Bannbezirk schaffen.[228]

Der Obwaldner Regierungsrat Küchler bemerkte dazu als Erstes:

> Vor allem sey nothwendig dass man Wildhüter anstelle, denen man volles Vertrauen entgegensetzen könne.

Eine nicht sehr subtile Anspielung auf die obwaldnerischen Vorwürfe, dass der Nidwaldner Wildhüter Wildfrevel nicht genügend verfolge und sogar selbst illegal auf die Jagd gehe. Dennoch gab Küchler zu, dass man sich in Obwalden nach dem Doppelmord ähnliche Überlegungen gemacht habe. Aber man wolle keine neue Diensttruppe aufstellen, sondern bloss zusätzliche und unerwartete Streiftouren der Wildhüter anordnen. Schwierig und vor allem teuer wäre es auch, das Personal dieser neuen Diensttruppe angemessen zu versichern. Polizeidirektor Seiler äusserte sich noch kritischer. Obwalden habe eine solche Praxis seit längerem geübt. Die Polizeidirektion habe dem Wildhüter Durrer bereits seit 1894 regelmässig drei bis vier zuverlässige Männer mitgegeben. Die Idee aus Nidwalden sei also nicht grundsätzlich neu. Aufgrund der von Wildhüter Durrer rapportierten Beobachtungen und Feststellungen über den nidwaldnerischen Wildhüter Anton Christen beantragte Seiler vom Nidwaldner Regierungsrat entschieden die Entlassung von Christen. Polizeidirektor Seiler warf dem Nidwaldner Regierungsrat auch vor, dass es in Nidwalden Geistliche gebe, welche die folgende Ansicht offen aussprechen:

> Die Bundesgesetze über die Wildhut haben nicht die Wirkung, dass man sich nicht dem Jagdfrevel ergeben dürfe, man solle die Sache nur so anlassen, dass man nicht verzeigt werden könne – sonst dürfe man jagen wie und wo man wolle.[229]

Seiler bemerkte, solche Theorien seien mit ein Grund für die Ermordung der beiden Obwaldner Wildhüter, wie auch für wohlwollende oder gar rechtfertigende Korrespondenzen in Zeitungen. Das Protokoll der Sitzung verfasste Seiler mit eigener Hand. Er formulierte die Antwort des Nidwaldner Regierungsrats Blätter als Geständnis:

> Reg. Rat. Blättler ist geständig, dass die Meinung sehr verbreitet werde, dem Gesetz über Jagd und Vogelschutz grundsätzlich keine Nachachtung zu verschaffen.

Blättler bemerkte dazu, es gebe in Nidwalden sogar Geistliche, die sich immer wieder auf die illegale Jagd begeben würden. Der betreffende Geistliche wird zwar nicht genannt, aber vermutlich spielte Regierungsrat Blättler auf den Rickenbacher Kaplan Josef Moos an, der wahrscheinlich Adressat der Briefe Adolf Scheubers war. Kaplan Josef Moos ging selbst auf die Jagd. Gerade aufgrund der in Nidwalden auch bei Geistlichen verbreiteten Auffassung, Wildern sei nichts Verwerfliches, befand Blättler den Vorschlag einer gemeinsamen Eingreiftruppe für sehr angebracht. Nur mit einer solchen Massnahme könne man dem Übel der Wilderei entgegentreten. Der Obwaldner Regierungsrat Küchler war jedoch der Ansicht, dass, wenn nur die Gemeindepräsidenten dem Jagdfrevel entgegentreten würden, man dem Wildern Herr werden könnte. In einer Gemeinde seien die Wilderer meistens als solche bekannt und könnten speziell überwacht werden. Er wird sich noch an den Bericht erinnert haben, nachdem im Gasthaus des Wolfenschiesser Gemeindepräsidenten Christen offen vor den anwesenden Gästen über eine Gämse verhandelt wurde.[230]
Die drei Vertreter konnten sich schliesslich nicht auf den Nidwaldner Vorschlag einigen, zumal die beiden Vertreter Obwaldens keine Vollmacht hatten, Entscheide zu fällen. Die Obwaldner Regierungsräte konnten zudem ihre langjährigen Erfahrungen und Auseinandersetzungen mit

Nidwalden in der Frage der Wildhut nicht vergessen. Im Gegenteil, sie nutzten die Gelegenheit, ihre Vorwürfe direkt gegenüber dem Nidwaldner Vertreter zu formulieren. Die Nidwaldner Regierung hatte sich bereit erklärt, keine Mittel und Kosten zu scheuen, um das Wildern zu beenden. Die Obwaldner Regierungsvertreter fassten das als Geständnis auf. Sie verhandelten aus einer Position der Stärke und bestätigten sich in der Überzeugung, bis anhin richtig gehandelt zu haben und demnach in keiner Weise schuld am Doppelmord zu sein. Die Nidwaldner Regierung versuchte dagegen, möglichen Vorwürfen zuvorzukommen, indem sie zu jeder Massnahme Hand bot, welche dem Wildern abhelfen könnte. Seiler nutzte diese Gelegenheit, um seine alte, bereits seit Jahren formulierte Forderung nach einer Verlegung des Bannbezirkes erneut zu stellen. Blättler erklärte, ihm sei in jeder Hinsicht unbedingte Vollmacht erteilt worden, und so erklärte er sich mit der Forderung nach einer Verlegung des Bannbezirks einverstanden. Die Konferenz endete mit dem Beschluss, den jetzigen Bannbezirk aufzugeben und gemeinsam mit Uri einen neuen festzulegen.[231]

Die Konferenz brachte schliesslich keine Ergebnisse. Der Vorschlag einer gemeinsamen Eingreiftruppe war vom Tisch, und Wildhüter Christen wurde von der Nidwaldner Regierung doch nicht entlassen. Obwohl Polizeidirektor Seiler, nun mit dem Einverständnis der Nidwaldner Regierung, vom Bundesrat ein weiteres Mal die Verlegung des Bannbezirks Schlossberg-Titlis forderte, blieb er auch in den folgenden Jahren unverändert bestehen. Einzig ein kleiner Teil im Norden wurde aufgehoben, aber nur, weil sich dort wenig Gämsen gezeigt hatten.[232]

Der Obwaldner Regierungsrat entliess kurz vor Weihnachten 1899 den langjährigen Engelberger Wildhüter Leodegar Feierabend. Als Kündigungsgrund führte der Regierungsrat an, er habe schon seit Jahren keine Anzeige wegen Wildfrevels mehr anbringen können, gehe also entweder bewusst seinen Pflichten nicht nach oder sei seiner Aufgabe nicht gewachsen. Nebenbei wurde angegeben, dass seine Söhne bekannte Jäger seien und einer seiner Söhne in einem Gasthaus sogar bemerkt habe, es sei dem Wildhüter Durrer recht geschehen.[233]

Der Engelberger Gemeinderat machte sich daraufhin auf die Suche nach einem geeigneten Nachfolger für Feierabend. Es war nicht einfach jemanden für die Stelle zu finden. Nur zwei Personen kamen in Frage. Der eine, Schreiner Zumbühl, hatte dem Sohn von Wildhüter Feierabend «den Standpunkt klar gemacht», als der sich lobend über die Tat Scheubers geäussert hatte. Der andere Anwärter, Josef Infanger aus dem Weiler Horbis, eignete sich zwar, hatte aber zwei im Dorf bekannte Wilderer (!) als Nachbarn. Deshalb schrieb der Engelberger Gemeinderat an Polizeidirektor Seiler, Infanger würde sich nur bewerben, wenn er direkt dazu aufgefordert würde. Auch dann sei zu bezweifeln, dass Infanger sich dazu hergebe, die Wildhut zu übernehmen:

> Vielen müsste Infanger, wenn er seiner Pflicht als Wildhüter nachkommen wollte, ebenfalls den Krieg erklären und dieses ist besonders gegen Nachbarn eben nicht angenehm.

Der Gemeinderat schlug vor, eventuell die Besoldung des Wildhüters aufzubessern, um die Attraktivität der Stelle zu erhöhen. Im Allgemeinen stellte der Gemeinderat fest:

> Sonst sind hier wenige, welche das Amt eines Wildhüters annehmen und dann auch gewissenhaft versehen würden. Es ist wie mit der Polizistenstelle. Man muss noch Respekt vor denen haben, welche es einem offen bekennen, dass sie den Lohn gerne beziehen möchten, aber die Verpflichtung nicht übernehmen könnten, das Amt gewissenhaft zu versehen. (...) Ich glaube auch nicht, dass ohne persönliche Anfragen sonst Jemand als Wildhüter von Engelberg anmeldet ausser der bisherige «Ludi» und vielleicht auch sein Sohn.[234]

Der Brief des Gemeinderats erlaubt einen unmittelbaren Einblick in die Schwierigkeiten bei der Wildhut. Als Wildhüter musste man bereit sein, dem nachbarschaftlichen und dörflichen Druck standzuhalten und sogar den eigenen Nachbarn zu verzeigen. Selbst der Gemeinderat glaubte, dies Josef Infanger nicht zumuten zu können. Als gesetzestreuer Wildhüter musste man bereit sein, «vielen den Krieg zu erklären». Gerade nach dem «Doppelmord auf Gruobialp» schien die Suche nach einem Wildhüter, der nicht nur den Lohn beziehen, sondern auch Jäger verzeigen würde, ausserordentlich schwierig. Der Brief zeigt einerseits, wie wenig das eidgenössische Gesetz für Jagd und Vogelschutz sich nach zwanzig Jahren durchgesetzt hatte. Wollte ein Wildhüter die gesetzlichen Vorgaben wirklich umsetzen und jeden Jagdfrevel anzeigen, so provozierte er sein dörfliches Umfeld oder sogar seine Nachbarn. Andererseits wirft der Brief ein Licht auf die Bedeutung, die das Amt des Wildhüters nach dem Doppelmord bekommen hatte. Der Engelberger Gemeinderat verglich das Besetzen der Stelle des Wildhüters sogar mit den Schwierigkeiten, einen Dorfpolizisten zu finden. Josef Infanger erklärte sich schliesslich bereit, die Stelle des Wildhüters zu übernehmen. Er nahm seine Aufgabe sehr ernst und unternahm auch ausgedehnte Touren ausserhalb des Bannbezirks, den er überwachen musste. Bereits in seinem ersten Amtsjahr konnte er zwei Fälle von Wildfrevel zur Anzeige bringen. Aber auch er machte sich damit unbeliebt. Zwei Jahre nach Übernahme der Wildhut liessen Wilderer Steine auf ihn hinunterstürzen, als er die Wilderer verfolgen und ihnen nachklettern wollte.[235]

Ende Dezember 1899 wurde Otto Durrer vom Obwaldner Regierungsrat definitiv als Wildhüter angestellt. Er versprach seinem Vorgesetzten, Polizeidirektor Seiler, «nach dem Vorbild meines lieben Vaters sel. ein eifriger Heger des Wildes und ein treuer Untergebener meiner Vorgesetzten» zu sein. Es gelang ihm, bereits in seinem ersten Jahr als Wildhüter zwei Wilderer zu erkennen und zu verzeigen. Im Oktober 1900 konnte er zusammen mit Wilhelm Amrhein, der ein Jahr zuvor noch mit Adolf Scheuber in Engelberg auf der Jagd gewesen war, drei Wilderer aus dem Berner Oberland stellen. Zwei rannten sogleich davon. Einer blieb stehen und griff nach seinem Gewehr. Otto Durrer gab einen Schreckschuss Schrot in die Luft ab, worauf auch der dritte Wilderer sein Gewehr fallen liess und über die Grenze davonrannte.[236]

Nach diesem Ereignis bat Otto Durrer Ende Dezember 1900 um seine Entlassung. Er entschuldigte sich dafür, bereits ein Jahr nach seiner festen Anstellung die Kündigung zu verlangen, und führte als Argument an, «dass diese Stelle an für sich doch immer mehr oder weniger eine gefährliche ist, (…) wie man sich dabei verhasst macht». Er wies auf das Erlebnis an der Berner Grenze hin, und wie nun wegen seines Schreckschusses im Berner Oberland über ihn geschimpft werde. Otto Durrer gab an, vor einem Jahr noch geglaubt zu haben, dass nach dem Mord an seinem Vater das Wildern abnehmen würde:

> Allein damals glaubte ich, dass durch die grauenvolle Tat vom 14. Oktober 1899 den Wilderern ihr gewissenloses Treiben verleidet sei, dennoch habe ich jetzt so öfters erfahren, wie es noch so viele Leute gibt, die keinen Sinn für Gesetz und Ordnung haben, immer über die Bannberge und die Wildhüter schimpfen und einem diese Stelle zu einer sehr verdriesslichen Aufgabe machen.

Der Regierungsrat erhöhte darauf das Gehalt von Otto Durrer und konnte ihn überzeugen, sein Amt weiterhin auszuüben.[237]

Wie schon der Brief des Engelberger Gemeinderates, zeigt auch Otto Durrers Kündigung, mit welchen Androhungen und Anfeindungen ein Wildhüter zu rechnen hatte, der sich strikte an

IV. Kosten der Wildhut.

		Fr.	Cts.
Besoldung der Wildhüter *Landjäger Finnerband* Beleg Nr.		300	–
Werner Dürrer		450	–
Unfallversicherung der Wildhüter		31	20
Auslagen für Bewaffnung und Ausrüstung	„ „	4	50
Zulage für Munition	„ „	1	20
Entschädigung für Kleidung und Wohnung	„ „	–	–
Schussprämien für erlegtes Raubwild *beide zusammen*	„ „	12	50
Kosten zeitweiliger Aushülfe *dem Otto Dürrer*	„ „	148	–
Von dem obigen für drittpersonen	„ „	36	–
Total Fr.		983	45

Die obigen sind nach dem Doppelbund auf Grüsialz mit der Ablagen im Betrage von Fr. 460.55 verrechnet.

Besondere Bemerkungen.

Mit dem Wildhüter von Nidwalden trafen die beiden Obwaldenwächter im Ganzen 8 Mal zusammen, ein Mal mit denjenigen von Engelberg, verschiedene Male mit Blätter Meiringen. Die Regierung von Nidwalden äusserte früher in ihrem Schreiben vom 26. Novemb. 1898 den Wunsch, dass sich die Wildhüter der beiden Bezirke fleissiger treffen sollten. Etc.

Meister Dürrer hierüber nicht geäussert bemerkte in seinem Schreiben vom 5. Jan. 1899. In der Regel haben sie oft Gelegenheit Tags, ... und ... Stellen bestimmt um einander zu treffen. Indes aber wird die Gelegenheit vom Nidwaldner-Jäger dazu benützt, in unseren Gegenden von unserer Zusammenkunft zu wildern. Von dem ... ist dem Wildhüter von Nidwalden keinen Vorwurf ... und ... unbedingte Zusammenkunft zu vermeiden. Andererseits sind aber auch die ... mit so ganz wenig Stellen schwierig zu ... Dürrer ... mit ... Gewissen behaftet keinen ... des Wildhüters ... und er glaubt sich nicht ... zu lassen von einem Nidwaldner, der ... einen ... Wildhüter anzustellen."

Unserem Berichte legen wir, ... was bereits schon unter Ziffer III versucht wurde, einen Auszug aus den Akten einer Obschlussuntersuchung ...

Wie die Obschütterei zur Zeit steht, ... die richtige Lösung dadurch zu finden, ... Freiburg zu bezeichnen.

Wir können nicht ... unter Hinweis auf die vorangehenden ... und unsere Wildschutzakten aus dem Vorjahre, ... im ... dringend zu ...

Datum:	Unterschrift:
Sarnen, den 23. Januar 1900	J. Seiler Regierungsrath

das Gesetz hielt. Sie zeigt darüber hinaus aber auch, wie sehr sich Otto Durrer mit seiner Aufgabe, die Jagdgesetze umzusetzen, identifizierte. Er bezeichnete das Treiben der Wilderer als «gewissenlos» und sprach ihnen jeden «Sinn für Gesetz und Ordnung» ab.

Im Gegensatz zu der Feststellung von Otto Durrer, dass die illegale Jagd unverdrossen weiter betrieben werde, stellte ein eidgenössischer Inspektor für das Jahr 1900 fest:

> In Obwalden hat sich übrigens die durch die Ermordung des Wildhüters Durrer und seines Sohnes hervorgerufene Erregung gelegt. Die Wilddieberei hat bedeutend nachgelassen; die beiden Aufseher von Ob- und Nidwalden machen des Öftern gemeinschaftliche Streifzüge.[238]

Die angespannte Lage und die Querelen zwischen Obwalden und Nidwalden hatten also nachgelassen. Der Doppelmord hatte nicht zur Folge, dass das Wildern überhand nahm und sich die Wildhüter nicht mehr trauten, jemanden anzuzeigen. Vielmehr wurde die Wildhut als grosse Verantwortung wahrgenommen, bei der man sein Leben riskierte, aber für die man sich einzusetzen hatte. Die Bedeutung der Wilderei veränderte sich durch den Mord. Das einigermassen legitime, von weiten Kreisen als blosses Kavaliersdelikt bewertete Wildern rückte in seiner Bedeutung in die Nähe des Verbrechens Mord. Wildfrevel war nach dem Doppelmord weniger legitimiert als vorher.

Die Presse berichtete mit grossem Interesse und abschätzigem Urteil von weiteren Fällen von Wildfrevel. Das «Urner Volksblatt» berichtete Ende November 1899 von drei teilweise vermummten Wilderern, die von Engelberg in das Gebiet von Surenen im Kanton Uri gekommen waren. Dort sahen sie von weitem die beiden jüngeren Brüder des Urner Wildhüters beim Hüten der Geissen. Bevor sich die Wilderer wieder nach Engelberg zurückzogen, schoss einer der Wilderer aus der Entfernung von mehr als 300 Metern mehrere Schüsse direkt auf die beiden Brüder. Das «Urner Volksblatt» stellte den Bericht in direkten Zusammenhang mit Adolf Scheuber:

> Aus dieser wahrheitsgetreuen Schilderung geht hervor, dass die scheussliche Tat Scheubers Nachahmung findet und das Wirken der Wildhüter im Gebirge sehr gefährdet. Vielleicht war der böse Schütze auf der Firnenalp (Fürrenalp, M.B.) am Ende Scheuber selber, der sich auch in der Surenen wohl auskennt. (…) Der Wildererstreich (…) sollte untersucht und in Obwalden anhängig gemacht werden. Sonst wird es schon noch dazu kommen, dass im Gebiete von Surenen niemand mehr das lebensgefährliche Amt eines Wildhüters versehen will.[239]

Der Schreiber des Kommentars wusste wohl nicht, wie viele Schüsse bereits in den Jahren vor dem Doppelmord zwischen Wildhütern und Wilderern gefallen waren. Er verstand die Drohschüsse, die gezielt auf die Brüder des Wildhüters gerichtet waren, als direkte Nachahmung der Tat Scheubers. Wie die Drohungen gegenüber Wildhüter Durrer waren nun auch die Drohschüsse von Wilderern zu einem Medienthema geworden. Das «Nidwaldner Volksblatt» druckte den Bericht des «Urner Volksblatts» inklusive Kommentar ab, widersprach aber heftig der Ansicht, Scheuber befinde sich noch im Land, und fügte einen eigenen Kommentar hinzu:

> Dagegen sind wir vollständig einverstanden, dass die Wilderer nicht blos in Nidwalden zu suchen sind. Von Obwalden und Uri aus wurde in den Freibergen seit Jahren gewildert und die Nidwaldner Wilderer, die wir durchaus nicht entschuldigen wollen, brauchen ihre Kollegen jedenfalls nicht weit zu suchen.

In den Köpfen der Leute war Mord seit Scheubers Tat untrennbar mit der Wilderei verknüpft. Geradezu beruhigt stellte die Redaktion des «Nidwaldner Volksblatts» fest, dass auch von anderen

Kantonen Jäger über die Kantonsgrenzen hinweg wilderten. Es war der Nidwaldner Redaktion ein Bedürfnis festzuhalten, dass es nicht nur im Kanton Nidwalden Wilderer – und potenzielle Mörder – gab.[240]

Die Wilderei blieb ein Thema, worüber die Zeitungen berichteten. Als oberhalb Melchtal ein Obwaldner Bauer im Herbst 1901 einen Wilderer entdeckt hatte, drohte der Wilderer, den Bauern zu erschiessen, falls er näherkommen sollte. Der «Unterwaldner» schrieb dazu als Kommentar die rhetorische Frage:

> Wann endlich hört diese unselige Jägerei auf? [241]

Der Schreiber fragte nicht etwa: Wann hört das Drohen mit der Waffe, oder das Androhen, jemanden zu erschiessen, auf? Stattdessen sprach er nur von der «unseligen Jägerei». Hierin zeigt sich, wie selbstverständlich die Verknüpfung der Wilderei mit Mord und Morddrohung seit dem «Doppelmord auf der Gruobialp» geworden war, zumindest in Wildhüterrapporten und Zeitungsartikeln.

Ein weiterer Fall im Herbst 1901 verweist subtil auf die veränderte Bedeutung des Wildfrevels. Zwischen dem Engelberger Wildhüter Josef Infanger und dem Engelberger Jäger und Maler Wilhelm Amrhein hatte sich ein heftiger Streit entwickelt. Infanger hatte Belege, dass Amrhein gewildert hatte, und Amrhein bestritt die Wahrheit der Belege. Beide schrieben deswegen emsig Briefe und Rapporte an die Obwaldner Polizeidirektion. Als Beleg für das «Jägerblut» von Wilhelm Amrhein führte Infanger gegen Schluss der gehässigen Auseinandersetzung ein interessantes Argument an:

> Eine Abscheu ist mir dieser Amrhein geworden, als er in meiner Gegenwart einen kleinen harmlosen [Nutz]Vogel schoss, dazu gehört allerdings Jägerblut. Bemerke bloss noch, dass er der Lehrling von Adolf Scheuber war und sich seiner Kreise bewandert bewegt, jedoch mehr Neid besitzt als selber.

Wildhüter Infanger will die moralische Verwerflichkeit seines Gegners belegen, indem er einerseits darauf hinweist, dass Amrhein aufgrund seines «Jägerbluts» einen kleinen harmlosen Nutzvogel erschossen habe. Andererseits weist Infanger auf Amrheins frühere Freundschaft mit Adolf Scheuber hin. In den Augen Infangers gilt sie als Beleg für die mangelhafte Redlichkeit des Betreffenden. Wie dieses Argument von der Polizeidirektion gewichtet wurde, bleibt unklar, dass es aber überhaupt angeführt wurde, ist aufschlussreich genug. Die – frühere – Freundschaft mit Adolf Scheuber galt als Makel. Vermutlich half Wilhelm Amrhein dem jungen Wildhüter Otto Durrer deshalb bei der Ausübung seines Amtes. Er wollte die frühere freundschaftliche Verbindung mit Adolf Scheuber abstreifen, um diesbezüglichen Vorwürfen zu entgehen.[242]

Nach dem «Doppelmord auf der Gruobialp» werden die Akten zur Wildhut im Staatsarchiv Obwalden dünner und knapper. Ein sprunghafter Anstieg der Wilderei, wie sie z.B. Werner Durrer im Herbst 1894 oder im Herbst 1899 verzeichnet hatte, scheint nicht mehr vorgekommen zu sein. Zwar brachten die Wildhüter regelmässig Wilderer zur Anzeige. Das Verzeigen war aber Routine geworden. Die Wildhut wurde gemäss den gesetzlichen Vorgaben betrieben. Die alte Forderung Obwaldens, den Freiberg von der Grenze weg zu verschieben, wurde nicht mehr vorgebracht.[243]

Der Konflikt hatte sich beruhigt, aber ganz entschärft war die Beziehung zwischen Wilderern und Wildhütern immer noch nicht. Der letzte überlieferte Wildhutbericht im Staatsarchiv Obwalden datiert von 1908 und berichtet von folgender Begebenheit:

Am 12. Oktober 1908 stiess Wildhüter Durrer am Juchli auf 3 verkleidete Wilderer, von denen einer auf kurze Distanz einen Schuss gegen den Wildhüter abgab. Die Täter konnten nicht ermittelt werden, obschon sich die Verdachtsmomente auf bestimmte Persönlichkeiten zuspitzten. Wildhüter Durrer beklagte sich bitter über die Nachlässigkeit seines nidwaldnerischen Kollegen, der den Übergängen von Nidwalden nach Melchtal keine Beachtung schenkte.[244]

Der Wildhüter hiess zufällig wieder Durrer und kam ebenfalls aus dem Melchtal. Die Schüsse von Wilderern auf Wildhüter und die Vorwürfe zwischen den beiden Kantonen über die rechte Handhabung der Wildhut hatten noch nicht aufgehört, aber aufgeregte Korrespondenz zwischen Nidwalden, Obwalden und den eidgenössischen Behörden, Verhöre und dicke Aktenbündel liess der Vorfall nicht mehr entstehen. Dann brechen die Akten zur Handhabung der Wildhut und die Wildhutberichte in den untersuchten Archivbeständen ab.

Zum Schluss sei noch eine Geschichte erwähnt, die sich 1942 im obwaldnerischen Bannbezirk zwischen zwei Wilderern und einem Gesetzeshüter zugetragen hatte. Die Geschichte zeigt, wie sich in vier Jahrzehnten der Umgang zwischen Wilderern und Gesetzeshütern verändert hatte. Am 22. Oktober 1942 wurde der Kernser Dorfpolizist August Huwyler ins Melchtal gerufen. Im Bannbezirk waren Schüsse gefallen. Nahe der Nidwaldner Grenze begegnete er überraschend im Schneegestöber zwei Wilderern mit geschwärzten Gesichtern. Der Polizist mit seiner Dienstpistole und die beiden Wilderer mit ihren Gewehren standen sich nur einige Meter entfernt gegenüber. Es kam aber nicht zu einer Schiesserei. Obwohl der Polizist mit seiner Pistole Schreckschüsse abgab, geriet die Begegnung zu einer heftigen Prügelei, wobei die Wilderer ihre Bergstöcke benutzten. Als der Polizist nach einem Schlag auf den Kopf heftig blutete und einer der beiden Wilderer durch einen fehlgegangenen Schuss verletzt war, ergaben sich die beiden Jäger. Sie willigten ein, sich in Obwalden den Behörden zu stellen, und begaben sich zu dritt ins Tal. Bei dieser Begegnung fällt vor allem eines auf: der bewusste Verzicht auf den tödlichen Gebrauch der Schusswaffen. August Huwyler bemerkte dazu bei einem Gespräch im Jahr 1999:

> Ich bi zuechä und ha dänkt, die werdid jetz chuim wäg emänä Gämschi uf Läbä und Tod ga. (…) Wäg emä Gämschi gan ich doch nid einä ga tedä.[245]

Kopie der Todesanzeige für Werner und Josef Durrer in der Gruobialphütte, versehen mit einer Notiz vom 14. Okt. 1999.

Tatort heute

Zum treuen Andenken
an die beiden Wildhüter

Werner Durrer,
Vater,
geboren den 28. Mai 1847.

und

Joseph Durrer,
Sohn,
geboren den 27. März 1870,

welche am 14. Oktober 1899 in pflicht-
hafter Erfüllung ihres schweren Berufes auf
der Alp Grübt meuchlings erschossen wurden.

Sie zogen hinauf in Pflicht und Eid,
Den frevelnden Schützen zu wehren,
Da traf sie in stiller Vereinsamkeit,
Dem Himmel so nah & den Menschen so weit,
Das mordende Blei in Ehren.
Und die für Ehre und Pflicht gestorben,
Die haben des Himmels Lohn sich erworben,
In der seligen Ruhe der Ewigkeit!

Barmherziger Jesus, gieb ihnen die ewige
Ruhe! (7 Jahre und 7 Quadr. Ablaß.)
Vater unser u. s. w.

Die Gruobialp mitten im Jagdbanngebiet, auf 2024 Meter über Meer. In dieser Hütte übernachteten Adolf Scheuber und Johann Waser am 13./14. Oktober 1899.

Tatort, 100 Meter südlich der Hütte, auf der Kuppe in der Bildmitte.

Tatort, Richtung Osten. In der rechten Bildhälfte der Gedenkstein.

Gedenkstein mit Inschrift und Kreuz. In unmittelbarer Nähe wurden am 15. Okt. 1899 Werner und Josef Durrer tot aufgefunden.

Hier an dieser Stelle
wurden die beiden Wildhü
Vater
WERNER DURRER
Sohn
JOSEF DURRER
am 14. Oct. 1899
in treuer Erfüllung ihres
meuchlings erschoss

Betet für uns
und gedenket des ew

Felswand des Nünalphorns im Süden des Tatorts.

Weg von Gruobialp nach Melchtal, zugleich Grenze des heutigen Jagdbanngebiets, links des Weges.

Talkessel der Gruobialp mit Nünalphorn.
Tatort auf der Kuppe links oberhalb der Hütte.

Grenze zwischen Obwalden und Nidwalden auf dem Passübergang Bocki-Rotisand von Norden her gesehen, Obwalden im Westen (rechts), Nidwalden im Osten. Bis hierher konnten nach der Tat die Fussspuren von Adolf Scheuber und Konrad Waser verfolgt werden.

Akten-Verzeichniss

in Untersuchungssache den
Gebrüder Conrad & Adolf Scheuber.

Benennung des Aktenstückes	Datum
Verhör mit Conrad Scheuber	10. Dezbr. 1894
" " Adolf "	" " "
" " Conrad "	11. " "
" " Obigen	13. " "
" " Adolf Scheuber	13. " "
" " Carl "	14. " "
" " Werner Durrer	17. " "
" " Adolf Scheuber u. Wildhüter Durrer, (Confront.)	" " "
" " Conrad "	18. " "
Erkanntniss der Justizkommission	20. " "
Notiz wegen Karl Scheuber	24. " "
Verhör mit Joh. Michel	28. " "
" " Balz von Rotz	" " "
" " Adolf Scheuber	" " "
" " Conrad "	31. " "
" " Adolf "	2. Januar 189.
Erkanntniss der Justizkommission	2. " "
Rekursnote betr. Adolf & Conrad Scheuber	
Polizeibericht v. Wildhüter Durrer	30. October 1894
id id	1. Novbr. "
id id	5. " "
id über Arretirung der Gebr. Scheuber	7. Dezbr. "
" v. Nachtwächter Wexel	7. " "
Bericht v. Hauptm. Keiser	7. " "
Verfügung der Polizeidirektion	7. " "

Anhang

Fussnoten

1   Lussy, Gedenken, 1997, S. 8.

2   Zai, Ehrbezeugung, 1999, S. 29.

3   Gasser, Spuren, 1999, S. 6.

4   Odermatt, wilde Jagd, 1999; Odermatt, Entstehung, 1999.

5   Amschwand, Kerns, 1976, S. 21.

6   Rengger, wilde Jagd, 1933; StANW Sch. 5501, A 14 A 01.

7   Brief an Michael Blatter, 8.5.2000.

8   StANW D 1245, Sch. 1282: Carlo Oprato an Direzione di Polizia, Dez. 1900.

9   StANW D 1245, Sch. 1282: Dr. Heinrich Stockmann an das Zivilstandsamt Wolfenschiessen, 2.2.1982.

10 Keiser, See, 1910, S. 33ff.

11 Keiser, See, 1910, S. 34.

12 Keiser, See, 1910, S. 35–37.

13 Achermann, Wildhüter, 1918, S. 116.

14 Achermann, Wildhüter, 1918, S. 40–44.

15 von Matt, Wilderer, 1931, S. 37.

16 von Matt, Wilderer, 1931, S. 73–75.

17 Rengger, wilde Jagd, 1933, 1968, 1988, S. 5–6.

18 Rengger, wilde Jagd, 1933, 1968, 1988, S. 43.

19 Rengger, wilde Jagd, 1933, 1968, 1988, S. 21–23.

20 Flueler, Bärädi, 1939, S. 50.

21 Flueler, Bärädi, 1939, S. 88–89.

22 Flueler, Bärädi, 1939, S. 92.

23 Odermatt, wilde Jagd, 1999, S. 7–8.

24 Odermatt, wilde Jagd, 1999, S. 33.

25 Rengger, wilde Jagd, 1933, 1968, 1988, S. 39.

26 Meyers Hand-Lexikon, 1878, S. 2067; Schweizer Lexikon, 1993, S. 657.

27 Emmenegger, Jagd, 1936, S. 10; Gesetze ob dem Wald, 2/1868, S. 179 bzw. S. 647.

28 Emmenegger, Jagd, 1936, S. 7; Gesetze ob dem Wald, 1/1853, S. 344ff.

29 Emmenegger, Jagd, 1936, S. 25ff, 30.

30 Jann, Jagdwesen, 1911, S. 9ff, 13, 19ff, 24, 45.

31 Lienert, Jäger, 1970, S. 131.

32 Bundesblatt, 1875/2, S. 252; Bundesblatt, 1875/3, S. 23ff, 929ff, 939ff; Bundesblatt, 1875/4, S. 489.

33 Bundesblatt, 1875/3, S. 24, 931.

34 Bundesblatt, 1875/3, S. 29.

35 Bundesblatt, 1875/4, S. 493.

36 Bundesblatt, 1876/1, S. 331ff, S. 493.

37 Gesetzbuch nid dem Wald, 1/1890, S. 415ff; Gesetze ob dem Wald, 3/1872, S. 167ff.

38 Staatskalender ob dem Wald, 1903/1904, S. 18; StAOW 616: Das Schweizerische Handels- und Landwirtschafts-
    departement an Landammann & Regierungsrath des Cantons Unterwalden ob dem Wald, 1879–1914;
    StAOW 616b Wildhutberichte: Jahres-Bericht der Wildhut im Jagdbanngebiet des Cantons Obwalden, z. Hd. des
    schweiz. Handels- und Landwirtschaftsdepartementes, Abteilung Forstwesen, 1884–1908.

39 StAOW 616b Wildhutberichte: Jahres-Bericht der Wildhut im Jagdbanngebiet des Cantons Obwalden, z. Hd. des
    schweiz. Handels- und Landwirtschaftsdepartementes, Abteilung Forstwesen, 1884–1905.

40 StAOW 613 Inspektionsberichte: Inspektionsbericht über den eidgenössischen Jagdbannbezirk Schlossberg-Titlis 1894,
    von Dr. R. Dick, S. 1–6, bzw.: Bericht über die Inspektion des Bannbezirkes Schlossberg-Titlis 1900, Kanton
    Obwalden, von F. Schönberger, S. 1–3.

41 StAOW 616: Das Schweizerische Handels- und Landwirtschaftsdepartement an Landammann & Regierungsrath des Cantons Unterwalden ob dem Wald, 1879–1914; StAOW 613 Inspektionsberichte: Inspektionsbericht über den eidgenössischen Jagdbannbezirk Schlossberg-Titlis 1894, von Dr. R. Dick, S. 3, bzw.: Bericht über die Inspektion des Bannbezirkes Schlossberg-Titlis 1900, Kanton Obwalden, von F. Schönberger, S. 3.

42 StAOW 616: Das Schweizerische Handels- und Landwirtschaftsdepartement an Landammann & Regierungsrath des Cantons Unterwalden ob dem Wald, 1879–1899; StAOW 616b Wildhutberichte: Jahres-Bericht der Wildhut im Jagdbanngebiet des Cantons Obwalden, z. Hd. des schweiz. Handels- und Landwirtschaftsdepartementes, Abteilung Forstwesen, 1884–1908; StAOW 613 Umschreibung: Bundesrathsbeschluss betreffend theilweise Abänderung der Verordnung vom 11. August 1891 über die Bannbezirke für das Hochwild und Aufhebung eines sachbezüglichen Bundesrathsbeschlusses vom 8. September 1891, 5.8.1892.

43 StAOW 613 Umschreibung: Conferenz-Protokoll von Uri, Nidwalden und Obwalden, Flüelen, 9.9.1892, bzw: Thalammann Hess, Engelberg, an Polizeidirektor, 5.3.1894; StAOW 616: Schweizerisches Handels- und Landwirt- schaftsdepartement, Abteilung Forstwesen, an Landammann und Regierungsrath des Cantons Unterwalden ob dem Wald, 22.1.1894.

44 StAOW 616b Wildhutberichte: Jahres-Bericht der Wildhut im Jagdbanngebiet des Cantons Obwalden, z. Hd. des schweiz. Handels- und Landwirtschaftsdepartementes, Abteilung Forstwesen, 1892, 1893.

45 StAOW 616b Wildhutberichte: Jahres-Bericht der Wildhut im Jagdbanngebiet des Cantons Obwalden, z. Hd. des schweiz. Handels- und Landwirtschaftsdepartementes, Abteilung Forstwesen, 1893, 1894; StAOW 613 Umschrei- bung: Thalammann Hess, Engelberg, an Polizeidirektor, 5.3.1894; StAOW 613 Inspektionsberichte: Inspektions- bericht über den eidgenössischen Jagdbannbezirk Schlossberg-Titlis 1894, von Dr. R. Dick, S. 5.

46 StAOW 616b Wildhutberichte: Jahres-Bericht der Wildhut im Jagdbanngebiet des Cantons Obwalden, z. Hd. des schweiz. Handels- und Landwirtschaftsdepartementes, Abteilung Forstwesen, 1893; StAOW 616: Das Schweizerische Handels- und Landwirtschaftsdepartement, Abteilung Forstwesen, an Landammann und Regierungsrath des Cantons Unterwalden ob dem Wald, 22.1.1894.

47 StAOW 616b Wildhutberichte: Jahres-Bericht der Wildhut im Jagdbanngebiet des Cantons Obwalden, z. Hd. des schweiz. Handels- und Landwirtschaftsdepartementes, Abteilung Forstwesen, 1894.

48 StAOW 616a A. und K. Scheuber 1894: Polizeibericht Polizeidirektion Obwalden, 30.10.1894.

49 StAOW 613 Inspektionsberichte: Inspektionsbericht über den eidgenössischen Jagdbannbezirk Schlossberg-Titlis 1894, von Dr. R. Dick, S. 2; OV, 47, 25.11.1899, Amtliche Richtigstellung; UW, 94, 25.11.1899, Amtliche Richtig- stellung; Lindenberger, Gewalt, 1995, S. 10.

50 StAOW 616a A. und K. Scheuber 1894: Polizeibericht Polizeidirektion Obwalden, 1.11.1894, bzw.: Verhör mit Werner Durrer, Nr. 7, Frage 85, 17.12.1894.

51 StAOW 616a A. und K. Scheuber 1894: Polizeibericht Polizeidirektion Obwalden, 5.11.1894.

52 StAOW 616a A. und K. Scheuber 1894: Polizeibericht Polizeidirektion Obwalden, 5.11.1894; OV, 47, 25.11.1899, Amtliche Richtigstellung; UW, 94, 25.11.1899, Amtliche Richtigstellung.

53 StAOW 616b Wildhutberichte: Jahres-Bericht der Wildhut im Jagdbanngebiet des Cantons Obwalden, z. Hd. des schweiz. Handels- und Landwirtschaftsdepartementes, Abteilung Forstwesen, 1894; StAOW 616a A. und K. Scheuber 1894: Polizeibericht über Arretierung der Gebr. Scheuber, Nr. 22, 7.12.1894.

54 StAOW 616a A. und K. Scheuber 1894: Polizeibericht über Arretierung der Gebr. Scheuber, Nr. 22, 7.12.1894, bzw.: Verhör in Konfrontation mit Werner Durrer, Adolf Scheuber, Nr. 8, Frage 100, 17.12.1894; OV, 47, 25.11.1899, Amtliche Richtigstellung; UW, 94, 25.11.1899, Amtliche Richtigstellung.

55 StAOW 616a A. und K. Scheuber 1894: Polizeibericht über Arretierung der Gebr. Scheuber, Nr. 22, 7.12.1894.

56 StAOW 616a A. und K. Scheuber 1894: Polizeirapport, Nr. 23, 7.12.1894, bzw.: Polizeibericht über Arretierung der Gebr. Scheuber, Nr. 22, 7.12.1894, bzw.: Bericht Hpt. Seiler, Nr. 24, 7.12.1894, bzw: Eidgen. Oberforstinspektorat an das Polizeidepartement des Kantons Unterwalden ob dem Wald, Nr. 27, 10.12.1894, bzw.: Verhör mit Konrad Scheuber, Nr. 1, 10.12.1894, bzw.: Verhör mit Adolf Scheuber, Nr. 2, 10.12.1894, bzw.: Verhör mit Adolf Scheuber, Nr. 14, 28.12.1894.

57 StAOW 616a A. und K. Scheuber 1894: Schreiben des Wildhüters Durrer, Nr. 26, 9.12.1894.

58 Gesetze ob dem Wald, 3/1872, S. 75ff, 209ff, 269ff.

59 StAOW 616a A. und K. Scheuber 1894: Verhör mit Konrad Scheuber, Nr. 1, Fragen 2–3, 10.12.1894, bzw.: Verhör mit Adolf Scheuber, Nr. 2, Fragen 20–21, 10.12.1894.

60 StAOW 616a A. und K. Scheuber 1894: Verhör mit Konrad Scheuber, Nr. 4, Frage 54, 13.12.1894, bzw.: Verhör mit Konrad Scheuber, Nr. 9, Frage 111, 18.12.1894, bzw.: Verhör mit Karl Scheuber, Nr. 6, 14.12.1894, bzw.: Schreiben des Carl Scheuber, Nr. 35, 24.12.1894.

61 Gesetze ob dem Wald, 3/1872, S. 101.

62 StAOW 616a A. und K. Scheuber 1894: Verhör mit Adolf Scheuber, Nr. 16, 2.1.1895.

63 StAOW 616a A. und K. Scheuber 1894: Polizeibericht über Arretierung der Gebr. Scheuber, Nr. 22, 7.12.1894, bzw.: Verhör mit Werner Durrer, Nr. 7, Frage 85, 17.12.1894.

64 StAOW 616a A. und K. Scheuber 1894: Verhör mit Konrad Scheuber, Nr. 3, Frage 36, 11.12.1894, bzw.: Verhör mit Adolf Scheuber, Nr. 5, Frage 66, 13.12.1894, bzw.: Konfrontationsverhör mit Werner Durrer und Adolf Scheuber, Nr. 8, Fragen 92, 95, 17.12.1894.

65 StAOW 616a A. und K. Scheuber 1894: Verhör mit Konrad Scheuber, Nr. 9, Fragen 102, 107, 18.12.1894, bzw.: Verhör mit Konrad Scheuber, Nr. 15, Frage 127, 31.12.1894, bzw.: Verhör mit Adolf Scheuber, Nr. 16, Frage 144, 2.1.1895.

66 StAOW 616a A. und K. Scheuber 1894: Gemeindepräsidium Wolfenschiessen an Polizei-Direction in Sarnen, Obwalden, Nr. 29, 13.12.1894, bzw.: Leumundszeugnis Wolfenschiessen, Nr. 31, 17.12.1894.

67 StAOW 616a A. und K. Scheuber 1894: Erklärung F. Rettig, Sarnen, Nr. 33, 23.12.1894.

68 StAOW 616a A. und K. Scheuber 1894: Fürsprech Lussi an den h. Reg. Rat von Obwalden, Nr. 34, 26.12.1894.

69 StAOW 616a A. und K. Scheuber 1894: Verhör mit Werner Durrer, Nr. 7, Frage 88, 17.12.1894; Schulte, Dorf, 1989, S. 192ff.

70 StAOW 616a A. und K. Scheuber 1894: Polizeibericht über Arretierung der Gebr. Scheuber, Nr. 22, 7.12.1894.

71 StAOW 616a A. und K. Scheuber 1894: Verhör mit Adolf Scheuber, Nr. 2, Fragen 33–34, 10.12.1894.

72 StAOW 616a A. und K. Scheuber 1894: Verhör mit Konrad Scheuber, Nr. 3, Frage 41, 11.12.1894.

73 StAOW 616a A. und K. Scheuber 1894: Verhör mit Werner Durrer, Nr. 7, Frage 86, 17.12.1894.

74 StAOW 616a A. und K. Scheuber 1894: Konfrontationsverhör mit Werner Durrer und Adolf Scheuber, Nr. 8, Fragen 99–101, 17.12.1894.

75 StAOW 616a A. und K. Scheuber 1894: Verhör mit Konrad Scheuber, Nr. 9, Frage 108, 18.12.1894.

76 StAOW 616a A. und K. Scheuber 1894: Verhör mit Konrad Scheuber, Nr. 15, 31.12.1894, bzw.: Verhör mit Adolf Scheuber, Nr. 16, 2.1.1895, bzw.: Urteil des Polizeigerichtes des Kantons Unterwalden ob dem Wald, 12.1.1895, S. 2.

77 StAOW 616a A. und K. Scheuber 1894: Erkenntnis der Justizkommission, Nr. 17, 2.1.1895, bzw.: Urteil des Polizeigerichtes des Kantons Unterwalden ob dem Wald, 12.1.1895; OV, 51, 19.1.1894, S. 2.

78 OV, 51, 19.1.1894, S. 2; Bürgi, Gemsjäger, 1998, S. 273.

79 Gesetze ob dem Wald, 4/1881, S. 172; StAOW 616b Wildhutberichte: Jahres-Bericht der Wildhut im Jagdbanngebiet des Cantons Obwalden, z. Hd. des schweiz. Handels- und Landwirtschaftsdepartementes, Abteilung Forstwesen, 1894; StAOW 616: Schweizerisches Handels- und Forstwirtschaftsdepartement, Abteilung Forstwesen, an den Regierungs- rat von Obwalden, 30.1.1895.

80 OV, 3, 19.1.1895, S. 2.

81 OV, 47, 25.11.1899, Amtliche Richtigstellung; UW, 94, 25.11.1899, Amtliche Richtigstellung; StAOW 616a A. und K. Scheuber 1894: Justizkommission des Regierungsrathes des Kantons Unterwalden ob dem Wald an die titf. Polizei- direktion des Kantons Unterwalden nid dem Wald, Nr. 37, 29.1.1895; StANW Strafgericht: Kantonsgerichts-Sitzung den 27.3.1895, S. 131–132, bzw.: Kantonsgerichts-Sitzung den 11.5.1895. S. 139–140; Gesetzbuch nid dem Wald, 1/1890, S. 423.

82 StAOW 616a A. und K. Scheuber 1894: Landammann und Regierungsrath des Kantons Unterwalden nid dem Wald an hohe Regierung des Kantons Unterwalden ob dem Wald, 24.8.1895.

83 StAOW 616b Wildhutberichte: Jahres-Bericht der Wildhut im Jagdbanngebiet des Cantons Nidwalden, z. Hd. des schweiz. Handels- und Landwirtschaftsdepartementes, Abteilung Forstwesen, 1894.

84 StAOW 616b Wildhutberichte: Jahres-Bericht der Wildhut im Jagdbanngebiet des Cantons Obwalden, z. Hd. des schweiz. Handels- und Landwirtschaftsdepartementes, Abteilung Forstwesen, 1894; StAOW 616a A. und K. Scheuber 1894: Polizeibericht Polizeidirektion Obwalden, 5.11.1894.

85 StAOW 616b Wildhutberichte: Jahres-Bericht der Wildhut im Jagdbanngebiet des Cantons Obwalden, z. Hd. des schweiz. Handels- und Landwirtschaftsdepartementes, Abteilung Forstwesen, 1895.

86 StAOW 613 Umschreibung: Das schweizerische Industrie- und Landwirtschaftsdepartement, Abteilung Forstwesen, an Landammann und Regierungsrat des Kantons Unterwalden ob dem Wald, 13.9.1895; bzw.: Das Schweizerische Departement des Innern, Abteilung Forstwesen, an Landammann und Regierungsrat des Kantons Unterwalden ob dem Wald, 6.8.1896; StAOW 616b Wildhutberichte: Jahres-Bericht der Wildhut im Jagdbanngebiet des Cantons Obwalden, z. Hd. des schweiz. Handels- und Landwirtschaftsdepartementes, Abteilung Forstwesen, 1896–1898.

87 StAOW 613 Umschreibung: Abschrift, Bericht an das Schweizerische Departement des Innern über die Verlegung des Jagdbannbezirkes des Kantons Obwalden, 21.8.1897; StAOW 616b Wildhutberichte: Jahres-Bericht der Wildhut im Jagdbanngebiet des Cantons Obwalden, z. Hd. des schweiz. Handels- und Landwirtschaftsdepartementes, Abteilung

Forstwesen, 1898; StAOW 616: Das Schweizerische Departement des Innern, Abteilung Forstwesen, an Landamann und Regierungsrat des Kantons Unterwalden ob dem Wald, 8.2.1899.

88   *StAOW 616b Die einzelnen Wildhüter: Landammann und Regierungsrath des Kantons Unterwalden nid dem Wald an Landammann und Regierungsrath von Obwalden, 26.11.1898.*

89   *StAOW 616b Die einzelnen Wildhüter: Wildhüter Werner Durrer an die Titl. Polizeidirektion von Obwalden, 5.11.1899; StAOW 616b Wildhutberichte: Jahres-Bericht der Wildhut im Jagdbanngebiet des Cantons Obwalden, z. Hd. des schweiz. Handels- und Landwirtschaftsdepartementes, Abteilung Forstwesen, 1899.*

90   *StAOW 616b Wildhutberichte: Jahres-Bericht der Wildhut im Jagdbanngebiet des Cantons Obwalden, z. Hd. des schweiz. Handels- und Landwirtschaftsdepartementes, Abteilung Forstwesen, 1895, 1899.*

91   *StAOW 616b Wildhutberichte: Jahres-Bericht der Wildhut im Jagdbanngebiet des Cantons Obwalden, z. Hd. des schweiz. Handels- und Landwirtschaftsdepartementes, Abteilung Forstwesen, 1897, 1899.*

92   *StAOW 616a A. und K. Scheuber: Rapport Wildhüter Durrer, Nr. 38, 19.9.1896; StAOW 616b Wildhutberichte: Jahres-Bericht der Wildhut im Jagdbanngebiet des Cantons Obwalden, z. Hd. des schweiz. Handels- und Landwirtschaftsdepartementes, Abteilung Forstwesen, 1897, 1899.*

93   *StAOW 616b Wildhutberichte: Jahres-Bericht der Wildhut im Jagdbanngebiet des Cantons Obwalden, z. Hd. des schweiz. Handels- und Landwirtschaftsdepartementes, Abteilung Forstwesen, 1895, 1899.*

94   *StAOW 616a Wildhüter Christen 1899: Polizeidirektion Nidwalden an Polizeidirektion Obwalden, Nr. 14, 1.9.1899.*

95   *StAOW 616a Wildhüter Christen 1899: Polizeirapport Werner Durrer an Polizeidirektion Obwalden, Nr. 13, 27.9.1899.*

96   *StAOW 616a Wildhüter Christen 1899: Verhör mit Arnold Reinhard, Nr. 6, 6.11.1899, bzw.: Rapport der Polizeidirektion, Nr. 8, 3.10.1899, bzw.: Verhör Alfred Michel, 18.10.1899, bzw.: Verhör Franz Fenk, 18.10.1899; StAOW 616b Wildhutberichte: Jahres-Bericht der Wildhut im Jagdbanngebiet des Cantons Obwalden, z. Hd. des schweiz. Handels- und Landwirtschaftsdepartementes, Abteilung Forstwesen, 1899.*

97   *StAOW 616a Wildhüter Christen 1899: Polizeidirektion Nidwalden an Polizeidirektion Obwalden, Nr. 11, 29.9.1899, bzw.: Polizeidirektion Nidwalden an Polizeidirektion Obwalden, Nr. 12, 30.9.1899.*

98   *Bundesblatt, 1875/4, S. 493; StAOW 616a Wildhüter Christen 1899: Verhör mit Alfred Michel, Nr. 3, Frage 2, 18.10.1899, bzw.: Verhör mit Franz Fenk, Nr. 4, Frage 2, 18.10.1899; bzw.: Rapport der Polizeidirektion, Polizeidirektor Seiler und Wildhüter Durrer, Nr. 10, 1.10.1899.*

99   *StAOW 616b Wildhutberichte: Jahres-Bericht der Wildhut im Jagdbanngebiet des Cantons Obwalden, z. Hd. des schweiz. Handels- und Landwirtschaftsdepartementes, Abteilung Forstwesen, 1899; StAOW 616a Wildhüter Christen 1899: Akten-Auszug Verhöramt Obwalden, Nr. 1, 1899.*

100 *StANW D Sch. 1282: Wildhüter Anton Christen, Wolfenschiessen, an Polizeidirektion Nidwalden, 9.10.1899.*

101 *Gesetze ob dem Wald, 3/1872, S. 115; StAOW 616a Wildhüter Christen 1899: Akten-Auszug Verhöramt Obwalden, Nr. 1, 1899.*

102 *StAOW 616b Wildhutberichte: Jahres-Bericht der Wildhut im Jagdbanngebiet des Cantons Obwalden, z. Hd. des schweiz. Handels- und Landwirtschaftsdepartementes, Abteilung Forstwesen, 1899.*

103 *Jann, Jagdwesen, 1911, S. 132ff; StAOW 616a A. und K. Scheuber: Fürsprech Lussi an den h. Reg. Rat von Obwalden, Nr. 34, 26.12.1899.*

104 *Gespräch mit Otto Huwyler, 1999; Gespräch mit August Huwyler, 1999.*

105 *StAOW 616b Wildhutberichte: Jahres-Bericht der Wildhut im Jagdbanngebiet des Cantons Obwalden, z. Hd. des schweiz. Handels- und Landwirtschaftsdepartementes, Abteilung Forstwesen, 1899.*

106 *StAOW 616a Übertretung 1899: Adolf Scheuber an Polizeidirection Obwalden, Nr. 3, 30.8.1899, bzw.: Polizeirapport Polizeidirektor Seiler, Nr. 1, 6.9.1899, bzw.: Polizeidirektion Nidwalden an Polizeidirektion Obwalden, Nr. 5, 4.9.1899.*

107 *StAOW 616a Übertretung 1899: Polizeirapport Polizeidirektor Seiler, Nr. 1, 6.9.1899; StAOW 616b Wildhutberichte: Jahres-Bericht der Wildhut im Jagdbanngebiet des Cantons Obwalden, z. Hd. des schweiz. Handels- und Landwirtschaftsdepartementes, Abteilung Forstwesen, 1899.*

108 *StAOW 616a Übertretung 1899: Verhör mit Wilhelm Amrhein, Nr. 13, 16.9.1899.*

109 *StAOW 616a Übertretung 1899: Verhör mit Wilhelm Amrhein, Nr. 13, 16.9.1899.*

110 *StAOW 616a Übertretung 1899: Telegramm A. Scheuber an Polizeiamt Obwalden, Nr. 6, 17.9.1899, bzw.: Adolf Scheuber an Polizeidirektor Seiler, Nr. 7, 18.9.1899.*

111 *StAOW 616a Übertretung 1899: Advokat Lussi an Polizeidirektion von Obwalden, Nr. 8, 19.9.1899, bzw.: Bescheinigung der Polizeidirektion Nidwalden, Nr. 9, 19.9.1899.*

112 StAOW 616a Übertretung 1899: Verhörzitation für Adolf Scheuber, Nr. 4, 12.10.1899, bzw.: Verhöramt des Kantons Unterwalden ob dem Wald an Thalammannamt Engelberg, Nr. 10, 4.10.1899, bzw.: Verhör mit Carl Hess, Horbis, Nr. 11, 7.10.1899, bzw.: Erkenntnis der Justizkommission, Nr. 15, 11.12.1899; StANW D 1282 Sch. 1282: Das Verhöramt des Kantons Unterwalden ob dem Wald an Polizeidirektion Nidwalden, Nr. 1, 11.10.1899.

113 StANW RRProt: 161/33, 16.10.1899.

114 StAOW 616a Übertretung 1899: Vermerk am Protokoll, Nr. 16, 16.10.1899.

115 StAOW 616a Auslieferung: Deposition des Otto Durrer, 16.10.1899; NV, 42, 21.10.1899, S. 2; VtL, 289, 18.10.1899, S. 2; LTB, 242, 18.10.1899, S. 2.

116 StAOW 613 Inspektionsberichte: Inspektionsbericht über den eidgenössischen Jagdbannbezirk Schlossberg Titlis 1894, von Dr. R. Dick, S. 2–3; StAOW 616: Das Schweizerische Handels- und Landwirtschaftsdepartement an Landammann & Regierungsrath des Cantons Unterwalden ob dem Wald, 1879–1914; StAOW 616b Wildhut-berichte: Jahres-Bericht der Wildhut im Jagdbanngebiet des Cantons Obwalden, z. Hd. des schweiz. Handels- und Landwirtschaftsdepartementes, Abteilung Forstwesen, 1899; StAOW 616b Die einzelnen Wildhüter: Gemeinderat Kerns an den Regierungsrat von Obwalden, 25.10.1899; LTA, Nr. 248, 27.10.1899, S. 1.

117 StANW D 1245, Sch. 1282: Verhör mit Polizist Scheuber, 16.10.1899, Frage 2, bzw.: Kopie des Stammbuches der Gemeinde Wolfenschiessen, Nr. 19, bzw.: Ärztliches Zeugnis von Dr. Jann, 19.10.1899; StANW D 1880 Konkurs 54: Laufende Forderungen Nr. 34, 7.11.1899.

118 StANW D 1234 Sch. 1282: Processakten, Nr. 3, Stans, 15.10.1899.

119 StANW D 1245, Sch. 1282: Verhör mit Bertha Scheuber, Frage 143, 16.11.1899, bzw.: Verhör mit Johann Waser, 17.10.1899, bzw.: Verhör mit Johann Waser, 18.10.1899, Frage 35, bzw.: Verhör mit Johann Waser, 20.10.v, Frage 38, bzw.: Verhör mit Johann Waser, 21.10.1899, Frage 75; StAOW 616a Auslieferung: Einvernahme Johann Durrer, 16.10.1899, bzw.: Deposition des Otto Durrer, 16.10.1899.

120 StANW D 1234 Sch. 1282: Verhöre mit Johann Waser, 17.10.1899–10.11.1899, v.a.: 20.10.1899, Fragen 38–39, bzw. 21.10.1899, Frage 72, bzw. 10.11.1899, Frage 113, bzw. 10.11.1899, Frage 115.

121 StAOW Kriminalgericht: Sitzung des Kriminalgerichtes, 29./30.10.1901; StAOW Obergericht: Sitzung des Ober-gerichtes, 1.2.1902.

122 Christen, Schweigen, 1999.

123 Niggli, Chaotische Ordnung, 1998; Haas, Therapie statt Strafe, 1998.

124 StANW D 1245, Sch. 1282: Verhör mit Johann Waser, Frage 35, 18.10.1899, bzw.: Verhör mit Catharina Waser, Frage 76, 22.10.1899.

125 StAOW 616a Auslieferung: Deposition des Otto Durrer, 16.10.1899, bzw. 4.5.1901.

126 Gespräch mit Bruderklausenkaplan Durrer, 1970er Jahre.

127 StAOW 616a Auslieferung: Deposition des Alfred Michel, 16.10.1899, bzw. 4.5.1901, bzw.: Deposition des Johann Durrer, 16.10.1899, bzw. 4.5.1901.

128 StAOW RRProt: Sitzung vom 19.10.1899; StAOW 616a Auslieferung: Visum et Repertum, 15./16.10.1899.

129 StANW D 1245, Sch. 1282: Processakten, Nr. 3, 15./16.10.1899, bzw.: Verhör mit Bertha Scheuber, Frage 135, 16.11.1899, bzw.: Verhör mit Revierförster Bünter, Fragen 6–8, 16.10.1899.

130 StANW D 1245, Sch. 1282: Processakten, Nr. 3, 15./16.10.1899, bzw.: Telegramm Regierungsrat Flüeler an Polizei-posten Wolfenschiessen, Nr. 2, 15.10.1899, 16.00 Uhr.

131 StANW D 1245, Sch. 1282: Processakten, Nr. 3, 15./16.10.1899.

132 StANW D 1245, Sch. 1282: Verhör mit Polizist Scheuber, Frage 1, 16.10.1899; Gesetzbuch nid dem Wald, 2/1892, S. 243, 245–246.

133 StANW D 1245, Sch. 1282: Polizist Scheuber an Polizeidirektion Nidwalden, Nr. 4, 15.10.1899, bzw.: Verhör mit Polizist Scheuber, Frage 1, 16.10.1899.

134 StAOW RRProt: Sitzung vom 19.10.1899; StANW D 1245, Sch. 1282: Verhör mit Bertha Scheuber, Fragen 61–66, 20.10.1899, bzw.: Verfügung von Verhörrichter Odermatt, 24.10.1899, bzw.: Polizist Franz Scheuber an das Verhör-amt Nidwalden, Nr. 26, 26.10.1899, bzw.: Revierförster Bünter an das Verhöramt Nidwalden, Nr. 27, 26.10.1899.

135 StANW D 1245, Sch. 1282: Verhör mit Johann Waser, Frage 35, 18.10.1899, bzw.: Verhör mit Catharina Waser, Frage 76, 22.10.1899.

136 StAOW 616a Auslieferung: Visum et Repertum, 15./16.10.1899.

137 StANW D 1245, Sch. 1282: Verhör mit Joachim Scheuber, Fragen 18–20, 17.10.1899, bzw.: Verhör mit Catharina Waser, Frage 76, 22.10.1899.

138 StANW D 1245, Sch. 1282: Telegramm Regierungsrath Seiler an Polizeiamt Nidwalden, Nr. 5, 16.10.1899, 10.10 Uhr, bzw.: Polizeidirektion Nidwalden an das Verhöramt Nidwalden, Nr. 12, 16.10.1899, bzw.: Verhör mit Polizist

Scheuber, 16.10.1899, bzw.: Verhör mit Revierförster Bünter, 16.10.1899, bzw.: Verfügung von Verhörrichter Odermatt, 16.10.1899; StANW RRProt: Sitzung vom 16.10.1899; Gesetzbuch nid dem Wald, 2/1892, S. 243.

139   StANW D 1245, Sch. 1282: Verhör mit Bertha Scheuber, Frage 135, 16.11.1899, bzw.: Rapport von Polizist Scheuber, Nr. 7, 16.10.1899, 21.30 Uhr.

140   StANW D 1245, Sch. 1282: Aktennotiz von Verhörrichter Odermatt, 16.10.1899, bzw.: Circular der Polizeidirektion Nidwalden, 16.10.1899, bzw.: Entwurf Steckbrief Adolf Scheuber, Nr. 8, 16.10.1899.

141   StANW D 1245, Sch. 1282: Telegramm Polizist Scheuber an Verhörrichter Odermatt, 16.10.1899, 19.00 Uhr, bzw.: Rapport Polizist Scheuber, 16.10.1899, 21.30 Uhr, bzw.: Revierförster Bünter an das Verhöramt Nidwalden, 17.10.1899.

142   StAOW 616a Auslieferung: Visum et Repertum 15./16.10.1899.

143   Lussy, Gedenken, 1999, S. 8; Lindenberger, Gewalt, 1995, S. 30ff.

144   Lindenberger, Gewalt, 1995, S. 10; VtL, Nr. 289, 18.10.1899, S. 2.

145   LTB, Nr. 245, 21.10.1899, S. 3; LTB, Nr. 244, 20.10.1899, S. 4; OV, Nr. 43, 28.10.1899, S. 1.

146   Gesetze ob dem Wald, 3/1872, S. 119–120.

147   StAOW 616a Auslieferung: Verhör mit Niclaus Ming, Frage 21, 17.10.1899, bzw.: Verhör mit Louis Durrer, Frage 1, 17.10.1899; StAOW, Kriminalgericht: Sitzung des Kriminalgerichts vom 29./30.10.1901, S. 840.

148   LTB, Nr. 242, 18.10.1899, S. 2; VtL, Nr. 289, 18.10.1899, S. 2; LTA, Nr. 240, 18.10.1899, S. 2.

149   StAOW 616b Wildhutberichte: Jahres-Bericht der Wildhut im Jagdbanngebiet des Cantons Obwalden, z. Hd. des schweiz. Handels- und Landwirtschaftsdepartementes, Abteilung Forstwesen, 1894–1899.

150   StAOW 616a Auslieferung: Verhör mit Louis Durrer, Frage 3, 17.10.1899.

151   Rösch, Schandmal, 1994; Schulte, Dorf, 1989, S. 41ff.

152   StAOW RRProt: Sitzung vom 19.10.1899.

153   StAOW Kriminalgericht: Sitzung des Kriminalgerichts vom 14.12.1899; StANW D 1282 Sch. 1245: Bericht von Revierförster Bünter an Verhöramt Nidwalden, Nr. 16, 17.10.1899, bzw.: Staatswirtschaftsdepartement des Kantons Unterwalden ob dem Wald, Regierungsrat Küchler, an das Verhöramt Nidwalden, Nr. 31, 28.10.1899, bzw.: Waffencontrolleur der 4. Armeedivision an Verhörrichter A. Odermatt, Nr. 24, 24.10.1899, bzw.: Polizist Franz Scheuber an das Verhöramt Nidwalden, Nr. 26, 26.10.1899, bzw.: Revierförster Bünter an das Verhöramt Nidwalden, Nr. 27, 26.10.1899, bzw.: Waffencontrolleur der 4. Armeedivision an Verhörrichter Odermatt, Nr. 33, 29.10.1899, bzw.: Das Verhöramt des Kantons Unterwalden ob dem Wald an das Verhöramt Nidwalden, Nr. 43, 3.11.1899, bzw.: Das Verhöramt des Kantons Unterwalden ob dem Wald an das Verhöramt Nidwalden, Nr. 46, 7.11.1899.

154   StAOW Kriminalgericht: Sitzung des Kriminalgerichts vom 14.12.1899; StAOW 616a Auslieferung: Verhör mit Johann Gasser, 21.10.1899, Fragen 54–55.

155   StANW D 1245, Sch. 1282: Verhör mit Johann Waser, Fragen 11–15, 17.10.1899.

156   StANW D 1245, Sch. 1282: Verhör mit Johann Waser, Frage 35, 18.10.1899, bzw.: Aktennotiz Verhörrichter Odermatt, 18.10.1899, bzw.: Verhör mit Johann Waser, Frage 39, 20.10.1899.

157   StANW D 1245, Sch. 1282: Aktennotiz Verhörrichter Odermatt, 21.10.1899, bzw.: Verhör mit Johann Waser, Fragen 71–75, 21.10.1899; Gesetzbuch nid dem Wald, 2/1892, S. 262–263.

158   StANW D 1245, Sch. 1282: Verhör mit Johann Waser, Frage 75, 21.10.1899, bzw.: Aktennotiz Verhörrichter Odermatt, 21.10.1899.

159   StANW D 1245, Sch. 1282: Fortsetzung des Verhörs mit Johann Waser vom 21.10.1899, Frage 75, 22.10.1899.

160   StANW D 1245, Sch. 1282: Fortsetzung des Verhörs mit Johann Waser vom 21.10.1899, Frage 100, 22.10.1899.

161   StANW D 1245, Sch. 1282: Verhör mit Johann Waser, Fragen 124–125, 10.11.1899.

162   StANW D 1245, Sch. 1282: Waffencontrolleur der 4. Armeedivision an Verhörrichter A. Odermatt, Nr. 24, 24.10.1899; StAOW Kriminalgericht: Sitzung des Kriminalgerichts vom 29./30.10.1901, S. 835ff.

163   StANW Strafgericht: Kantonsgerichts-Sitzung den 30.11.1899, S. 245–247.

164   NV, Nr. 48, 2.12.1899, S. 2.

165   EiG, Nr. 84, 20.10.1899, S. 2–3; LTB, Nr. 243, 19.10.1899, S. 2; LTA, Nr. 245, 24.10.1899, S. 2; LTB, Nr. 245, 21.10.1899, S. 3; LTB, Nr. 247, 24.10.1899, S. 2; VtL, Nr. 246, 26.10.1899, S. 1.

166   StANW RRProt: 464/11, Sitzung den 14.1.1901.

167   StANW D 1245, Sch. 1282: Steckbrief Adolf Scheuber, Nr. 8, 16.10.1899, bzw.: Circular der Polizeidirektion Nidwalden, Nr. 10, 16.10.1899, bzw.: Aktennotizen Regierungsrat Flüeler, Nr. 11, 16./17.10.1899, bzw.: Revierförster Bünter an das Verhöramt Nidwalden, Nr. 13, 17.10.1899, bzw.: Telegramm Polizeikommando Aarau an Verhöramt Stans, Nr. 14, 17.10.1899, 11.40 Uhr, bzw.: Telegramm Gemeinderath Emmetten an Polizeidirektor Flüeler, Nr. 15, 17.10.1899, 9.15 Uhr, bzw.: Bericht von Revierförster Bünter an Verhöramt Nidwalden, Nr. 16, 7.10.1899, bzw.: Land-

jägercorps St. Gallen an das Verhöramt Nidwalden, Nr. 20, 19.10.1899, bzw.: Bericht des Polizeipostens Wolfenschiessen an das Verhöramt Nidwalden, Nr. 21, 21.10.1899, bzw.: Aktennotiz Verhörrichter Odermatt, 23.10.1899,
bzw.: Aktennotiz Regierungsrat Flüeler, Nr. 25, 24.10.1899, bzw.: Polizist Franz Scheuber an das Verhöramt Nidwalden, Nr. 26, 26.10.1899, bzw.: Gemeinderath Emmetten an Polizeidirektor Flüeler, Nr. 30, 7.10.1899, bzw.: Inter-
nationales Criminal-Polizeiblatt, Mainz, Nr. 43, 26.10.1899, bzw.: Polizeirapport Polizist Würsch, Emmetten, Nr. 30,
27.10.1899, bzw.: Nr. 36, Rapport Remigi Christen, Jacob Kaiser, Wolfenschiessen, Nr. 36, 1.11.1899, bzw.: Polizei-
commando des Kantons Luzern an Polizeidirektion in Stans, Nr. 44, 4.11.1899, bzw.: Polizeidepartement des Kantons
Basel-Stadt an Polizeidirektion Nidwalden, Nr. 45, 14.11.1899; bzw.: Amtsblatt nid dem Wald, Nr. 43, 27.10.1899,
S. 474.

168   StANW D 1245, Sch. 1282: Polizeirapport des Polizeipostens Stansstad, Nr. 18, 18.10.1899, bzw.: Aktennotiz Verhör-
      richter Odermatt, 25.10.1899, bzw.: Polizeidirektion des Kantons Zug an die Polizeidirektion des Kantons Nidwal-
      den, Nr. 38, 1.11.1899, bzw.: Polizeidirektion des Kantons Zug an Polizeidirektion in Stans, Nr. 45, 4.11.1899; bzw.:
      Verhöramt Uri an das Verhöramt von Nidwalden, Nr. 47, 10.11.1899, bzw.: Verhöramt Uri an das Verhöramt Nid-
      walden, Nr. 49, 18.11.1899, bzw.: Verhöramt Uri an Verhöramt Nidwalden, Nr. 51, 17.11.1899, bzw.: Verhöramt Uri,
      Requisitionsacten zu Handen des titl. Verhöramtes Nidwalden z. Adolf Scheuber, Nr. 66, 6.11.–25.11.1899, bzw.:
      Verhör mit Josef Zurfluh, 26.11.1899, bzw.: Verhör mit Alois Bühler, 26.11.1899; StANW RRProt: 190/18, Sitzung
      den 27.11.1899; UW, Nr. 87, 1.11.1899, S. 2; OV, Nr. 44, 4.11.1899, S. 2.

169   StANW D 1245, Sch. 1282: Adolf Scheuber an seine Frau Bertha Scheuber-Christen, 30.10.1899, bzw.: Aktennotiz
      Verhörrichter Odermatt, 31.10.1899, bzw.: Polizist Scheuber an das Verhöramt Nidwalden, Nr. 40, 2.11.1899, bzw.:
      Légation de Suisse en Paris an die Polizeidirektion des Kt. Nidwalden, Nr. 41, 2.11.1899, bzw.: Das Justiz- und
      Polizeidepartement der schweizerischen Eidgenossenschaft an die Regierung von Nidwalden, Nr. 54, 30.1.1900.

170   StAOW RRProt: Sitzung des Regierungsrates, 15.11.1899; StANW RRProt: 399/12, Sitzung den 22.10.1900.

171   StANW D 1245, Sch. 1282: Verhör mit Bertha Scheuber-Christen, Frage 70, 20.10.1899, bzw.: Processakten,
      Nr. 3, 15./16.10.1899.

172   LTB, Nr. 248, 25.10.1899; NV, Nr. 43, 28.10.1899.

173   NV, Nr. 20, 19.5.1900, S. 2, bzw.: Nr. 25, 23.6.1900, S. 2; OV, Nr. 23, 9.6.1900, S. 2; StANW RRProt: 493/16,
      Sitzung den 25.2.1901, bzw.: 497/23, Sitzung den 4.3.1901, bzw.: 501/10, Sitzung den 11.3.1901, bzw.: 506/11,
      Sitzung den 18.3.1901.

174   StAOW Obergericht: Sitzung des Obergerichtes, 1.2.1902, S. 978; StAOW 616a A. und K. Scheuber: Staatsanwalt
      Seiler an das Landammannamt Obwalden, 7.2.1902; OV, Bülletin des «Obwaldner Volksfreunds», 30.10.1901;
      UW, Nr. 87, 2.11.1901, S. 1–2; UW, Nr. 88, 6.11.1901, S. 1–2; UW, Nr. 89, 9.11.1901, S. 1–2; Staatskalender
      ob dem Wald 1903/1904, S. 18; von Moos, Verfassung, 1990, S. 262.

175   NV, Nr. 44, 2.11.1901, S. 2; UW, Nr. 87, 2.11.1901, S. 2; OV, Nr. 87, 9.11.1901, S. 1; StAOW Kriminalgericht:
      Sitzung des Kriminalgerichts, 29./30.10.1901, S. 836–842; StAOW Obergericht: Sitzung des Obergerichts,
      1.2.1902, S. 980.

176   NV, Nr. 44, 2.11.1901, S. 2; UW, Nr. 87, 2.11.1901, S. 2; OV, Nr. 87, 9.11.1901, S. 1; StAOW Obergericht: Sitzung
      des Obergerichts, 1.2.1902, S. 979–981; Gesetze ob dem Wald, 4/1881, S. 405; Gesetze ob dem Wald, 3/1872, S. 113.

177   UW, Nr. 25, 29.3.1902, S. 3; StAOW 616a A. und K. Scheuber: Staatsanwalt Seiler an das Landammannamt
      Obwalden, 7.2.1902; StAOW Obergericht: Sitzung des Obergerichts, 22.3.1902; Gesetze ob dem Wald, 3/1872, S.78.

178   UW, Nr. 89, 9.11.1901, S. 2; OV, Nr. 87, 9.11.1901, S. 1.

179   OV, Bülletin des «Obwaldner Volksfreunds», 30.10.1901.

180   NV, Nr. 44, 2.11.1901, S. 2.

181   OV, Nr. 87, 9.11.1901. S. 2.

182   NV, Nr. 46, 16.11.1901, S. 2.

183   OV, Nr. 43, 28.10.1899, S. 1.

184   VtL, Nr. 246, 26.10.1899, Beilage.

185   StAOW 616a Wildhüter Christen 1899: Verhör mit Arnold Reinhard, Nr. 6, 6.11.1899.

186   StAOW 616a Auslieferung: Verhör mit Johann Gasser, Frage 54, 21.10.1899; StAOW 616b die einzelnen Wildhüter:
      Gemeinderatskanzlei Engelberg an den Polizeidirektor von Obwalden, 7.1.1900.

187   LTB, Nr. 248, 25.10.1899.

188   LTB, Nr. 251, 28.10.1899, S. 3, bzw.: Nr. 252, 29.10.1899, S. 3; NV, Nr. 43, 28.10.1899; OV, Nr. 43, 28.10.1899,
      S. 1–2, bzw.: Nr. 46, 18.11.1899, S. 2, bzw.: Nr. 47, 25.11.1899, S. 1; UW, Nr. 87, 1.11.1899, S. 2, Nr. 94, 25.11.1899,
      S. 2, Nr. 95, 29.11.1899, S. 2.

189   StAOW A. und K. Scheuber: Landamann und Regierungsrat des Kantons Unterwalden nid dem Wald an hohe
      Regierung des Kantons Unterwalden ob dem Wald, 12.11.1901; StANW D 1245, Sch. 1282: Verhör mit Gottlieb

Bucher, Redaktor Obwaldner Volksfreund, 23.11.1901; StANW RRProt: 651/10, Sitzung den 25.11.1901, bzw.: 668/36, Sitzung den 23.12.1901, von Moos, Verfassung, 1990, S. 268; UW, Nr. 94, 25.11.1899, S. 3, Amtliche Richtigstellung.

190   StANW D 1245, Sch. 1282: Verhör mit Bertha Scheuber-Christen, Fragen 27–33, 17.10.1899, bzw.: Verhör mit Bertha Scheuber-Christen, Fragen 52–70, 20.10.1899.

191   StANW D 1245, Sch. 1282: Aktennotiz Verhörrichter Odermatt, 3.11.1899, bzw.: Ärztliches Zeugnis, Nr. 19, 19.10.1899.

192   StANW D 1245, Sch. 1282: Verhör mit Bertha Scheuber-Christen, Fragen 135–136, 16.11.1899; Gesetzbuch nid dem Wald, 2/1892, S. 259–260.

193   StANW RRProt: 164/14, Sitzung den 23.10.1899, bzw.: 173/6, Sitzung den 6.11.1899; Amtsblatt nid dem Wald, Nr. 45, 10.11.1899, S. 507; StANW D 1880 Konkurs 54: «Kollokationsplan im Konkurse des Gemeinschuldners Adolf Scheuber», 7.11.1899–7.9.1900.

194   StANW D 1880 Konkurs 54: Laufende Forderungen, Nr. 11–12, 14, 26, 37, 7.11.1899.

195   Amtsblatt nid dem Wald, Nr. 46, 17.11.1899, S. 520; StANW D 1880 Konkurs 54: «Kollokationsplan im Konkurse des Gemeinschuldners Adolf Scheuber», 7.11.1899–7.9.1900, bzw.: Bilanz, 7.9.1900.

196   StANW D 1245, Sch. 1282: Aktennotiz Verhörrichter Odermatt, 4.11.1899.

197   StANW D 1245, Sch. 1282: Polizeirapport von Franz Scheuber an das Verhöramt Nidwalden, Nr. 55, 18.5.1900.

198   StANW D 1245, Sch. 1282: Polizeirapport von Franz Scheuber an das Verhöramt Nidwalden, Nr. 55, 18.5.1900, bzw.: Auszug aus den Verhandlungen des Regierungsrates, Nr. 56, 28.5.1900, bzw.: Polizeirapport von Polizist Scheuber an das Verhöramt Nidwalden, Nr. 59, 3.6.1900, bzw.: Bericht und Antrag an den h. Regierungsrat von Nidwalden, Nr. 65, 2.6.1900.

199   StANW D 1245, Sch. 1282: Auszug aus den Verhandlungen des Regierungsrates, Nr. 56, 28.5.1900, bzw.: Telegramm vom Eidg. Justiz- und Polizeidepartement an Polizeidirektion Nidwalden, Nr. 61, 6.6.1900, bzw.: Regierungsrat Flüeler, Polizeidirektion Nidwalden, an Eidg. Justiz- und Polizeidepartement, Nr. 62, 6.6.1900.

200   StANW RRProt: 561/42, Sitzung den 27.6.1901.

201   StANW D 1245, Sch. 1282: Landjägerhauptmann St. Gallen an Polizeidirection Nidwalden, 7.11.1901; NV, Nr. 44, 2.11.1901, S. 2; OV, Nr. 87, 9.11.1901, S. 2; UW, Nr. 89, 9.11.1901, S. 2.

202   StAOW 616a A. und K. Scheuber: Das Justiz- und Polizeidepartement der schweizerischen Eidgenossenschaft an die Regierung des Kantons Nidwalden, 23.12.1901; StANW D 1245, Sch. 1282: Landjägerhauptmann St. Gallen an Polizeidirection Nidwalden, 7.11.1901; StANW RRProt: 645/37, Sitzung den 11.11.1901, bzw.: 649/27, Sitzung den 18.11.1901, bzw.: 669/18, Sitzung den 30.12.1901.

203   StANW D 1245, Sch. 1282: Kopien der Briefe Scheubers, s.d. (7.11.1901), bzw.: Polizei- und Militärdepartement des Kantons SG an die Standeskanzlei NW, 13.5.1902; StAOW 616a A. und K. Scheuber: Landammann und Regierungsrat des Kantons Unterwalden nid dem Wald an hohe Regierung des Kantons Obwalden, 2.6.1902, bzw.: Justiz- und Polizeidepartement der schweizerischen Eidgenossenschaft an die Regierung des Kantons Obwalden, 4.6.1903, bzw.: Steckbrief, Mandat d'arrêt, 30.9.1902.

204   StAOW 616a A. und K. Scheuber: Justiz- und Polizeidepartement der schweizerischen Eidgenossenschaft an die Regierung des Kantons Obwalden, 4.6.1903, bzw.: Rapport du Chef de la Police secrete de Montevideo, 2.5.1903; StANW D 1245, Sch. 1282: Adolf Scheuber an seine Frau Bertha Scheuber-Christen, 30.10.1899.

205   StAOW 616a A. und K. Scheuber: Landammann und Regierungsrat des Kantons Unterwalden nid dem Wald an hohe Regierung des Kantons Obwalden, 2.6.1902; StANW D 1245, Sch. 1282: Kopien der Briefe Scheubers, s.d. (7.11.1901), bzw.: Polizei- und Militärdepartement des Kantons SG an die Standeskanzlei NW, 13. Mai 1902.

206   StANW D 1245, Sch. 1282: Kopien der Briefe Scheubers, s.d. (7.11.1901), S. 1–6.

207   StANW D 1245, Sch. 1282: Kopien der Briefe Scheubers, s.d. (7.11.1901), S. 6–7, S. 12.

208   StANW D 1245, Sch. 1282: Kopien der Briefe Scheubers, s.d. (7.11.1901), S. 8–10.

209   StANW D 1245, Sch. 1282: Kopien der Briefe Scheubers, s.d. (7.11.1901), S. 10–11.

210   StANW D 1245, Sch. 1282: Kopien der Briefe Scheubers, s.d. (7.11.1901), S. 13.

211   Gespräch mit Bruderklausenkaplan Durrer, 1970er Jahre.

212   Gespräch mit Bruderklausenkaplan Durrer, 1970er Jahre.

213   StANW D 1245, Sch. 1282: Kopien der Briefe Scheubers, s.d. (7.11.1901), S. 12.

214   Bundesblatt, 1875/3, S. 931; StAOW 616a A. und K. Scheuber: Erklärung F. Rettig, Sarnen, Nr. 33, 23.12.1894; StAOW 616a Auslieferung: Verhör mit Louis Durrer, Frage 1, 17.10.1899.

215   UW. Nr. 83, 18.10.1899, S. 1–2.

216 VtL, Nr. 242, 21.10.1899, S. 3; LTA, Nr. 243, 21.10.1899, S. 2; LTA, Nr. 245, 24.10.1899, S. 4, Nr. 248, 27.10.1899,
     S. 1; NV, Nr. 50, 16.12.1899, S. 2; StAOW Kriminalgericht: Sitzung des Kriminalgerichts, 29./30.10.1901, S. 834.

217 StAOW 616a Auslieferung: Verhör mit Johann Gasser, Frage 54, 21.10.1899; StAOW 616b die einzelnen Wildhüter:
     Gemeinderatskanzlei Engelberg an den Polizeidirektor von Obwalden, 7.1.1900, S. 2.

218 LTB, Nr. 248, 25.10.1899, S. 2.

219 LTB, Nr. 251, 28.10.1899, S. 3.

220 OV, Nr. 43, 28.11.1899, S. 1.

221 OV, Nr. 43, 28.11.1899, S. 2.

222 s.n., Doppelmord, 1984, S. 7.

223 StAOW 616b die einzelnen Wildhüter: Das eidgenössische Departement des Innern an die Polizeidirektion des
     Kantons Unterwalden ob dem Wald, 25.10.1899.

224 StAOW RRProt: Sitzung den 25.10.1899; StAOW 616b die einzelnen Wildhüter: Gemeinderath Kerns an die titl.
     hohe Regierung von Obwalden, 25.10.1899, bzw.: Der Schweizerische Bundesrat an den hohen Regierungsrat des
     Kantons Obwalden, 3.11.1899.

225 StAOW 616a Wildhüter Christen 1899: Rapport Wildhüter Durrer, Nr. 2, 8.11.1899.

226 StANW RRProt: 185/16, Sitzung den 20.11.1899; StAOW 613 Umschreibung: Landammann und Regierungsrat
     des Kantons Unterwalden nid dem Wald an hohe Regierung des Kantons Unterwalden ob dem Wald, 2.12.1899.

227 StAOW RRProt: Sitzung den 6.12.1899.

228 StAOW 613 Umschreibung: Converenzprotokoll, 15.12.1899.

229 StAOW 613 Umschreibung: Converenzprotokoll, 15.12.1899.

230 StAOW 613 Umschreibung: Converenzprotokoll, 15.12.1899; StAOW 616a, A. und K. Scheuber 1894:
     Erklärung F. Rettig, Nr. 33, 23.12.1894; Gespräch mit Bruderklausenkaplan Durrer, 1970er Jahre; Christen, wilde
     Jagd, 1999, S. 14.

231 StAOW 613 Umschreibung: Converenzprotokoll, 15.12.1899.

232 StAOW RRProt: Sitzung den 20.12.1899; StANW RRProt: 204/25, Sitzung den 18.12.1899; StAOW 616b Wildhut-
     berichte: Jahres-Bericht der Wildhut im Jagdbanngebiet des Cantons Obwalden, z. Hd. des schweiz. Handels- und
     Landwirtschaftsdepartementes, Abteilung Forstwesen, 1899, 1900; StAOW 613 Inspektionsberichte: Bericht über die
     Inspektion des Bannbezirkes Schlossberg-Titlis 1900, Kanton Obwalden, von F. Schönberger, S. 1–2.

233 StAOW RRProt: Sitzung den 20.12.1899.

234 StAOW 616b die einzelnen Wildhüter: Gemeinderatskanzlei Engelberg an den Polizeidirektor von Obwalden,
     7.1.1900.

235 StAOW 613 Inspektionsberichte: Bericht über die Inspektion des Bannbezirkes Schlossberg-Titlis 1900, Kanton
     Obwalden, von F. Schönberger, S. 3; StAOW 616b Wildhutberichte, Jahres-Bericht der Wildhut im Jagdbanngebiet
     des Cantons Obwalden, z. Hd. des schweiz. Handels- und Landwirtschaftsdepartementes, Abteilung Forstwesen,
     1900, 1901.

236 StAOW 616b die einzelnen Wildhüter: Otto Durrer an Polizeidirektor von Obwalden, 31.12.1899.

237 StAOW 616b die einzelnen Wildhüter: Otto Durrer an Polizeidirektor von Obwalden, 7.12.1900, StAOW 616:
     Das Schweizerische Departement des Innern, Abteilung Forstwesen, an die Polizeidirektion des Kantons Unterwalden
     ob dem Wald, 1900, 1901.

238 StAOW 613 Inspektionsberichte: Bericht über die Inspektion des Bannbezirkes Schlossberg-Titlis 1900, Kanton
     Obwalden, von F. Schönberger, S. 1.

239 UW, Nr. 97, 6.12.1899, S. 2; NV, Nr. 49, 9.12.1899, S. 2; StAOW 616a Einzelfälle: Standeskanzlei Obwalden an
     Gemeindeschreiber, Oberrichter Hess in Engelberg, 1.3.1900; StANW D 1245, Sch. 1282: Verhör mit Jos. Hug durch
     Verhörrichter Arnold Odermatt, 6.12.1899

240 NV, Nr. 49, 9.12.1899, S. 2.

241 UW, Nr. 88, 6.11.1901, S. 2.

242 StAOW 616a Einzelfälle: Rapport des Wildhüters Infanger an die Polizeidirektion Obwalden, 7.11.1901, S. 2.

243 StAOW 616b Wildhutberichte: Jahres-Bericht der Wildhut im Jagdbanngebiet des Cantons Obwalden, z. Hd. des
     schweiz. Handels- und Landwirtschaftsdepartementes, Abteilung Forstwesen, 1901–1908.

244 StAOW 616b Wildhutberichte: Jahres-Bericht der Wildhut im Jagdbanngebiet des Cantons Obwalden, z. Hd. des
     schweiz. Handels- und Landwirtschaftsdepartementes, Abteilung Forstwesen, 1908.

245 Gespräch mit August Huwyler, 1999; UW, Nr. 85, 24.10.1942; UW, Nr. 86, 28.10.1942; OV, Nr. 90, 11.11.1942.

Ungedruckte Quellen

Im Staatsarchiv Obwalden (StAOW):

Protokoll des Kriminalgerichts des Kantons Unterwalden ob dem Wald, 1876–1903. (StAOW Kriminalgericht)

Protokoll des Obergerichts des Kantons Unterwalden ob dem Wald, 1888–1903. (StAOW Obergericht)

Protokoll des Regierungsrates des Kantons Unterwalden ob dem Wald, 1898–1900. (StAOW RRProt)

613 Umschreibung der eidgenössischen Bannbezirke und bezügliche Inspektionsberichte (Hiesiges und Nichthiesiges):
· Umschreibung der eidgenössischen Bannbezirke. (StAOW 613 Umschreibung)
· Umschreibung der eidgenössischen Bannbezirke und bezügliche Inspektionsberichte.
· (StAOW 613 Inspektionsberichte)

615 Jagd- und Vogelschutz, Hiesiges inklusive Vierwaldstättersee. Allgemeines. (StAOW 615)

616 Jagd- und Vogelschutz. Bundesbeiträge an die hiesige Wildhut, Einzelnes. (StAOW 616):

616a · Hiesiges Jagdwesen, Einzelfälle. (StAOW 616a)
· Adolf und Konrad Scheuber. (StAOW 616a A. und K. Scheuber)
· Untersuchungsakten betreffend Auslieferung gegen Scheuber Adolf, Zimmermann von Wolfenschiessen. (StAOW 616a Auslieferung)
· Adolf und Konrad Scheuber 1894. (StAOW 616a A. und K. Scheuber 1894)
· Adolf Scheuber, Übertretung des Jagdgesetzes, 1899. (StAOW 616a Übertretung 1899)
· Adolf Scheuber, Untersuchungsakten von Nidwalden. (StAOW 616a Akten Nidwalden)
· Wildhüter Christen, Wolfenschiessen, 1899. (StAOW 616a Wildhüter Christen 1899)
· Jagd- und Vogelschutz. Hiesige Einzelfälle. (StAOW 616a Einzelfälle)

616b Wildhüter und Wildhutberichte:
· Die einzelnen Wildhüter betreffendes. (StAOW 616b Die einzelnen Wildhüter)
· Wildhüter. Allgemeines (Eidg. Kreisschreiben usw.). (StAOW 616b Wildhüter allgemeines)
· Wildhutberichte der Wildhüter und des Kantons. (StAOW 616b Wildhutberichte)

Im Staatsarchiv Nidwalden (StANW):

Protokoll des Regierungsrates des Kantons Unterwalden nid dem Wald, 1899–1901. (StANW RRProt)

Protokoll des Strafgerichts, Kantonsgericht Straffälle, 1892–1913. (StANW Strafgericht)

Kantonsgericht Präsidialentscheide, 1933, Sch. 5501, A 14 A 01 (StANW Sch. 5501, A 14 A 01)

D 1245, Kantonsgericht Sitzungsunterlagen, Sch. 1282, Dossier «Adolf Scheuber». (StANW D 1245, Sch. 1282)

D 1880, Konkursgericht, Unterlagen, Dossier: «Kollokationsplan im Konkurse des Gemeinschuldners Adolf Scheuber, Nr. 54. (StANW D 1880 Konkurs 54)

Interviews

Gespräch Edwin Huwyler mit Bruderklausenkaplan Durrer, Sohn von Otto Durrer, 1970er Jahre, Betagtenheim, Obwalden, Tonbandaufnahme. (Gespräch mit Bruderklausenkaplan Durrer, 1970er Jahre)

Gespräch Michael Blatter mit Otto Huwyler, 15.9.1999, Melchtal, Obwalden, Tonbandaufnahme. (Gespräch mit Otto Huwyler, 1999)

Gespräch Michael Blatter mit August Huwyler, 15.9.1999, Kerns, Obwalden, Tonbandaufnahme. (Gespräch mit August Huwyler, 1999)

Gedruckte Quellen

Gesetzessammlungen und amtliche Veröffentlichungen:

Amtsblatt des Kantons Unterwalden ob dem Wald, Sarnen. (Amtsblatt ob dem Wald)

Amtsblatt des Kantons Unterwalden nid dem Wald, Stans. (Amtsblatt nid dem Wald)

Bundesblatt der schweizerischen Eidgenossenschaft, Jahrgang 1875, Bd. 2, Bern 1875. (Bundesblatt, 1875/2)

Bundesblatt der schweizerischen Eidgenossenschaft, Jahrgang 1875, Bd. 3, Bern 1875. (Bundesblatt, 1875/3)

Bundesblatt der schweizerischen Eidgenossenschaft, Jahrgang 1875, Bd. 4, Bern 1875. (Bundesblatt, 1875/4)

Bundesblatt der schweizerischen Eidgenossenschaft, Jahrgang 1875, Bd. 1, Bern 1876. (Bundesblatt, 1875/1)

Gesetzbuch des Kantons Unterwalden nid dem Wald, Bd. 1, Stans 1890. (Gesetzbuch nid dem Wald, 1/1890)

Gesetzbuch des Kantons Unterwalden nid dem Wald, Bd. 2, Stans 1892. (Gesetzbuch nid dem Wald, 2/1892)

Sammlung der Gesetze und Verordnungen des Kantons Unterwalden ob dem Wald, Bd. 1, Luzern 1853. (Gesetze ob dem Wald, 1/1853)

Sammlung der Gesetze und Verordnungen des Kantons Unterwalden ob dem Wald, Bd. 2, Sarnen 1868. (Gesetze ob dem Wald, 2/1868)

Sammlung der Gesetze und Verordnungen des Kantons Unterwalden ob dem Wald, Bd. 3, Sarnen 1872. (Gesetze ob dem Wald, 3/1872)

Sammlung der Gesetze und Verordnungen des Kantons Unterwalden ob dem Wald, Bd. 4, (1881). (Gesetze ob dem Wald, 4/1881)

Staatskalender des Kantons Unterwalden ob dem Wald, Sarnen 1903/1904. (Staatskalender ob dem Wald, 1903/1904)

Zeitungen

«Der Eidgenosse», Freisinniges Blatt für den Kanton Luzern und die Urschweiz, Luzern. (EiG)

«Luzerner Tagblatt», Luzern. (LTB)

«Luzerner Tagesanzeiger», Unparteiisches Organ, Luzern. (LTA)

«Nidwaldner Volksblatt», Stans. (NV)

«Obwaldner Volksfreund», Sarnen. (OV)

«Der Unterwaldner», Giswil. (UW)

«Vaterland», Luzern. (VtL)

Literatur

Achermann, F. H.: Der Wildhüter von Beckenried. Aus Nidwaldens letzten Tagen vor 1798, Olten 1918. (Achermann, Wildhüter, 1918)

Amschwand, Rupert P.: Kerns. Gemälde einer Gemeinde, Sarnen 1976. (Amschwand, Kerns, 1976)

Bürgi, Andreas: Höhenangst, Höhenlust. Zur Figur des Gemsjägers im 18. Jahrhundert, In: Busset, Thomas, Matthieu, Jon (Hg.): Mobilité spatiale et frontières. Räumliche Mobilität und Grenzen, In: Histoire des Alpes, Bd. 1998/3, Zürich 1998, S. 267–278. (Bürgi, Gemsjäger, 1998)

Christen, Beat: Eine grosse Mauer des Schweigens, In: «Neue Obwaldner Zeitung», Nr. 238, Luzern, 13.10.1999, S. 23. (Christen, Schweigen, 1999)

Christen, Beat: Die eine wilde Jagd, In: «Nidwaldner Wochenblatt», Nr. 24, 14.10.1999, S. 14–15. (Christen, wilde Jagd, 1999)

Emmenegger, O.: Wild und Jagd in Obwalden, Lungern 1936. (Emmenegger, Jagd, 1936)

Flueler, Fritz: Bärädi. Erzählung aus der Urschweiz. Luzern s.a. (1939). (Flueler, Bärädi, 1939)

Gasser, Gerhard: Auf den Spuren der «wilden Jagd». Unterwalden: Gedenkfeier, In: «Obwaldner Wochenblatt», Nr. 42, Sarnen, 22.10.1999, S. 6. (Gasser, Spuren, 1999)

Jann, Alfred.: Das Jagdwesen in Nidwalden 1456–1908, Stans 1911. (Jann, Jagdwesen, 1911)

Keiser, Isabelle: Der wandernde See, Köln s.a. (1910). (Keiser, See, 1910)

Lienert, Leo: Jäger und Naturschützer, In: Naturschutz in Obwalden, Sarnen 1970, S. 131–139. (Lienert, Jäger, 1970)

Lindenberger, Thomas, Lüdtke, Alf: Einleitung. Physische Gewalt – eine Kontinuität der Moderne,
In: Ders. (Hg.): Physische Gewalt. Studien zur Geschichte der Neuzeit, Frankfurt a. M. 1995, S. 7–38.
(Lindenberger, Gewalt, 1995)

Lussy, Peter: Im Gedenken an eine wilde Jagd. Melchtal: Hundert Jahre nach dem Doppelmord,
In: «Obwaldner Wochenblatt», Nr.30/31, Sarnen, 30.7.1999, S. 8. (Lussy, Gedenken, 1999)

Meyers Hand-Lexikon des Allgemeinen Wissens, 2. Auflage, Bd. 2, Leipzig 1878. (Meyers Hand-Lexikon, 1878)

Niggli, Alexander Marcel: Chaotische Ordnung – zu Gewalt und der Möglichkeit ihrer Prävention,
In: Gewalt in der Schweiz, Studien zu Entwicklung, Wahrnehmung und staatlicher Reaktion, Zürich 1998,
S. 123–160. (Niggli, Chaotische Ordnung, 1998)

Henriette Haas: Therapie statt Strafe für schwerkriminelle Gewalt- und Sexualverbrecher?
In: Gewalt in der Schweiz. Studien zu Entwicklung, Wahrnehmung und staatlicher Reaktion, Zürich 1998,
S. 225–264. (Haas, Therapie statt Strafe, 1998)

Odermatt, Klaus: Die eine, wilde Jagd –Wilderergeschichte in vier Akten. Nach einem tatsächlich verübten
Doppelmord in den Unterwaldnerbergen im Jahre 1899. Von Klaus Odermatt nach dem gleichnamigen Buch
von Ernst Rengger, Stans, geschrieben und uraufgeführt in Dallenwil, Dallenwil 1999.
(Odermatt, wilde Jagd, 1999)

Odermatt, Klaus: Entstehung des Stückes «Die eine, wilde Jagd», In: Theatergesellschaft Dallenwil
(Hg.): Die eine, wilde Jagd. Theater Dallenwil. Uraufführung. Programmheft, s.l. s.a. (1999).
(Odermatt, Entstehung, 1999)

Rengger, Ernst: Die eine, wilde Jagd…,Wilderergeschichte aus den Neunziger Jahren von E. Rengger,
Stans s.a. (1933), bzw. 1968, 1988. (Rengger, wilde Jagd, 1933, 1968, 1988)

Rösch, Paul: Das Schandmal an der Hausmauer, In: Haid, Gerlinde, Haid, Hans (Hg.): Brauchtum in den Alpen.
Riten, Traditionen, lebendige Kultur, Biricz 1994, S. 207–216. (Rösch, Schandmal, 1994)

Schulte, Regina: Das Dorf im Verhör. Brandstifter, Kindsmörderinnen und Wilderer vor den Schranken des
bürgerlichen Gerichts Oberbayern 1848–1910, Reinbeck bei Hamburg 1989. (Schulte, Dorf, 1989)

Schweizer Lexikon. In sechs Bänden, Bd. 6, Luzern 1993. (Schweizer Lexikon, 1993)

s.n.: Doppelmord an der Grenze 1899: NW-Wilderer contra OW-Wildhüter, In: Bockshorn.
Ob- und Nidwaldner Magazin, Stans, Sarnen Feb./März 1984, S. 7. (s.n., Doppelmord, 1984)

von Matt, Josef: Der Wilderer. Ein Heimatspiel in fünf Akten, Aarau s.a. (1931). (von Matt, Wilderer, 1931)

von Burg, Christian: Der Fluch des ungesühnten Doppelmords, In:
Weltwoche, Nr. 47, Zürich, 25.11.1999, S. 70. (von Burg, Fluch, 1999)

von Moos, Ludwig: Zur Verfassungs- und politischen Geschichte Obwaldens. Die Verfassung von 1902
und die Volksrechte – Kämpfe 1905 bis 1910, In: Obwaldner Geschichtsblätter, Heft 19, Sarnen 1990, S. 259–298.
(von Moos, Verfassung, 1990)

Zai, Bea: Eine Ehrbezeugung an den Beruf des Wildhüters. Melchtal: Gedenkfeier auf der Alp Fomatt,
In: «Neue Obwaldner Zeitung», Nr. 240, Luzern, 15.10.1999, S. 29. (Zai, Ehrbezeugung, 1999)

Transkriptionsregeln

/Durchgestrichenes/	*Durchgestrichenes*
[Eingefügtes]	*Eingefügtes*
(xxx)	*Textverlust*
(/)	*Seitenumbruch*
(…)	*Ausgelassene Textstellen*
(Polizist, M. B.)	*Ergänzungen und Erklärungen durch M. Blatter*
(Wildern, A. H.)	*Ergänzungen und Erklärungen durch A. Hauser*

Impressum

Text: Michael Blatter, Basel und Engelberg.
Überarbeitung der Lizentiatsarbeit: «Der Doppelmord auf der Gruobialp».
Eine Wilderergeschichte zwischen Obwalden und Nidwalden um 1900,
Historisches Seminar der Universität Basel, 1999.
Textbeitrag: Angela Hauser, Basel
Autorin CD: Maya Brändli, Basel
Fotografien, Buchkonzept, Gestaltung, Satz: Christof Hirtler, Altdorf
Lektorat: Roman Vitt, Basel
Korrektorat: Maya Knubel, Luzern; Albert Schuler, Altdorf
Druck: Brunner Druck und Medien, Kriens
Bindearbeiten: Buchbinderei Schumacher, Schmitten
CD-Produktion: Radio DRS, Basel
© edition magma/Brunner Verlag 2002
ISBN 3-905 198-65-7